백운학

관상보는법

동양서적

重上井岡山詞中句

井岡山同志惠收

癸丑夏 蓬池鳥鳴

吉山白雲齋

추 천 사

인간은 끊임없이 생노병사(生老病死)하면서 그 힘을 과시해 오고 있는데 그 힘의 원천은 어디에 있는 것일까요.

우주에 존재하고 있는 우리 인간이 이 우주를 인간의 생활에 적응시켜 가고 있는 인간의 힘은 필시 위대한 것을 창조하고 개척해 가는 무한정한 그 원동력은 바로 이 사람이면 누구나 가지고 있는 얼굴에 있다는 사실입니다.

인상학이란 참으로 어려운 실증통계학으로서 만인의 교과서임이 분명합니다.

무한한 인간의 능력을 각 분야별로 개발하고 개척할수 있는 개성의 특징적 통계를 알기 쉽게 간추린 본서의 설명은 분명 탄복할만합니다.

관상학의 거두 백운학선생의 노고에 심심한 사의를 표하는 바이며 많은 후학인들에 일독을 권하며 모든 사회인의 지침서가 되어 모두 행복한 인생 되시기를 기원합니다.

一九九一년 입춘

백 광 근 식

발 간 사

인간은 어디까지나 과학만능의 조작물이 아니요 자연의 산물인 것입니다. 고기가 물을 떠나서 살 수 없고 조류들이 숲을 떠나서 살 수 없는 것과 같이 우리 인간도 공기를 마시지 않으면 살 수 없는 것이며 의·식·주를 떠나서 존재할 수 없는 것입니다. 어차피 있는 공기 마시면 된다지만 의·식·주의 문제를 해결하는데 있어서는 저마다의 소질과 특성에 맞는 직종에서 노력함으로써 자기생활의 안정을 기할 수 있을 것이요 후세에 남는 발자취도 남겨 놓을 수 있는 것입니다.

본서는 초보입문생들과 누구나 뜻있는 사람이면 이해할 수 있도록 물형 및 찰색을 병행종합해설한 것으로 기업경영상에나 또는 사회처세상이나 일반가정에 이르기까지 양식의 참고서로서 다소나마 도움이 된다면 다행이겠습니다.

본서가 간행되기까지 아낌없는 협조와 성원을 보내주신 많은 사회각계인사 제현들께 깊은 사의를 표하며 아울러 역학계 선배제위들의 편달과 후원에 합장경의를 표하는 바입니다. 독자제위의 앞날에 행복이 무궁하시기를 합장기원하겠습니다.

一九九一년 二월

백운학 근식

易　　學　　歌

1. 伏羲氏의　河圖太極　天下에　좋은것을
　　八卦門을　열어놓고　道德眞理　배우면서
　　八門遁甲　風雲造化　無窮한　그眞理로
　　敎化萬邦　易學中興　正義社會　建設하자

2. 周文王의　洛書兩儀　天下에　좋은것을
　　九宮內室　들어가서　象數文化　배우면서
　　正文地理　人事道의　無窮한　그眞理로
　　敎化萬邦　易學中興　새秩序를　이룩하자

3. 金木水火　五行之德　天下에　좋은것을
　　三綱五倫　펼쳐놓고　서로서로　배우면서
　　周易卦象　大定數의　無窮한　그眞理로
　　敎化萬邦　易學中興　福祉社會　建設하자

4. 河洛理數　成道法은　天下에　좋은것을
　　五健六氣　天地道를　사이좋게　배우면서
　　億千萬物　化生하는　無窮한　그眞理로
　　敎化萬邦　易學中興　祖國統一　이룩하자

5. 五明德化　成道法은　天下에　좋은것을
　　五方五腸　心性닦아　誠之又誠　배우면서
　　河洛天地　日月鏡의　無窮한　그眞理로
　　敎化萬邦　易學中興　護國安民　이룩하자

차 례

제1장 관상학총론

제1절 관상학의 기원 … 二〇
제2절 관상학 개요 … 二七
부귀공명상의 해설 … 二八
영웅상과 성격 … 二九
예술가상과 천재적 상과 성격 … 三二
실업가와 자수성가할 상과 성격 … 三二
빈천우치 상과 성격 … 三三
범죄형 극악 불량한 상과 성격 … 三六
정직 근면한 상과 성격 … 三七
학자교육가 상과 성격 … 三八
호담한 상과 성격 … 三九
감상적 상과 성격 … 三九
무자 고독한 상과 성격 … 四〇
비명횡사할 상의 해설 … 四二
부귀할 여자상과 성격 … 四三
여자예술가상과 성격 … 四四
연애를 잘하고 히스테리 여자의 상과 성격 … 四七
과부되기 쉬운 여자상의 해설 … 四九
아이낳기 어려운 여자상의 해설 … 四九
현모양처의 상과 성격 … 四九
독부상과 성격 … 四九
여자 열두가지 덕이 있으면 좋은 남편과 귀한 자식을 둔다 … 五〇

제2장 안면 각부위론

제1절 안면 각부위 해설 … 五三
눈과 운명 … 五四
눈썹과 운명 … 五四
눈과 눈썹에 대한 여러가지형 … 五五
귀와 운명 … 五七
입과 운명 … 五八
… 五九

一三

제3장 신체각부위론

제1절 신체 각 부위 해설

코와 운명……59
이마와 운명……61
뺨과 운명……63
턱과 운명……64
머리와 운명……64
치아와 운명……65
목과 운명……65
입술과 운명……66
혀와 운명……67
관골과 운명……68
수염과 운명……69
법령과 운명……70
허리와 운명……72
가슴과 운명……73
젖과 운명……74
배와 운명……74
배꼽과 운명……75
볼기와 운명……76
무릎정갱이와 운명……77
팔다리와 운명……77
음부와 운명……77
몸삼정에 대한 구분……79
어깨와 운명……71
등과 운명……71

제4장 상법 운세결

제1절 임신할때 산모 찰색법……80
제2절 여자의 웃음소리로 귀천아는 법……81
제3절 저자의 관상 실제경험담……82
제4절 달(月)마다 기색으로 운수보는 법……83
제5절 심리학상 인생의 욕망과 진로……85

제6절 결혼상대방을 선택하는 방법······八六
제7절 검은 사마귀의 운명해설······八九
제8절 성공의 비밀······九一
제9절 신념과 성공······九二
제10절 현대여성과 운세풀이······九六
여자가 주역을 하는 운명의 소유자······九七
남녀간의 결혼상대방을 택하는 요령······九九
행복한 결혼생활을 하는 여성······九九
부부간에 불행하고 생사이별하는 여성······一〇〇
결혼인연이 박한 여자의 운명······一〇〇
제11절 남자의 사십일종의 빈궁상······一〇三
제12절 여자의 사십일종의 빈궁상······一〇六
제13절 상법에 특수한 몇가지 종류······一〇九
팔대란 무엇인가······一〇九
팔소란 무엇인가······一一〇
오장이란 무엇인가······一一一
오단이란 무엇인가······一一二
오소란 무엇인가······一一二

오로란 무엇인가······一一二
십대공망이란 무엇인가······一一三
십살이란 무엇인가······一一四
십대천이란 무엇인가······一一五
육천상이란 무엇인가······一一五
육악이란 무엇인가······一一六
제14절 구전경험 비결······一一六
제15절 금쇄부 은시가······一二八

제5장 기색총론

제1절 기색의 구별······一二六
제2절 육기의 구별급작용······一二七
제3절 동색이란 무엇인가······一四一
제4절 수색이란 무엇인가······一四一
제5절 추색이란 무엇인가······一四二
제6절 산색이란 무엇인가······一四二
제7절 성색이란 무엇인가······一四三

제6장 기색분론

제1절 홍자적 삼색을 어떻게 분별할 것인가
제8절 변색이란 무엇인가 …………………… 一四三
제9절 이색이란 무엇인가 …………………… 一四四
제10절 해색이란 무엇인가 …………………… 一四四
제11절 건체색이란 무엇인가 ……………… 一四五
제12절 활염색이란 무엇인가 ……………… 一四六
제13절 광부색이란 무엇인가 ……………… 一四七

제2절 청색은 춘왕 하휴 사계수 추사 동생 …………………… 一四六
제3절 적색은 하왕 사계휴 추수 동사 춘생 …………………… 一四九
제4절 황색은 사계왕 추휴 동수 춘사 하생 …………………… 一五三
제5절 백색은 추왕 동휴 춘수 하사 사계생 …………………… 一五七
  …………………… 一六一

제6절 흑색은 동왕 춘휴 하수 사계사 추생 …………………… 一六四
제7절 홍색은 춘하추동 개왕상대길 …………………… 一六八
제8절 자색은 춘하추동 동남서북 무시대길 …………………… 一七〇
제9절 기색세론 …………………… 一七三
제10절 사시의 기색 …………………… 一七五
제11절 발색의 해설 …………………… 一七六
제12절 월차기색 …………………… 一七九

제7장 특별연령부위 기색주해
…………………… 一八五

제8장 각궁소속 길흉 판단법
제1절 부모병 …………………… 一九六
제2절 형제병 …………………… 一九六
제3절 부처병 …………………… 一九七
제4절 자녀병 …………………… 一九七

제5절 노복병 …………………… 一九八
제6절 자기병 …………………… 一九八
제7절 아동병 …………………… 一九九
제8절 혼인 ……………………… 二〇〇
제9절 처궁 ……………………… 二〇〇
제10절 구자 …………………… 二〇一
제11절 임신 …………………… 二〇二
제12절 구관 …………………… 二〇二
제13절 시험 …………………… 二〇三
제14절 선거 …………………… 二〇四
제15절 상간 …………………… 二〇四
제16절 영전 …………………… 二〇五
제17절 좌천 …………………… 二〇五
제18절 구재 …………………… 二〇六
제19절 출행 …………………… 二〇六
제20절 방위 …………………… 二〇七
제21절 소송 …………………… 二〇七
제22절 가택 …………………… 二〇八

제23절 수옥 …………………… 二〇八
제24절 건축 …………………… 二〇九
제25절 분거 …………………… 二〇九
제26절 단체 …………………… 二〇九
제27절 조선 …………………… 二一〇
제28절 항해 …………………… 二一〇
제29절 이사 …………………… 二一一
제30절 출정 …………………… 二一一
제31절 교우 …………………… 二一二
제32절 구설 …………………… 二一二
제33절 음신 …………………… 二一三
제34절 특사 …………………… 二一四
제35절 구의 …………………… 二一四
제36절 구리 …………………… 二一五
제37절 기색 …………………… 二一五
제38절 도난 …………………… 二一六

제9장 물형론……………………二一七

제10장 태아 지운법
　제1절　배속 태아 귀천 아는법……………二四二
　제2절　찰색 조난 실담……………二四四

제11장 수상학 총론
　제1절　손금보는법 해설……………二四六
　　육악에 대한 해설……………二四六
　　화성평원의 위치……………二四七
　제2절　각선에 대한 해설……………二四七
　　생명과 운명……………二四七
　　두뇌선과 운명……………二五〇
　　감정선과 운명……………二五〇
　　운명선의 신비……………二五一
　　태양선의 신비……………二五二
　　결혼선과 운명……………二五二

수상학상 팔대수형……………二五三
이지적 손의 해설……………二五四
유령적 손의 해설……………二五六
실제적 손의 해설……………二五八
감상적 손의 해설……………二五八
저능적 손의 해설……………二五九
철학적 손의 해설……………二六〇
다방면적 손의 해설……………二六〇
야만적 손의 해설……………二六一

一八

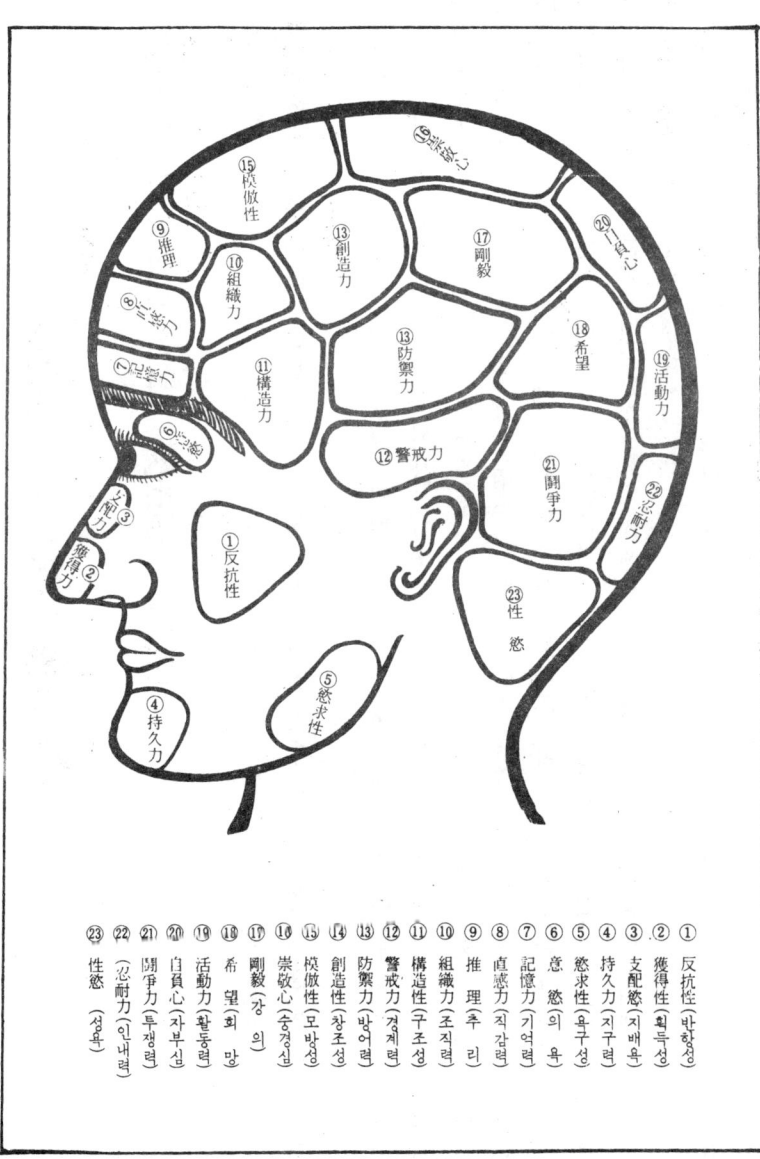

① 反抗性 (반항성)
② 獲得性 (획득성)
③ 支配慾 (지배욕)
④ 持久力 (지구력)
⑤ 慾求性 (욕구성)
⑥ 意慾 (의욕)
⑦ 記憶力 (기억력)
⑧ 直感力 (직감력)
⑨ 推理 (추리)
⑩ 組織力 (조직력)
⑪ 構造性 (구조성)
⑫ 警戒性 (경계성)
⑬ 防禦力 (방어력)
⑭ 創造性 (창조성)
⑮ 模倣性 (모방성)
⑯ 崇敬心 (숭경심)
⑰ 剛毅 (강 의)
⑱ 希望 (희 망)
⑲ 活動力 (활동력)
⑳ 自負心 (자부심)
㉑ 鬪爭力 (투쟁력)
㉒ 忍耐力 (인내력)
㉓ 性慾 (성욕)

제1장 관상학 총론(觀相學總論)

제1절 관상학의 기원 (觀相學의 起源)

관상학(觀相學)은 지금으로부터 약 二六○○년전 동주(東周)의 숙복(叔服)이란 명인(名人)이 공자보다 일백년전에 탄생 주(周)나라 대관(大官)으로 있으면서 천문학(天文學)과 점성술(占星術)의 시조로 출발했다.

숙복의 가지가지 예언이 적중됨으로해서 이때부터 점성술(占星術)과 관상술(觀相術)이 본격적으로 개창 되었으며 그후 관상 연구는 날로 발전 되었다. 그후 점차 주나라 말기의 허부(許負)와 당시 고관이었던 고포자경(姑布子卿)이 있었고 특히 고포자경은 공자의 특이한 상(相)을 보고 예언하기를 장래 대성인이 될 것이라고 하여 적중함으로써 명상고포자경(名相姑布子卿)으로 이름 높았다. 다음에는 삼국정입시대(三國鼎立時代) 서기 二○六년 二三七년 사이에 관락(管輅) 수경(水鏡) 거름 나아가 기색(氣色)을 보는 찰색법을 창안하였다. 당거는 한代) 숙복(淑服) 二대는 고포자경(姑布子卿) 三대에는 당거(唐擧)로 기록 되어 있는데 二대에는 고포자경은 순자(旬子)의 비상편(非相篇)에 기록되기를 당거(唐擧)를 들수있다. 당거는 초대

동진(東晋) 서진시대(西晋時代) 三一七년~四二二년사이는 관상학은 선술(仙術)로 일컬어 지기도 했다. 골상학(骨相學)의 시조라고 한다.

그 사회의 특수 권력층이나 부유층에만이 비전(秘傳)되어 왔던 것이다. 남북조시대(四二二～五八一) 우리나라에서는 신라때 인도(印度)의 도승(道僧) 달마대사(達磨大師)가 중국에 입국하여 불교 포교중 선술상학(仙術相學)에 부딪쳐 포교가 극히 어려운 입상에 다달았었다. 그래서 이 도승은 서장(西藏) 변역 동굴에 들어가 참선(參禪)으로 불법과 아울러 상학을 구년면벽(九年面壁)으로 깨닫게 되었고 달마상법(達磨相法)을 만들어 내서 포교에 응용했다.

불가(佛家)나 유가(儒家)나 상학에 대한 연구는 끊임 없었다. 불가에서는 여동빈 일행선자(呂洞賓 一行禪師)등의 명상도승들이 속출하였다. 그후 왕박(王朴)이 五대를 이었고 (우리나라는 시기적으로 보아 신라에서 고려로 넘어가는 시기) 六대가 되는 명상가(名相家)로서 마의선인(麻依仙人)을 말할수 있다.

송(宋)나라(九○一～九二六)시대다. 당시 진도남(陳圖南)과 같이 굉장한 명인도 一○년간을 마의 도사를 스승으로 삼았다 한다. 진도남은 송나라 황제가 고관을 주었고 무한히 깊은 지시을 간직한 도사라고 사호(賜號)하여 회이(希夷)라고 했다. 오늘까지 전해온 술서중 진희이(陳希夷)의 이름으로 된것이 퍽 많다. 송나라 사람들은 상학문(天文) 지리(地理) 의약(醫藥) 복서(卜筮) 역서(易書) 상학(相學)등에 더욱 많다. 천올 열심히 연구하는 한편 처음으로 신상전편(神相全編)이란 책을 출판 하기까지 이르렀다. 이것이 인류사회에 처음으로 나온 상서(相書)이다. 그후 원나라 태조 징기스칸(成吉思汗) (一二二○～一二七四년)시대에 상학은 전성기를 이룩했고 원군의 구라파 침공으로 해서 서구라파 전역에 걸쳐 중국문물이 수출되었는데 독일 골상학도 이때가 효시(嚆矢)라 한다.

명(明)나라 시대(一三七五～一三八八년)원충철(袁忠澈)이 호를 유장(柳庄)이라 하고 유명했다. 청(淸)나라 강희시대(康熙時代)에 저술가(著術家)가 많이 나왔고 발간도 많았다.

二一

관상의 사조(思潮)와 학술이론(學術理論)이 우리나라에 들어온 것을 기자동도(箕子東渡) 이래라고는 하나 확증을 잡을수 없는 것이므로 신빙성이 희박하다. 그후 신라(新羅) 선덕여왕(善德女王) 시대에 우리나라에서 관상예언자들이 승려들에게서 많았다는 것을 똑똑히 알수 있는 것이다. 신라말기 허도옥용자(許道玉龍子)는 왕건(王建)의 상을 보고 장차 국왕이 되리라고 한 사실과 그후 고려말(高麗末)에 무학대사(無學大師)가 이성계(李成桂)의 관상을 보고 장차 국왕이 될 것을 예언한 것 등 수없이 많은 명관상들을 배출해왔든 것이다. 그중에서도 특기(特記)할만한 이조(李朝) 때의 인물로서 다음과 같이 예거할 수 있다. 혜등(惠登)이천연(李千年) 정인홍(鄭仁弘) 정북창(鄭北窓) 서산대사(西山大師) 사명당(四溟堂) 율곡(栗谷) 서화담(徐花潭) 남사고(南師古) 남경암(南敬岩) 두사충(杜士冲) 이서계(李西溪) 이토정(李土亭) 등 많은 인사들이다.

우리는 관상학을 연구함에 있어서 무엇보다 정신적 자세를 올바로 가져야 하겠다. 우리가 이상과 같이 대략이나마 상학의 발전 연혁을 더듬어 볼적에 첫째로 느낀것은 고금을 막론하고 진리를 탐구(探究)하며 인간사회에 가장 양심적인 참여(參與)로 철학(哲學)의 과정에서 나타난 학문(學問)의 일부임을 알수 있다. 그러기 때문에 우리는 선현들의 고귀한 경험(經驗)과 학문에 욕되게 하지 말것과 아울러 현대문명의 소산인 통계철학(統計哲學)에 의해 공인(公認)된 관상학이 이 사회에 진실로 고귀한 공헌을 할수 있도록 선용되어야 한다는 것을 재삼 강조하는 바이다.

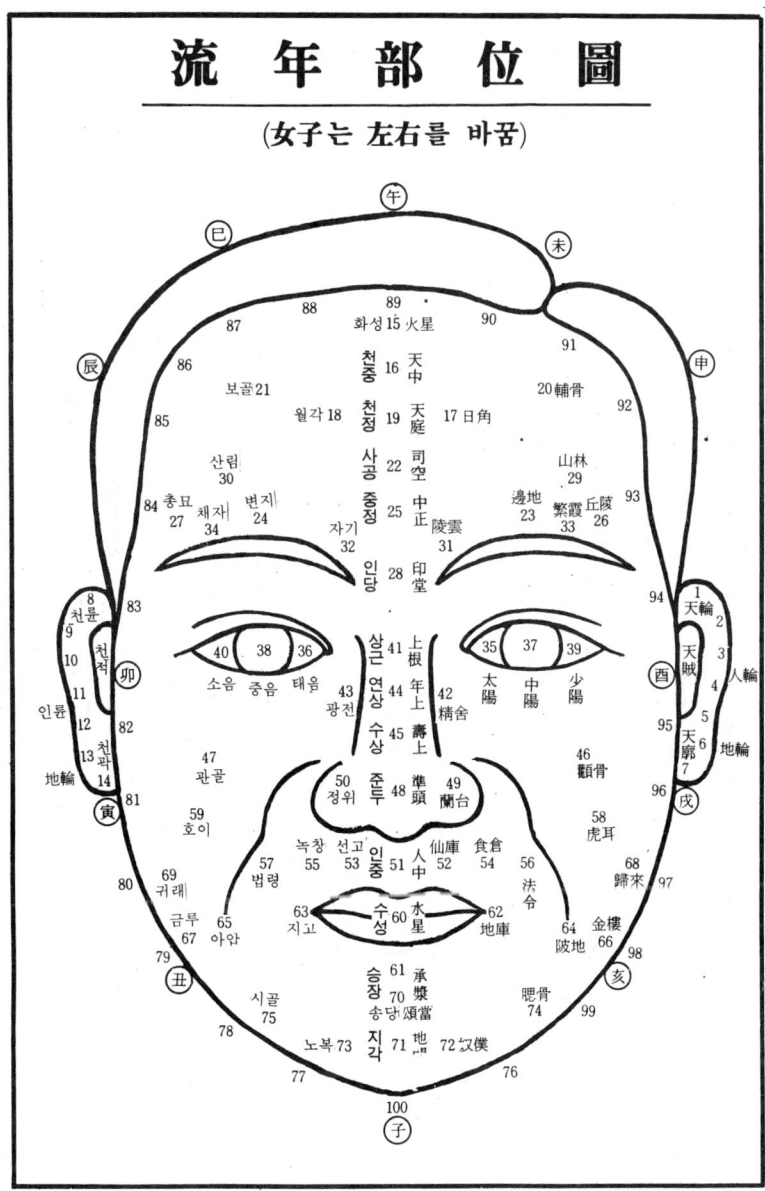

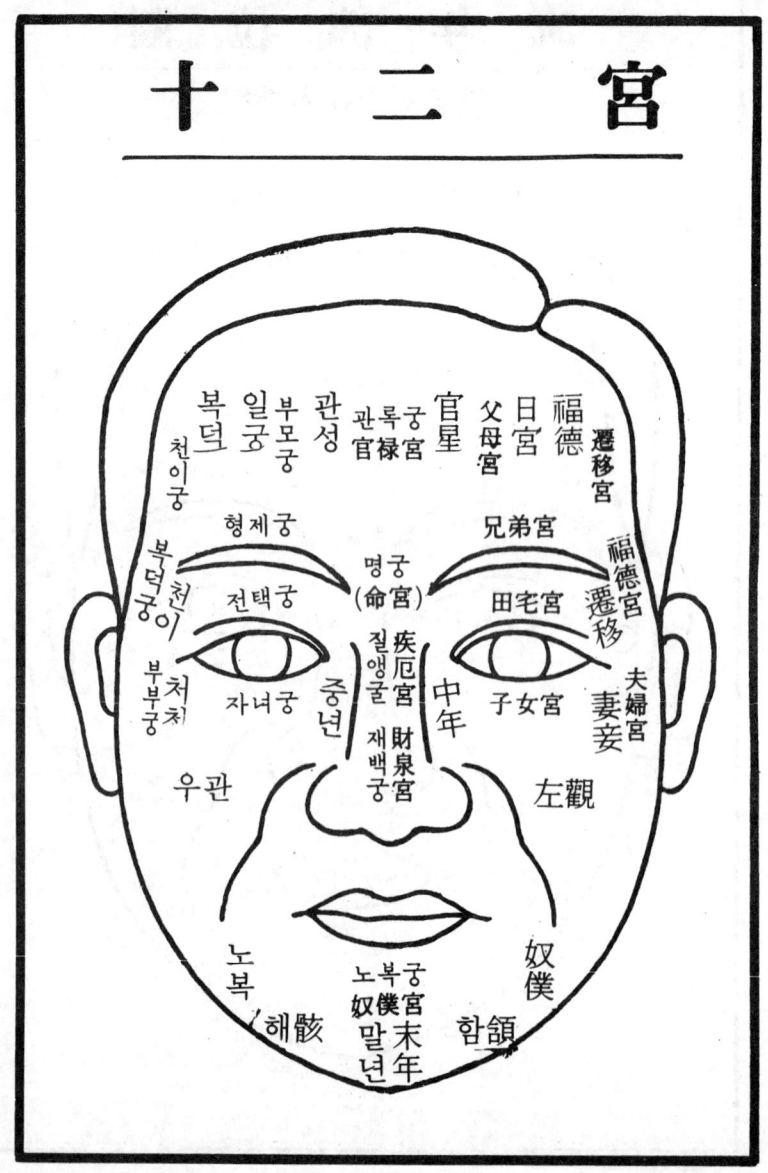

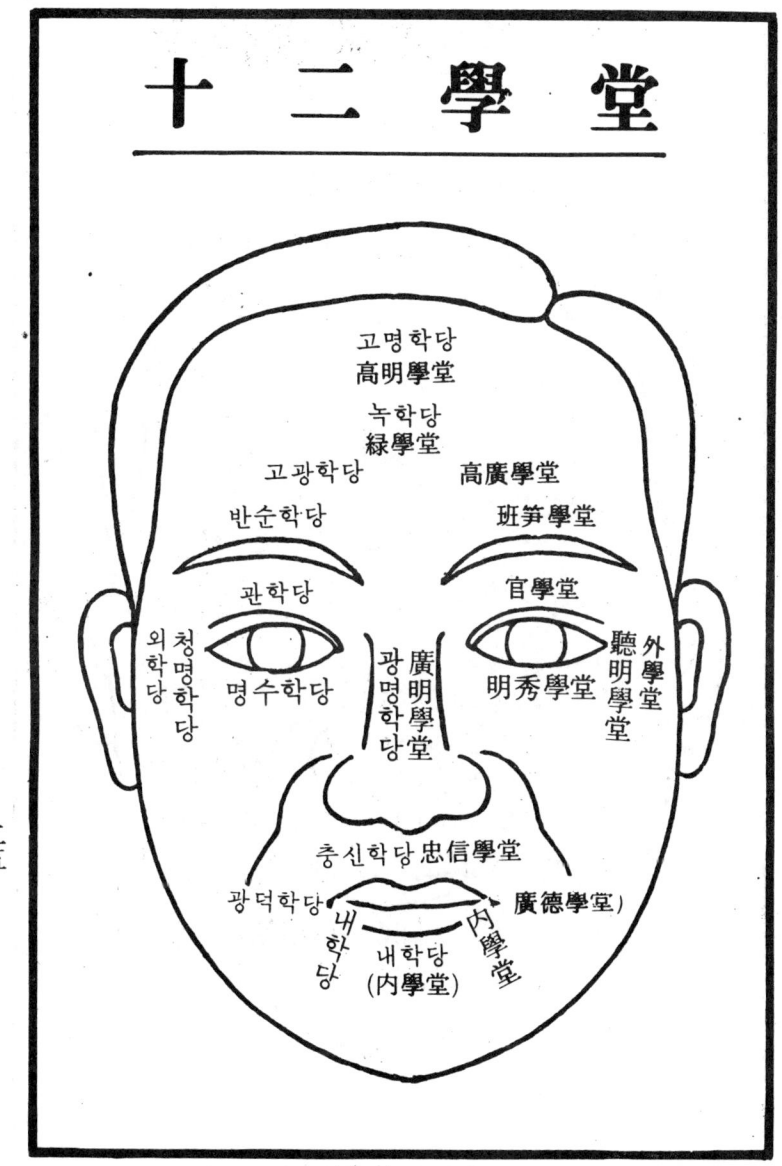

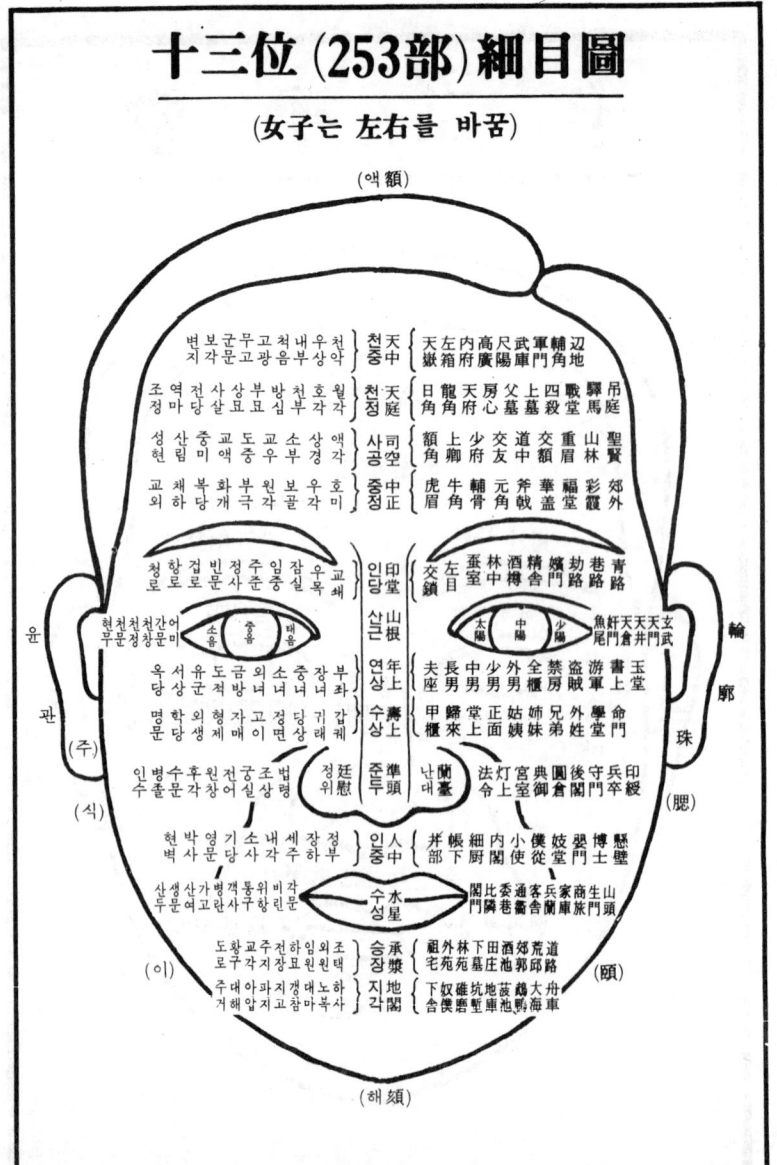

제2절 관상학 개요(觀相學 槪要)

현대식 유년부위 명칭도

얼굴에 일생유년운기부위(一生流年運氣部位)가 있으니 얼굴(顔面) 전체내에 일세로부터 백세까지 운수의 양부(良否)를 보는 법이니 그 연수위치부(年數位置部)에 흉터가 있거나 또는 난잡(亂雜)한 선이 있거나 기타 결점이 있으면 그 해 운수가 좋지 못한 법이요. 반대로 그 위치에 윤기가 있으면 그 해 운수(運數)가 좋은 것을 말한다.°(제1도참조)

십이궁(十二宮)

십이궁(十二宮)은 아버지를 보는데요 월궁(月宮)은 어머니를 보는데요 관성(官星)은 벼슬을 보는데요. 복덕궁(福德宮)은 복록(福祿)과 덕의(德義)를 보는데요 관성(官星)은 벼슬을 보는데요. 형제궁(兄弟宮)은 형제를 보는데요 처첩궁(妻妾宮)은 처를 보는데요 남녀궁(男女宮)은 자녀(子女)를 보는데요 질액궁(疾厄宮)은 건강(健康)을 보는데요 재백궁(財帛宮)은 재운(財運)을 보는데요 함협궁(頷頰宮)은 빈부(貧富)를 보는 곳이다.°(제2도참조)

안면독지 길흉도

오악삼정(五嶽三停)이 있으니 이마(額)를 남악형산(南嶽衡山)이라 하며 코(鼻)중간을 중악고산(中嶽高山)이라 하며 턱(頷)을 북악항산(北嶽恒山)이라 하며 좌편뺨(左頰)을 동악태산(東嶽泰山)이라 하며 우편뺨(右頰)을 서악화산(西嶽華山)이라 한다.

삼정(三停)이라 함은 인당(印堂)까지 상정(上停)인데 30세까지 초년(初年) 운수(運數)를 말함이요 준두(準頭) 즉 코끝까지 50세인데 여기까지를 중정(中停)이라하여 중분운수(中分運數)를 말함이요 하정(下停)은 말년(末年)인데 인중(人中)으로부터 지각(地閣)까지를 말함인데 이것을 즉 삼정(三停)이라 한다. 삼정(三停) 가운데 상정이 넓고 윤택(潤澤)하고 흠이 없으면 초분이 좋으며 만약 삼정(三停) 반대로 짧고 가로 그어진 금(橫線)이 많거나 굴곡(屈曲)이 심하면 초분이 좋지 못하다. 중정(中停)과 하정(下停)도 역시 이와 같이 보면 틀림없다.

부귀공명상 해설(富貴功名相解說)

신체(身體)는 상반신(上半身)이 길며 하반신(下半身)이 짧으며 키(身長)는 여섯자(六尺)가 되며 얼굴은 둥글면서 가득하여 살이 찌고 또한 얼굴 빛이 희고맑으며 능히 석자(三尺) 거름을 하고 목소리(音聲)는 웅대(雄大)하여 독 안에서 울려나오듯 장하게 진동(震動)한다. 수염(鬚髯)은 한자여덟치(一尺八寸) 가량 기러서 빛이 윤택(潤澤)하며 전신(全身)에 흉터가 없으며 살빛(肉色)이 백옥(白玉)같고 오관(五官)이 구정(俱正)하고 삼정(三停)이 구배(俱配)하며 (제2도참조) 얼굴이 만월(滿月)과 같이 둥글어서 나오고 드러간 곳이 없으며 천정(天庭)과 일월각(日月角)이 빛나며 명궁(命宮)이 윤택하고 눈섭은 검고 많으며 눈섭이 눈위로 멀리 떨어져서 일월각 쪽으로 가까이 붙어야 한다. 눈은 크고 길고 일직선으로 되어 봉안(鳳眼)이나 부처눈같이 되어서 안광(眼光)이 혜성같이 빛나며 은근히 반짝반짝 하며 또 눈 아래가 불쑥히 솟아 있어야 한다. 코뿌리(山根)는 높이 솟아 있고 관성(官星) 명궁(命宮)이 빛나며 눈섭과 눈섭 사이가 두둑하여 화색(華

色)이나며 코허리(鼻樑年壽上)(제2도참조)가 빼나고 죽은 데 없이 기세(氣勢)있게 내려오며 코머리(準頭)가 뚜렸하여 둥글고 빛나며 윤택함이 최상이다.

인중(人中)은 코구멍 밑에 골이 패혀 깊지 않고 과히 엳으지 않으며 위아래가 같이 넒은 것이 상이다. 입은 일직선으로 크고 두터우며 위아래가 같이 길며 힘이 있으며 입술상하가 빰 밑까지 내려옴이 윤택하고 선이 없으며 입을 함부로 열지 않으며 혀(舌)는 크고 둥글고 살찌며 수주(垂珠)가 빰 밑까지 내려옴이 극상이다. 턱은 이중턱(二重頰)이 되었으며 좌우가 광대하여 살이 찌며 넓고 길며 둥글고 윤태하여야 하며 담홍색(淡紅色)으로 되어서 흉터가 없고 또 좌우편에 검은 사마귀(黑痣)가 하나씩 있어도 무방하다.

목은 크고 굵고 둥글며 과히 길지 않고 목뼈가 들어나지 않으며 힘줄(頸動脈)이 나타나지 않은 것이 길상이다.

(제5도참조)

영웅상과 성격(英雄相과性格)

이상이 전부 부합되는 사람은 대귀공명상이니 왕후(王後) 장상(將相)으로 극히 부귀영화를 일생 누린다.

대개 신체가 장대하며 특히 눈이 범눈(虎眼)같이 둥글고 크며 안광(眼光)이 번쩍번쩍하며 이마는 비교적 짦으며 코가 죽은 데 없이 산악(山岳)같이 빳빳하게 그리고 기세 있게 솟아야 한다. 얼굴 전체는 다각적으로 생겨 기복(起伏)이 많으며 안피(顔皮)가 두껍고 관골(觀骨)이 솟았으며 지각(地閣)이 힘차게 생겼으며 입은 한일자로 쭉 째져서 대구입(鱈魚口)같이 되었거나 또는 활궁자(弓字)로 되었으며 얼굴 전체가 크고 특히 골격(骨格)이 굵고 살이 적다.

두개골(頭蓋骨)이 굵으며 침골(枕骨)이 붉어졌으며 또 앞이마가 쑥 나왔으며 관성 명궁(官星命宮)이 침함(浸陷)하지 않고 빛이 윤택하며 사람과 말할때 정면으로 바라보고 늘 하늘을 자주 쳐다보며 담력이 커서 생사를 가리지 않고 자기 뱃심이 세며 성질이 대개 불 같고 조그만 일에는 잘 웃는 편이고 또 사소한 일로 성내지 않고 돈을 과히 중하게 여기지 않는다.

부귀공명상 5도

영웅상 6도

예술가상

7도

자수성가상

8도

의리(義理)를 존중하며 무조건 남에게 지기를 싫어하고 고집이 세며 학문을 과히 좋아하지 않고 술을 잘먹고 여색(女色)을 좋아하며 성질이 호쾌(豪快)하며 기력이 세여 평소에 항상 무슨 중물(重物)을 들기를 좋아하며 간혹 술이 취하면 자존심이 대발하여 벽력 같은 소리를 지른다.

항상 입을 잘 다물며 자기 이해득실을 생각지 않고 지모계략(智謀計略)

三一

예술가상과 천재상과 성격(藝術家相과 天才相과 性格)

몸 전체는 빛이 회며 키는 후리후리하며 전신에 흠터가 없고 속살이 찌며 이마가 길고 넓으며 얼굴 전체는 타원형(楕圓形) 즉 계란(鷄卵) 모양으로 생겨서 얼굴이 고르며 오관(五官)이 구정(俱正)하고 삼정(三停)이 구배(俱配)하다.

침골(枕骨)이 붉어졌으며 이마가 넓고길며 머리털이 부드러우며 검고 윤택하다. 눈섭은 반월형으로 청수(淸秀)하며 흰자위에 붉은 줄이 없고 동공(瞳孔)은 반짝반짝 빛나며 눈알이 은하수(銀河水)같이 맑다. 이마의 명궁 관성(命宮官星)이 빛나고 윤택하며 코구멍이 위로 쳐붙지 않으며 준두(準頭)가 윤택하게 유선형(流線型)으로 연수상(年壽上)이 절대로 좋으며 코뿌리로부터 코머리에 이르기까지 꼿꼿하고 어여쁘게 생겼으며 이(齒)는 32개 이상이 되며 이 빛이 백옥 같고 윤택하다.

귀는 모양 좋게 생겼으며 수주(垂柱)가 축 늘어졌으며 귀머리는 둥글고 솟아서 (高聳)눈섭까지 당았다. 손가락은 마디가 곱고 부드러우며 길고 또 손끝이 어여쁘게 날카로우며 손톱은 장원형(長圓形)으로 되어 손톱뿌리에 백색(白色)으로 된 반월형(半月形)이 있다.

낭만적으로 유흥을 즐기며 때로는 조용한 것을 좋아하고 혼자 연구하는 타입이다.

(제7도 참조)

실업가와 자수성가할 상과 성격(實業家와 自手成家할 相과 性格)

실업가상은 얼굴이 둥글고 이마는 넓으며 턱은 이중턱(二重)으로 되어서 군턱이 있고 얼굴과 전신이 살이 찌며 좌우악골(左右顎骨)이 벌어졌다. 체격이 장대하며 특히 코는 사자코(獅子鼻)같이 되어 준두(準頭)가 빛나며 살이 쪄서 유선형(流線型)으로

되어야 하며

귀가 두텁고 크며 귀방울(垂珠)이 특히 둥글고 살찌게 늘어졌다.

볼은 불룩하게 들어나오고 살이 찌며 흉터가 없고 목은 굵고 둥그러야 한다.

입은 크며 입술이 두터우며 빛이 담홍색(淡紅色)으로 붉다.

손은 크고 두꺼우며 손바닥에 홍점문(紅點紋)이 비단문늬 모양으로 있다.

성질은 학문을 좋아하지 않으며 두뇌가 명철하지 못한듯 보이며 재주가 없다.

이기적(利己的)이다.

주색(酒色)을 좋아하며 자기 뱃심이 세여 고집이 세고 동정심이 적다. 사치를 즐기는데 간혹 그렇지 않은 사람도 있다.

자수성가 할 사람은 얼굴이 사각(四角)으로 생겼거나 이마는 좁되 두볼이 불룩하며 특히 이중턱으로 되었으면 중년 말년에 크게 성공한다. 그런데 특히 이런 사람은 주색에 빠지지 않으며 금전에 인색하다.(제8도 참조)

빈천 우치상과 성격(貧賤 愚痴相과 性格)

특징은 몸 전체의 살빛(肉色)이 검으며 얼굴과 육체에 흉터가 많으며 이마가 좁고 이마에 가로 그어진 뚜렷한 선(橫線)이 어지럽게 많다.

눈섭 사이가 내천(川字)자로 금이 뚜렷하여 눈이 명란한 빛이 없고 흐리며 눈알(瞳孔白部)에 붉은 줄이 많다.

코가 삐뚤어졌거나 코뿌리가 낮고 준두(準頭)가 위로 치켜져서 코구멍이 뻐끔히 드러나고 입술에 굵은 종선(縱線)이 많으며 입술 빛이 붉은 기가 없고 검푸른 빛이 나며 입술에 힘이 없이 항상 벌어져 있으며 이가 고르지 않고 빈틈이 벌어진 곳이 많다.

두볼이 쑥들어가 샘(井)같이 되고 또 턱이 뾰족하고 살이 없으며 귀는 엷고 그 모양이 없으며 특히 귀방울(垂珠)이 전연없다.

밥을 고양이나 쥐가 먹듯하며 절조가 없어 마음이 이리저리 잘 변한다.

인내력(忍耐力)이 없으며 남의 일에 쓸데없이 잔소리를 하고 남의 욕을 잘한다.

빈천우치상
9도

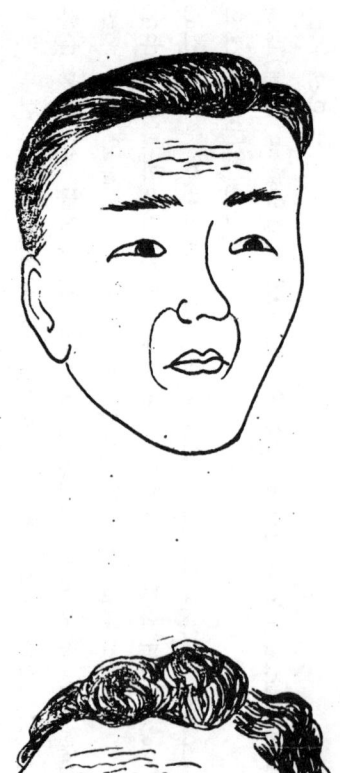

범죄상
10도

근면정직상
11도

학자교육가상
12도

걸음을 방정맞게 걸으며(步行不正) 말을 함부로 하며 인내성(忍耐性)이 없다.

성격이 침착하지 못하고 경(輕)하며 남의 말을 잘하며 남을 비웃고 자기보다 약한 사람을 경멸이 여겨 강한 자에게는 무조건 머리를 숙인다.

마음이 약하며 군센 뜻이 없고 이유없이 남의 힘만 바라는 성질이 있어 자력개척(自力開拓)의 힘이 없고 따라서 의뢰심(依賴心)이 많으며 직업을 자주 바꾼다.(제9도참조)

三五

범죄형 극악 불량한 상과 성격(犯罪形 極惡 不良相과 性格)

특징은 얼굴 빛이 검으며 이마빡이 쑥 드러나왔으며 이마에 가로 그어진 선(橫線)이 무수하게 있으며 이마가 짧고 좁으며 칼에 다친 흉터나 종기(腫氣) 흉터나 긁힌(削傷) 흉터가 도처에 많으며 특히 큰 흉터가 이마나 얼굴에 있다.

이마가 나오고 드러간 곳이 많고 특히 눈섭뼈(眉角骨)가 유난히 볼록하게 나왔으며 눈섭이 희미하게 질서없이 났거나 또는 범 눈섭같이 비슷하되 보기 싫게 났으며 광대뼈가 바란스가 않맞게 불쑥 나왔다.

눈은 붉은 빛이 눈동자나 흰 자위에 가득하여 붉은 줄이 이리저리 거미줄같이 얽혀졌으며 특히 턱이 앞으로 돌출하여 흉폭성(凶暴性)을 표시한다.

눈을 항상 상하좌우(上下左右)로 흘겨보며 또 어떤 때는 살기 등등하게 사람을 노려보는 수도 있다.

전신에 흉터가 많으며 살빛이 검으며 눈알이 붉어졌거나 혹은 쑥 들어갔다.

코는 삼곡(三曲)으로 구부러져 모양이 흉한데 특히 코 중간이 쑥 솟아 불거졌으니 야수적으로 공격성이 있으며 코구멍이 뻐끔하고 코머리가 지켜져서 코 전체 모양이 흉하다.

눈섭과 눈거리가 가까와서 딱 붙은것 같으며 입술이 엷은데 뚜렷한 종선(縱線)이 무수히 있으며 거기에 입술이 암체색으로 되었거나 또는 검푸른 빛을 띠었다.

이는 질서없이 나서 보기가 흉하며 이빨이 드러나서 이수(齒數)가 三개 이하로 수가 적이며 이 모양이 각개(各個)마다 형이 다르게 되었으며 이 빛이 특히 누르며 이와 이 사이가 빈틈이 많으며 혹빠진 이도 있고 솟아 있고 오그라진 이와 뻐드러진 이가 보기 흉하게 되었다.

체구(體軀)는 상반신이 하반신보다 특히 짧으며 팔도 짧으며(腕短) 다리가 길며 특히 얼굴에 광대뼈(顴

骨)가 쑥 드러나오고 턱이 앞으로 구부러졌다.(제10도참조)

빰이 쑥 들어갔으며 손은 장작개비 같이 뻣뻣하여 부드러운 맛이 없고 크며 손두덕에 못이 많이 박히였으며 손톱은 짧고 사각형(四角形)으로 되었으며 발은 크고 발톱이 병신된 것도 있으며 발바닥에 못이 많이 박혀 있다.

두 손바닥에 못이 (獅手鼻)에 있는 생명 두뇌 감정선(生命 頭腦 感情線)이 중간에 끊어졌든지 끊어지지 않아도 큰금이 생명선으로 많이 횡단(橫斷)하였으며 감정선이나 두뇌선이 합하여 하나로 되었으며 토성악(土星岳)에 X+자나 ※문이 있으며 (제33수상도참조)

밥을 쥐나 고양이 먹드시하며 성질이 괴악(性質怪惡)하여 평소에도 남의 물건을 홀깃홀깃 곁눈질로 훔려보며 사람과 상대 할 때 바로 보지(正視) 않고 옆눈질을 한다 (白眼視)

지적(智的)으로 저능(抵能)한데 두뇌가 저능한 증거로 이마가 짧고 좁으며 삼각형으로 되었으며 지식정도는 무식이 많고 또 문자를 안다 하여도 그범위가 넓지못하며 이지적(理知的) 감정이 약하며 부동성(浮動性)이 많다.

성격은 게으름(怠慢性)이 많아 일하기를 싫어하고 남의 눈을 속이기를 잘하며 음흉하게 말을 잘하지 않는다. 이런 사람은 특별히 후천적(後天的)으로 많은 수양을 하여 선심사악(善心捨惡)하여 취길피흉(就吉避凶)하기 바란다. 그 결과로 간혹 명사도 없지 않다.

정직 근면한 상과 성격(正直勤勉的相과 性格)

특징은 얼굴이 원형이 되었거나 또는 사각형이 되었거나 나오고 들어간 곳이 별로없이 가름하게 생겼으며 얼굴에 흥터가 없고 눈 아래가 불룩하게 (眼不補弼) 솟아 있다.

코는 사자코(獅子鼻) 모양으로 벌어졌으며 모양이 어여쁘다.

눈빛은 청수(眼光淸秀)하여 은하수(銀河水)같이 맑으며 사람을 대하여 똑바로 보며 절대로 옆눈질(白眼見)를 하지 않는다.

입술은 두텁고 상하 입술이 꼭 같으며 입은 크고 이는 모양 좋게 가즈런하게 빈틈없이 나서 30개(三十個) 이상이며 이 빛은 담황색(淡黃色)이나 흰 빛으로 윤택(潤澤)한 기운이 있다.

마음이 침착하여 부동성(浮動性)이 없고 독립자존심(獨立自尊心)이 강렬하며 겸양심(謙讓心)이 많고 자애심(慈愛心)이 있다.

예의(禮儀)를 지키며 행보를 단정(行步端正)하며 자세를 방정(姿勢方正)이 하고 경거망동(輕擧妄動)하지 않는다.

시간과 약속을 잘 지키며 약속준수(約束遵守) 사치를 즐기지 아니하며 검소(儉素)하고 적은 것을 소홀하게 생각지 않는다.

놀기를 싫어하며 무슨 일이든지 하기를 좋아하며 남의 일을 조력하기를 좋아하고 남과 다투기를 싫어하며 분발심(憤發心)이 강하여 정의를 좋아한다. (제 11도 참조)

학자 교육가상과 성격(學者 敎有家相과 性格)

특징은 안면이 타원형으로 기름하되 굴곡이 없으며 이마에 횡선이 별로 없고 광대(廣大) 활달(活達)하며 머리털(頭髮)은 가늘고 부드러우며 혹 대머리가 되며 천정(天庭)이 특히 윤택하다.

안광(眼光)이 혜성(慧星)같이 빛나며 코는 직선으로 바르며 길어야 한다.

항상 정시(正視)하며 행보(行步)할 때 옆눈질을 아니하며 청순(淸純)한 것을 기호(嗜好)한다.

마음이 침착하여 부동성(浮動性)이 별로 없으며 예의를 소중하게 여긴다. 주색을 삼가하며 말을 청산과 같이 무겁게 하며 (言學靑山重) 평소에 검소하며 사치를 하지 아니한다. 성현(聖賢)의 고전(古典)을 좋아하며 독서(讀書)를 즐기며 외출을 싫어하며 고요한 데를 좋아한다. 중심(中心)이 건전하여 정의(正義)를 사랑하며 안빈락도(安貧樂道)의 철리(哲理)를 좋아하며 불평 불만을 하지 않는다. (제12도참조)

호담한 상과 성격(豪膽的相과 性格)

호담한 사람은 얼굴이 네모가 난 듯이 (四角形) 보이며 눈이 둥글고 크며 안광(眼光)이 번쩍번쩍하며 코는 직선으로 뺏뺏하게 솟아 있다. 관골(顴骨)과 함골(頷)이 쑥 드러났으며 입을 한번 열면 호쾌(豪快)한 담화를 잘한다. 술과 여자를 좋아하며 돈을 중시하지 않으며 남의 일에 관심을 잘갖는다. 걸음을 활발하게 걸으며 타산력이 강하며 자기보다 약한 사람과 싸움을 하지 않는다. 전신체국(全身體局)이 장대(壯大)하여 골격(骨格)이 강건(剛健)하며 성질이 불같으나 개중에는 유(柔)한 사람도 있다. (제10도참조)

감상적 상과 성격(感傷的相과 性格)

감상적인 사람은 몸이 가늘게 생겼으며 이마는 넓고 좋으며 코는 길고 직선으로 되어 사색적(思索的)으로 되었으며 아래턱이 뾰족하고 길며 눈에 영채(映彩)가 있고 침울한 성격이며 독서와 연구를 좋아하고 고독한 것을 좋아한다.

이런 사람은 종교(宗敎), 문학(文學), 철학(哲學), 미술(美術), 공예(工藝) 방면에 성공한다. (제14참조)

무자 고독상과 성격(無子孤獨相과 姓格)

자식 없이 일생을 고독히 지내는 얼굴은 나한형(羅漢形) 또는 판관형(判官形) 이라하여 그 얼굴 생김생김이 쪽 중 모양으로 생겼으며 중(僧) 가운데도 늙은 중(老僧) 모양으로 생겼다.

어미 간문(魚尾奸門)(제1도참조)과 결혼선(結婚線內子女線)내에 전연 자녀선(子女線)이 없으며 (제32 수상도참조) 설령 가늘게 있어도 희미하여 그 자식을 기를 수가 없으며 또 와잠(臥蠶)과 루당(淚堂)이 침암(沈暗)하여 푸른 빛이 많다.

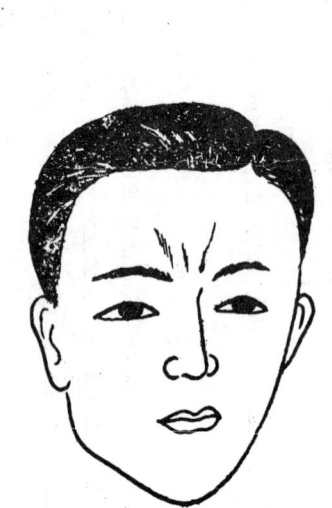

호쾌한상
13도

감상적상
14도

四〇

무자고독상
15도

비명횡사상
16도

볼이 쑥 들어갔으며 턱이 뾰쪽하며 입술이 상하에 무수한 잔금(細線)이 종(終)으로 많으며, 혹 자식이 있어도 덕을 보지 못하며 남의 자식과 같으며 부모에게 불효한 자식이 되어 없는 것과 마찬가지다. 얼굴이 둥글더라도 어미에 굵은 횡선(魚尾大橫線)이 없고 처궁(妻宮)이 좋지 못하거나 결혼선 안에 자녀선이 전연 없으면 그 사람은 비록 의식은 많으나 그 형상이 위에 말한 나한상(羅漢相)이 되어 일평생 자식 두기가 어렵다. 성격은 소극적이고 심약하여 자포자기적(自暴自棄的)이다.(15도참조)

얼굴에 굴곡이 심하여 보협(補頰)이 없고 지각(地閣)턱이 뾰쪽한 사람은 재산도 자식도 없을 사람이요 얼굴이 만월형(滿月形)으로 된 사람은 자식 두기는 어려워도 재산은 유여(有餘)하다.

비명 횡사상 해설(非命橫死解說)

특징은 코머리(鼻頭)가 붉은 빛이 완연히 나타나거나 혹은 검은 빛이 나타나고 좌우(左右)란대 정위(蘭·廷尉)가 암청색(暗靑色)이 나타난다.

코 허리(土星) 즉 중악(中岳)에 검푸른 빛이 나며 명궁(命宮)에 인자형(人字形)의 암호기색(暗號氣色)이 들어난다.

인중(人中)은 코구멍 끝이 평면(平面)이 되었거나 또는 깊으다.(제10도참조)

수상에 생명선(제32수상도참조)은 양손이 다 중간이 절단(絶斷)되었으며 또 운명선 두뇌선(運命線頭腦線)의 중간이 이리저리 끊어졌거나 또는 끊어지지 않았어도 흠이 나있거나 하였다.

인면요 人面凹
면방무내 面方文內   17도

인간중 人間中
무겸외내 務兼外內

인면철 人面凸
면방교외 面方交外

특히 토성악(土星岳), 중지두덕(中指丘)에 조그만 十자나 X자나 ※선같은 선이 있으면 관상 유년(流年) 보는 법에 의하여 그 사람이 몇 살 때 중대(重大)한 횡액수(橫厄數)를 당하여 비명(非命)의 운명을 예언(豫言)할 수 있다.

三〇세기 증거로써 영국의 대수상학자(大手相學者)「길오」는 러시아 황제(皇帝)「니쏘라이」와 19세기 말엽의 멕시코 대통령「우이라」와 자기나라 대군정가(大軍政家)「키치나」원수(元帥)의 수상학상 비참한 운명이 앞에 말한 수상의 결점으로 인하여 그들이 비참한 운명을 당하였다 한다 (제 16 도 참조)

부귀할 여자상과 성격(富貴할 女子相과 性格)

얼굴은 둥글어 만월(滿月)같고 살빛이 백옥(白玉)같으며 이마 전부가 수평적으로 평평하며 얼굴에 가로 그어진 금이 없고 이마에 흉터가 일체 없다.

머리털은 칠빛같이 검고 윤택하여 부드러우며 머리숱이 많지 않고 적당히 났다.

몸 전체가 살이 찌고 흉터가 없으며 뚱뚱하게 생겼으며 얼굴 두뺨(兩頰)에 도화색(桃花色)이 없다.

팔이 길고 손이 토실토실 살이 쩌서 두터우며 손바닥(掌心)에 붉은 문채가 많으며 손가락에 마디가 없으며 손 전체가 유한 기운이 있어 부드럽다.

눈은 봉안(鳳眼)이나 부처눈(佛眼)같이 생겨서 광채가 반짝반짝 나며 흰자위는 우하수같이 맑고 동공(瞳孔)은 새벽 별빛같이 빛나며 눈 아래 보필(輔弼)이 있어 불룩이 솟아 있으며 와잠(臥蠶) 루당(淚堂) 밑에 검은 사마귀(黑)가 없으며 눈 주위에 푸른 빛이 없으며 귀는 두텁고 모양이 있어 수주(垂珠)가 많다.

코는 산근(山根)이 솟았으며 코 전체가 적당히 살이 붙어 죽은데 없이 직선으로 내려오되 준두(準頭) 코머리가 특히 윤기가 있고 유선형(流線型)으로 어여쁘게 생겼다.

입술은 적당히 두터워 붉은 기가 있으며 이(齒)는 백옥같이 희거나 혹은 계란색으로 약간 누런 기운이 있어 윤기가 있으며 이 개수(齒個數)는 크게 이상이 되어야 한다.

인중(人中)은 골이 깊지 아니하고 평평하지 아니하며 길도 짧지도 아니하여 적당히 생겼다.

턱은 이중(二重)으로 되어야 하며 즉 본턱밑에 군턱(補頰)이 또 있으며 얼굴 전체가 잦혀지지 않고 은근히 오목한 형으로 생겨야 된다.

엉덩이가 넓고 배껍질(腹皮)은 두터워야 하며 음식을 절조 있게 먹으며 늘 미소를 띄우고 성을 잘 내지 않으며 언제나 평화(平和)한 기운이 만면(滿面)하며 놀랠 일이 있어도 과히 놀라지 않으며 말을 함부로 하지 않고 걸음거리를 방정(步行方正)하게 걸으며 항상 관인(寬仁)한 빛이 얼굴에 가득하다. 성격은 검소하고 선량하며 인내성이 강하고 성유(性柔)하며 정숙(貞淑)하다. (제18도참조)

여자 예술가상과 성격(女子藝術家相과 性格)

얼굴은 타원형 즉 계란(鷄卵) 모양으로 생겨서 나오고 들어간 곳이 없이 되었으며 얼굴 전체 살색이 희이마가 나오지 않고 협불돌출(頰不突出) 평평하여 넓으며 이마에 일절 흉터가 없고

눈섭은 버들잎(柳葉)같이 되었거나 또는 초생달(初生月)같이 어여쁘게 나서 털이 부드럽고 길다.

눈은 혜성(慧星)같이 빛나며 흰자위에 붉은 줄이 없어 은하수같이 맑으며 눈동자는 흑옥(黑玉)같이 반짝 반짝 한다.

코는 산근(山根)으로부터 준두(準頭)에 이르기까지 삐뚜러지지 않고 바르며 유선형(流線型)으로 생겼으며 코머리가 특히 어여쁘게 생겼다.

입은 크지도 적지도 않고 입술도 과히 두텁지 않고 과히 엷지 않아서 적당히 생겼으며 크지도 적지도 않게 생겼

부귀여자상
18도

예술가상
19도

으며 입술이 붉으스레(淡紅色)하게 자연적으로 되었다.
귀는 모양 좋게 생겨서 특히 귓방울(垂珠)이 구슬같이 둥글게 달렸다.
목소리(聲音)는 맑고 청아(淸雅)하여 몸 전체는 후리후리하게 생겼으나 과히 연약하지 않다.
성격은 다정다감 하여 감수성(感受性)이 많다。(제 19도 참조)

웃음을 귀염성있게 웃어 사람을 끄는 매력이 있으며 화려한 생활을 좋아하나 또 고독한 것을 좋아하고 정적(靜寂)한 데서 명상(冥想)하기를 좋아한다.

손은 비단결같이 부드러우며 손가락은 깎아 만든 것같이 어여쁘게 생겼으며 특히 손가락 끝이 맵시 있게 생겼다. 운명선이 길게 뻗혀내려오면 이런 여자는 예술가로서 이름을 세상에 떨친다.

호연가상
20도(1)

호연가상
20도(2)

과부상

21도

무자상
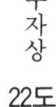
22도

연애를 잘하고 히스테리 여자 상과 성격(好戀愛神經的 女子相과 姓格)

특징은 이마가 쑥 나왔으며(頰突出) 이마에 금이 많으며 고집이 세며 이마에 흉터가 있다.

눈은 쥐눈 모양으로 되었거나 돼지 눈으로 되어 특히 눈 주위가 푸른 빛이 완연히 난다.

눈동자를 항상 좌우전후(左右前後)로 흘깃흘깃 쳐다보며 사람을 잘 옆눈질로 훌터본다.

코는 칼날같이 생겼거나 또는 코뿌리가 활궁자(弓字)모양으로 생겨 코허리가 빠졌거나 반대로 칼날같이 뾰족하다.

눈섭은 범 눈섭(虎眉)같이 숱이 많거나 또는 아주 희미하게 났다.

四七

입술은 푸른 빛이 돌며 위아래 입술이 엷거나 혹은 상하가 같지 않다. 이는 길고 덧니가 있으며 이 전체가 질서없이 났으며 반대로 짧거나 이와 이 사이에 빈틈(間隙)이 많다. 두 볼이 붉으스레(桃花色) 술 먹은 것 같으며 두 볼이 쑥 드러났거나 반대로 쑥 들어갔다. 성격은 경망하고 허영심이 많으며 인내심이 없이 함부로 자기 마음대로 하기를 즐긴다. 길을 걸을 때 엉덩이를 함부로 흔들며 이유 없이 웃고 성내기를 잘하며 밥은 쥐와 고양이 먹듯하며 절조(節操)없이 생활을 한다. (제21、22도 참조)

현모양처상
23도

독부상
24도

四八

과부되기 쉬운 여자 상(寡婦的 女子相)

특징은 얼굴에 붉은 빛이 많으며 도화색(桃花色)으로 술 먹은 것같이 붉다. 코는 코뿌리(山根)가 빠져서 코허리가 Z자형으로 되었거나 반대로 코가 칼날같이 솟아서 서양여자 코모양으로 생겨서 준두(準頭~코뿌리)가 쭈빗하게 되었으며 코뿌리에 가는 선이 두 셋 가로 그어져 있다. 얼굴의 전체가 잦혀져 이마빡이 쑥 드러났거나 이마나 볼에 흉터가 있고 혹은 이마에 주름살이 많거나 또는 광대뼈가 쑥 드러났거나 하였다.

간문(奸門)이 쑥 빠졌으며 상을 찌푸릴 때 눈섭과 눈섭 사이에 내천자형(川字形)이 완연하다.

결혼선(結婚線) (제33수상도참조)이 이중선이나 삼중선으로 꼭같은 금이 누세 개가 있다.

운명선이 중간에 절단되었으며 화성평원(火星平原)에 무수한 잔금(細線)이 기로세로 난잡하게 있다. (제21도참조)

아이 낳기 어려운 여자 상(無子女할 女子相)

특징은 키가 후리후리하고 엉덩이가 좁으며 배(胚)가 홀쭉하며 배껍질(腹皮)이 얇고 눈아래 와잠과 루당(臥蠶簪堂) (제22도참조) 부근이 특히 푸른 빛이 많으며 어미 간문(魚尾奸門)에 전연 횡선이 보이지 아니하여 침암(沈暗)되었으며

결혼선과 자녀선과 감정선 초두(初頭)에 양쪽으로 달려붙은 여덟팔자선(八子形線)이 전혀 없으며 설혹 있더라도 희미하게 있으면 자녀를 갖이기 어렵다. (제32도수상도참조)

현모 양처의 상과 성격(賢母良妻相과 性格)

얼굴은 둥글고 이마는 평평하며 천정에 아무런 흠이 없고 또 흉터가 없다.

四九

머리털은 검고 윤택한 빛이나며 눈섭이 어여쁘게 가늘고 길게 났다. 눈은 대소 중간으로 적당히 생겨야 되는데 부처 눈같이 생겼으면 더욱 좋으며 흰자위가 맑은 물 같고 동공은 빛난다.

특히 코가 코뿌리로부터 코머리(準頭)에 이르기까지 빠지지 않고 적당히 살이 붙어 바로 내려왔으며 좌우 란대 정위(蘭台廷尉)와 코머리와 명궁(命宮)이 윤기가 있고 동굴고 결점이 없으며 입은 비교적 후한 편이 좋고 입술은 연분홍(淡紅色) 빛을 띄어야 한다.

이는 가즈런하게 나서 사이에 빈틈이 없으며 지나치게 희지않고 약간 누른 빛이 나서 윤기가 있다. 턱은 뾰족하지 않을 정도면 좋은데 턱이 너무 짧으면 좋지 못하다.

성질은 급성(急性)보다 유성(柔性)이며 또 너무 영리한 편보다 다소 순박(純朴)한 편이다. 특히 이마가 쑥 드러나면 고집이 센 여자라 이마가 약간 협소해도 평평함이 심성이 순량하다.

이러한 여자는 인자한 편이어서 품행이 방정하고 허영(虛榮)이 없다.

엉덩이는 커서 마치 암닭이 계란 낳을때 엉덩이 같아야 하며, 음문(陰門)은 내려붙어서 정좌(正坐)하면 자기가 볼수 없을 정도고 음모는 부드러워 윤기가 있으며 음문주위를 음모가 싸고 있어야 하며 음문부근에 검은 사마귀가 있으면 특히 귀자를 낳는 법이다.

항상 수동적으로 부끄러움을 잘 타며 남의 흉을 보지 않으며 잔소리를 하지 않는데 이것은 심리학상 천성이 온후(溫厚)하기 때문이다.(제23도참조)

독부상과 성격(毒婦相과 性格) (犯罪形)

특징은 신체의 상반신(上半身)이 짧으며 하반신이 길고 음문으로부터 특히 하반신이 길다. 몸 전체의 살색이 검으며 육체내부에 흉터가 많이 있다. 안면(顔面)도 역시 살빛이 검으며 또는 얼굴에 흉터가 있는데 특히 이마에 상처나 종기터 같은 흉터가 있으며 얼굴 전체에 굴곡(凸凹)이 많다.

이마가 쑥 나왔으며 무수한 횡선이 이마에 많으며 광대뼈(顴骨)가 불쑥 나왔다.

머리털은 굵고 뻣뻣하며 말총 모양으로 되어 머리숱이 빽빽하게 났다.

광대뼈(顴骨)가 쑥 드러나오고 두 볼이 붉어(桃花色) 술 먹은 사람 얼굴 같다.

귀는 쥐귀 모양 같으며 내륜(內輪)이 외륜(外輪) 밖으로 나왔으며 수주(垂珠)가 없고 귀 모양이 아주 못되었다.

눈섭은 범 눈섭같이 많이 나서 남자 눈섭 같으며 눈섭털이 질서없이 났으며 눈이 쑥 들어갔거나 혹은 나왔거나 하여 여우 눈 모양으로 되어 있으며 눈 흰자위에 붉은 선이 이리저리 동공(瞳孔)을 움직이며 사람을 대할 때 옆눈질을 잘한다.

코는 Z자나 혹은 칼날같이 되어 서양여자같이 코가 뾰족하고 입은 보통보다 크고 입술은 얇으며 빛이 검푸르고 또는 불을 부는 것같이 입 모양이 흉하다.

턱은 송곳같이 뾰족하며 눈은 어미(魚尾)가 (제도참조) 즉 눈꼬리가 장미(張飛) 눈꼬리 모양으로 치켜졌으므로 꼭 일본 무사의 눈꼬리 모양으로 되었다.

얼굴 전체가 인상이 극히 좋지 못하고 방정맞게 보이며 성격은 경망하여 까불기를 잘하며 잘 웃고 잘 성내며 반대로 음흉한 성질이 있으며 잔인성(殘忍性)이 있다.

음식을 고양이나 쥐 밥 먹듯하며 말을 함부로 하고 남의 흉을 잘 보며 욕을 잘하고 자만심(自慢心)이 많으

五一

25도

男子黑痣圖

女子黑痣圖

며 남을 속이기를 잘하며 사치를 좋아하여 허영에 날뛰며 잔소리를 하며 거름을 방정맞게 걸으며 남의 물건에 탐을 잘내며 게으르며 음문(陰門)이 치켜 붙었으며 음모가 없거나 있어도 풀같이 되여서 억세고 음문 위에만 음모(淫毛)가 났으며 배껍질이 엷고 엉덩이를 함부로 내흔든다. 앉고 서는 것과 잠잘 때의 모든 행동이 예의가 없으며 함부로 지꺼리며 일 하기를 싫어하며 성격은 부동성(浮動性)이 충만하다. (제24도 참조) 이런 여자는 절대적으로 최선을 다하여 수양(修養)하여서 좋은 사람이 되기를 바란다.

五一

여자는 열두 가지 덕이 있으면 좋은 남편과 귀한 자식을 낳는다. (女人有十二德 賢母良妻必生貴子)

1. 걸음 걸이가 단정하며 (行步端正)
2. 얼굴은 둥글고 몸은 두터우며 (面圓體厚)
3. 오관이 절대 바르며 (五官俱正)
4. 삼정이 같이 고르며 (三停俱配)
5. 용모가 단정하게 생겼으며 (容貌嚴正)
6. 말을 함부로 하지 않으며 (又愼言語)
7. 평소에 남과 다투지 않으며 (平素不與人爭競)
8. 괴로움고 어려운 중에도 남을 원망하지 않으며 (若難中無怨言)
9. 음식을 절조있게 먹으며 (節飮食)
10. 놀랜 일이 있어도 과히 놀래지 않으며 급한 일이 있어도 성급히 하지 않고 함부로 웃고 지꺼리지 않으며 남을 존경하며 (不急 愼笑 愼言 尊敬人)
11. 앉고 서는 것과 잠자는 것을 바르게 하며 (坐立寢必正)
12. 근면하고 정직하고 참을성이 있다.

제2장 안면 각부위(顔面各部位)

제1절 안면 각 부위 해설

눈과 운명(眼과 運命)

눈은 양안(兩眼)이 일직선으로 길어 부처눈(佛眼)이나 봉눈(鳳眼) 모양으로 되어 안광(眼光)이 은근히 반짝반짝하게 빛나며 눈 흰창은 은하수(銀河水)같이 맑으면 관후인자(寬厚仁慈)하여 극귀(極貴) 극부(極富)한다.

눈알이 쑥 나오고(眼球露出) 두 눈이 나왔으며 흰 창에 붉은 줄이 많고 눈알이 붉어 불을 뿜는(噴火) 것 같으면 간사하고 극악하며 도적질을 잘하며 남을 잘 속이며 잔인성이 있어 지독한 마음을 가진다.

눈이 둥글고 장대(壯大)하며 안광이 번쩍 빛나며 흰 창이 가을 하늘같이 맑으면 성질이 호쾌(豪快)하다.

눈이 쥐눈 모양으로 되여서 눈이 적고 빠졌으며 흰 창이 붉으며 성질이 불량하며 머리는 저능(頭腦低能)하나 사기 협잡을 잘 한다.

눈이 돼지의 눈 모양으로 되었으면 성질이 음흉하고 주색을 좋아한다.

눈이 말눈으로 생겼으며 눈 주위가 검푸른 빛이 있으며 어미(魚尾)에 금이 없고 루당(漏堂)에 검은 사마귀가 많으며(제1도 참조) 결혼선 상하에 전연 자녀선이 없으며 감정선 끝에 상하에 八자로 붙은 선이 없는 사람은 자녀를 낳기 어렵다.(제32수상도 참조)

五四

눈이 크고 흰창이 맑으며 사람과 말할 때에 항상 정시를 하는 사람은 심성(心性)이 정직하다.

눈이 독사눈 같거나 또는 여우눈 같으며 눈알이 맑지 아니하고 눈알이 붉으며 항상 이리저리 옆눈질을 하는 눈은 간악하다.

눈이 특히 적고 흰 창이 많으며 속눈썹이 없는 눈은 자기 이해타산(自己利害打算)에 밝아 도덕심이 없다.

눈이 크도 적도 아니하고 일자로 바르며 흰창이 맑고 눈알이 칠빛 같이 검고 빛나며 속눈썹이 길고 맑은 눈은 영리하고 재주가 있다.

눈을 비껴 쳐다보는 눈은 자존심과 허영심의 눈이다.

눈초리가 위로 치켜지고 이마가 나왔으면 성질이 포악(暴惡)하여 싸움을 잘한다.

눈썹과 운명(眉毛와 運命)

눈썹은 눈위에 멀리 떨어져 눈썹이 숱하고 가즈런하게 났으며 빛이 칠빛같이 윤택히며 길어서 눈초리를 넘으면 귀격(貴格)이니 부귀공명하고 장수한다.

눈썹이 짧으며 내려붙고 이리저리 흩어져 났으면 방종성이 있고 자존심이 강하다.

눈썹이 희미하게 났으며 또는 반쪽밖에 나지 아니하였으면 형제가 없고 고독하다.

눈썹뼈가 불쑥 드러나고 눈썹털이 꿋꿋하게 치켜서 났으면 성질이 급하고 또 흉맹도 있다.

눈썹이 청수하여 초생달(新月) 같이 되였으면 문장이 활달하고 총명하여 예술에 재능이 있다.

눈썹이 가즈런하여 길게 났으며 끊어진 곳이 없으면 형제가 많고 또 눈썹 중간이 끊어지고 흉터가 있으면 형제가 죽을 수요 눈썹이 부드럽고 빛이 윤택하면 마음이 인자하다.

여자 눈썹이 가늘어 버들잎같이 되었거나 또는 초생달(新月)같이 되어서 빛이 검고 부드러우며 윤택하고 길면 부귀한다.

여자 눈썹이 범눈썹으로 되어 남자 눈썹같이 숫하고 많이 났으며 눈썹이 누르거나 이리저리 허트러 졌으면 八자가 세여 생사별할 八자다.

여자 눈썹이 눈과 가까이 붙어서 말총같이 털이 세면 성질이 괴악하다.

26도

미眉 시矢미眉 신경질神經質

미眉 하下 경傾 자비慈悲 종교宗敎

미眉 과過 장長 목目 이지理智 문재文才 다형제多兄弟

미眉 교합交合 허위虛僞 불선미不善眉

미眉 문형紋形 파波 친척親戚 불화不和 파가破家

미眉 절絶 조사早死 형제兄第

미眉 신월新月 총명聰明 지혜智慧

일자미一字眉 호담豪膽 용맹勇猛

미眉 란亂 감정적感情的 형제친兄弟親 척박상戚薄相

五六

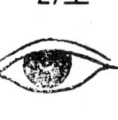

호안 虎眼 호담 豪膽 강직剛直

시안 矢眼 신경질神經質 허영虛榮

서안 鼠眼 소심소극小心消極

고안 狐眼 교활간지狡猾奸智 신경질허영神經質虛榮

불안 佛眼

봉안 鳳眼 관후인자寬厚仁慈

저안 猪眼 요흉우치搖凶愚痴

귀와 운명(耳와 運命)

귀는 크고 두텁고 모난 데가 없고 내륜(內輪)이 돌출하지 아니하고 반월형으로 되어서 수주(垂珠)는 늘어졌으면 대부귀장수(大富貴長壽)한다.

귀 모양이 후(厚)하고 붉은 기운이 있고 살이 윤택하면 재록(財祿)이 있고 일생이 편안하다.

귀 말귀 모양으로 되었으며 힘이 빳빳하면 기상(氣像)이 있고 용맹(勇猛)이 있다.

귀가 얇고 적으며 빛이 검고 귀 아래가 전우(箭羽)와 같이 되었으면 오래 살지 못하며(短壽) 평생 곤궁(困窮)한다.

귀가 내륜(內輪)이 돌출(突出)하고 힘이 있으면 고향에 살지 못하고 타관에서 성공한다.

五七

귀가 삼곡 사곡(曲耳)으로 꾸부러지고 수주(垂珠)가 없고 얇으면 성우빈천(性愚貧賤)하다.

귀가 특별히 적으며 힘이 없고 흉터나 기타 결점이 있으면 조사(早死)한다.

귀가 특별히 크고 두터우며 수주(垂珠)가 늘어지고 힘이 있으면 팔십장수한다.

귀가 쥐귀 모양으로 적고 귀 모양이 추하고 천륜(天輪)이 오그러졌으면 천한 귀니 단수(短壽)한다.

귀가 크고 두터우며 외륜(外輪)이 내륜(內輪)을 싸고 있으면 고향에서 성공한다.

입과 운명(運命)

입은 한일자로 크고 입술이 두터우며 붉은 기운이 있고 흠점이 없는 입이 최상(最上)이다.

입이 대구입(鱈魚口)모양으로 되어 항상 입을 다물고 있으며 또는 八자입으로 되어 입이 힘이 있으면 영웅적입(英雄口)이다.

입이 비뚤어져서(橫斜口) 입술이 위아래가 같이 아니하면 간사하고 경망하다.

입이 적고 입술이 푸르면 음흉하고 난잡하기 불길하다.

입이 상하가 바르며 입술이 두터우며 윤택하며 이가 가즈런하게 났으면 심성이 정직(心性正直)하다.

입이 쭉 째지고 입술이 과히 두텁지 아니하고 붉은 빛이 있으며 입을 잘 벌리지 아니하는 입은 성질이 강고(剛固)하여 이지적(理智的)이며 인내성(忍耐性)이 있다.

입이 적고 상하 입술이 얇고 검푸르며 또는 창백하며 입술에 무수한 입선(立線)이 있고 또 입이 오그러져서 주머니 오므려 맨 것 같고 불을 부는(噴火) 것같이 된 입은 빈천하고 경망하다.

입이 크도 적도 아니하고 중간쯤되고 특히 입술이 정도 이상으로 두터우며(極厚) 입술이 대배졌거나 불쑥 나왔으며(口脣突出) 무지하고 불량(無智不良)하다.

입이 적고 입술이 얇고 입을 항상 벌리고 있으며 신경질이다. 입이 오목하고 입술을 항상 웃니로 지긋지긋 깨무는 사람은 연구성(研究性)이 있고 또 과단력(果斷力)이 있고 진취성(進取性)이 있다.

코와 운명(鼻와 運命)

코는 첫째 코뿌리(山根)가 높이 솟고 (高聳) 직선으로 기세있게 내려와 연상수상(年上壽上)에 아무런 고장 이 없고 코머리(準頭)가 둥글고 윤기가 있으며 유선형(流線形)으로 되어 코 전체에 흠터가 없으면 부귀공명 하며 코가 여여쁘게 생겨서 특별히 길면(鼻長) 사색적(思索的)이어서 철학자(哲學者)가 된다.

코가 비뚤어졌으며 (斜鼻) 또는 산근(山根)이 빠졌으며 코허리가 을자형(乙字形)으로 되었거나 반대로 콧 등허리가 칼날같거나 코머리(鼻頭)가 뾰족하여 날카롭게 생겼으며 코뿌리(山根)에 가로 그어진 횡선(橫線) 이 두셋 있으면 생사이별을 하며 빈한(貧寒)하다.

콧구멍이 빼끔하고 코뿌리에 가로 금이 있으며 코 중간이 빠진 여자는 과부되기 쉽고 코가 날씬하며 칼날같 이 되어 미국여자 코모양으로 생겼으며 특히 코머리(鼻頭)가 뾰족한 여자는 생이별하기 쉽다. 그리고 코 길 이가 짧으면 다혈질(多血質)이라 성미가 조급하다.

코가 사자코(獅子鼻) 같이 되었으며 코머리가 둥글고 팡파드름하게 되었으며 코 진체가 죽은 데가 없고 또 흠터가 없으면 자수로 성공하여 대부(大富)가 된다.

코가 얼굴에 비하여 적고 코모양이 란대 정위(蘭台廷尉)에 검은 빛이 나며 또 코허리가 붉으며 오사(誤死)할 수가 있다.

은 빛이나 또 암참하면 단수(短壽)할 뿐 아니라 코뿌리가 쑥 꺼지고 코에 흠터가 있으면 부모유산(父母遺産)을 지키지 못한다.

五九

28도

장준비 공리비 건비 도비
長準鼻 功利鼻 鍵鼻 刀鼻

탐욕 이기적공격 지혜재능
貪欲 利己的攻擊 智慧才能

냉혹 공리적교활
冷酷 功利的敎滑

안비 사자비 저비
鞍鼻 獅子鼻 猪鼻

상처 공명 우치
喪妻 功名 愚痴

과부 부귀 무능
寡婦 富貴 無能

코가 얼굴에 비하여 크며 빳빳하게 솟았으며 코머리가 빠졌으면 처덕(妻德)이 없고 또 산근(山根)에 횡선이 없으면 기상(氣像)이 있어 영웅적(英雄的)이다. 코뿌리가 빠졌더래도 코머리가 좋으면 오십당년(五十當年)에 성공한다.

六〇

이마와 운명(額과 運命)

이마는 넓고 길며 평평하며 흉터가 없으며 빛이 희며 주름이 별로 없으며 관성(官星), 명궁(命宮), 인당(印堂)이 활달(活達)하면 재주가 있고 총명하고 인자하며 어려서부터 식록(食祿)이 넉넉하며 또 큰 벼슬(大官)을 하거나 학자가 되어 명진천하(名振天下)한다.

이마가 활딱 벗어지고 일월궁(日月宮)(제 5,6도 참조)이 명랑한 사람은 부모덕이 있다.

이마가 쑥 나오면 자존심이 강하여 고집불통(固執不通)이며

부량이 不良
곡도 曲到
소심 小心
빈천 貧賤

고첨이 高尖
천륜 天輪
총명 聰明
강직 剛直

단소이 短小耳
단명 短命

후대이 厚大耳
공명 功名
부귀 富貴

형이 形耳
유선 流線
총명 聰明

공중이 空中耳
내륜 內輪
호쾌 豪快
강직 剛直

29도

六一

30도

적극강직 구 積極剛直 口

이기탐욕 구 利己貪慾 口

인자관후 구 仁慈寬厚 口

하품빈곤 구 下品貧困 口

허영정열 구 虛榮情烈 口

변태부량 구 變態不良 口

교활사기 구 狡滑詐欺 口

이마가 좁고 짧으며 금이 많으며, 흉터가 있으며, 미련하여 두뇌가 저능(低能)하고 초년고생을 한다. 이마가 비뚤어졌거나 또는 대소의 흉터가 많으면 성질이 불량하고 잔인성(殘忍性)이 있다. 이마에 금이 많고 일월궁(日月宮)이 빠졌거나 또는 내천자(川字)가 있으며 명궁(命宮)과 인당(印堂)이 침암하면 부모를 일찍 사별한다. 이마가 쑥나오고 천정(天庭)에 금이 많은 여자는 고집이 세여 가정불화를 일으킨다.

六一

뺨과 운명(頰과 運命)

이마가 적당히 넓고 평평하여 금이나 흉터가 절대로 없는 여자의 이마는 가정부인으로 현숙(賢淑)하다.

뺨은 살이 쪄서 빠지지 아니하고 원만하며 흉터가 없으면 의식이 족하다.

뺨이 특히 붉은 여자는 도화살(桃花面)이 있어 과부나 생이별을 할 운수다.

뺨이 불룩하여 살이 많으며 술 먹은 것 같은 남자 뺨은 호걸풍(豪傑風)이 있다.

교활간지 狡滑奸智 턱

총명지혜 聰明智慧
수완가 手腕家

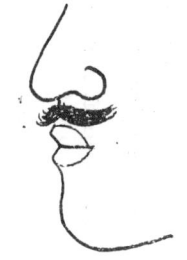
부귀공명 富貴功名
관후인자 寬厚仁慈

이기강직 턱
利己剛直

단명빈곤 턱
短命貧困

뺨에 살이 없이 쑥 빠진 남자는 신경질적이며 빈한하여 고생을 한다. 뺨이 특별히 불쑥 나온 여자는 고집이 세며 자만심(自慢心)이 많다.

턱과 운명(頷과 運命)

턱은 둥글고 크며 살찌고 보턱(補頷)이 있으면 대귀부장수(大貴富長壽)한다. 턱이 짧으며 뾰족하여 날카롭게 생기면 수명이 짧고 성질이 급하고 만년(晩年)이 불행하다. 턱이 비록 이중으로 안 되었어도 과히 날카롭지 아니하고 길며 흠점이 없으며 어여쁘게 생겨서 계란아래(鷄卵下部) 모양으로 되었으면 총명하고 재주가 있으며 주걱턱으로 되어 앞으로 나왔든지 흉터가 크게 있든지 하면 성질이 괴악(怪惡)하다.

머리와 운명(頭와 運命)

머리뼈(頭蓋骨)는 둥글고 크며 수박같이 되어 죽은데가 없고 침골(枕骨)(頭蓋骨後面)이 쑥 나왔으며 머리털은 검소 칠빛같이 윤택하고 가늘고 부드러우며 머리에 흉터가 없으면 두뇌가 명철(頭腦明哲)하고 연구심(硏究心)이 풍부(豊富)하여 성공한다.
두개골(頭蓋骨)이 협소하고 침골(枕骨)이 없고 후두부(後頭部)가 평평(削斷)거나 또는 두개골이 세모로 보이고 이마뼈(額骨)가 짧으면 두뇌가 저능하여 사색력(思索力)이 없고 지혜(智慧)가 없는 천치(天痴)로 골상학(骨相學)상 제일 비천한 두형(頭形)이다.
두개골이 보통 이상으로 자기체격(自己體格)에 비하여 특별히 크면 역시 두뇌가 저능아(抵能兒)다.
두개골이 앞뒤로 불쑥 나왔으며 중간적으로 크며 머리털이 뻣뻣(頭髮剛)하면 성질이 영맹(獰猛)하여 자존심이 강하고 고집이 세다.

두개골의 면부(面部)가 불쑥 나오고 특히 미골(眉骨)이 앞으로 쑥 나온 사람은 이기주의(利己主義)적 성격의 소유자다.

두개골이 계란 상부(鷄卵上部) 모양으로 되어 모난 데가 없고 또 천정골(天庭骨)이 특별히 넓고 길면 천재적 두뇌(頭腦)이다.

치아와 운명(齒와 運命)

이는 백옥 같고 빈틈없이 가즈런히 서른 두 개를 가진 사람은 귀하게 된다.

이가 서른두 개는 역시 수복(壽福)하게 되며 서른 개는 보통이요 스물 여덟 개 이하는 하천(下賤)하다.

이가 둥글고 적으면 빈궁하며 대문이 두개가 특별히 크면 성격이 충효정직(忠孝正直)하다.

이가 편소하면 신행이 없다.

여자이는 비교적 계란색으로 약간 누르고 가즈런히 난 것이 좋으며 크고 길면 묘하다.

이가 두텁고 크며 정연하게 서른 두 개. 이상으로 났으면 학자로 성공할 수 있다.

이가 푸른 빛이 나며 길며 오그러진 자는 음탕하다.

이가 사이가 비고(空隙) 대문이(明齒)가 빠진 자는 빈한하며 이뿌리가 견고하지 아니한 자는 단수한다.

목과 운명(項과 運命)

목은 비후(肥厚)하고 육색(肉色)이 흰 것이 좋으며 항원피후(項員皮厚)하면 총명준수(聰明俊秀)한 사람이며 부귀한다.

목이 신체에 비하여 가늘고 노골(露骨)하며 부동(浮動)하며 짧으면 빈천하다.

목이 짧은 사람이 키가 크고 몸이 여윈(瘦身)사람은 단수(短壽)하며

六五

목이 가늘고 길며 황동맥(項動脈)이 쑥 드러난 사람은 흉상이며 목이 크고 둥글며 살이 찌고 중문(重紋)이 있으면 대수(大壽)하며 일생이 평안하다.

입술과 운명(脣과 運命)

입술은 입의 울타리요 혀의 문호가 되니 한 번 벌리고 한 번 닫는데 행 불행이 달린 것이다. 그러므로 입술은 두터워야 좋고 엷어서는 좋지 않다.

입을 잘 덮어주어야 좋고 입을 가리지 못하고 겉인 것은 좋지 않다. 대운 소운은 입과 함께 지배한다.

입술이 너무 두터운 자는 야심이 많고 만족을 모르는 사람이요 여자는 성욕이 많아서 과부되기 쉬운 상이다.

입술이 너무 엷은 자는 남자는 욕심이 적고 진보성이 없으며 여자는 관계찮다.

입술이 주사칠한 것처럼 붉은 자는 남녀간에 부귀하고 애정도 많으며 자녀의 인연도 좋다.

입술이 푸른 자는 재앙이 많고 요사하기 쉽다.

입술이 어둡고 검은 자는 병액이 많다.

색이 붉으레한 자는 행복한 사람이다.

입술은 희나 윤기가 있으면 처덕이 많고 입술이 누렇고 붉은 자는 귀자를 둔다.

입술이 겉인 자는 일찍 죽기 쉽고

입술이 엷고 박한 자는 간사한 말을 잘한다.

입술이 엷은 자는 간사하여 경솔한 말을 잘할 상이요

아래입술이 엷은 자는 가난하여 일에 막힘이 많다.

웃입술이 두터운 자는 음흉한 사람이요 우아래 입술이 다 엷은 자는 정직하지 못하다.

우아래가 서로 붙지 못한자는 가난하고 혹은 마음이 검다.

우아래 입술이 고르고 잘 합쳐지는 자는 부귀하고 마음도 깨끗하다.

입술에 검은 사마귀가 있는 자는 호주객(豪酒客)이요 미식가(美食家)이다.

입술이 검은 자는 독약 먹고 죽을 상이다. 입술은 길고 이가 짧은 자는 장수한다.

혀와 운명(舌와 運命)

혀란 한번 잘못 놀리면 사람의 생사가 달린즉 혀는 함부로 놀리지 말아야 할 것이다. 혀는 언어의 표현기(表現器)가 되므로 그 생김을 봐서 길흉을 판단할 수 있다.

혀는 모지고 길며 단정하고 붉으며 칼날처럼 생겨 문의가 있으면 부할 상이요 이와 반대로 둥글고 짧으며 좁고 엷어서 빛갈이 누르거나 붉으며 칼날처럼 생겨 문의가 있으면 부할 상이요 이와 반대로 둥글고 짧으며 회고 문의가 없는 것은 다 빈천할 상이다.

혀가 좁고 길면 간사한 도둑이요.

혀가 두텁고 짧은 자는 운이 맥힘이 많다.

혀가 크고 엷은 자는 쓸데 없는 말을 잘하고.

혀가 뾰족하고 적은 자는 욕심이 많다.

혀가 코끝까지 닿는 자는 부귀할 상이요.

혀가 단단하기가 손바닥 같은 자는 대귀할 상이다.

혀가 주사처럼 붉은 자는 대귀하고 혀가 간장처럼 검은 자는 빈천하다.

혀가 붉어 혈색이 좋은 자는 귀하고 혀가 희어 회와 같은자는 가난하다.

허위에 문의가 있는 자는 고귀할 상이요

허위에 종문이 있는 자는 대귀한다.

혀가 윤택하고 입가에 가득한 자는 부자되고

혀가 아름다운 문의가 있는 자는 조정 대관이 된다.

혀위에 흑자가 있는 자는 거짓말을 잘 할 상이요

혀가 뱀처럼 생겼으면 마음에 독기가 있을 사람이다.

말하기 전에 혀를 내두르는 자는 거짓말쟁이다.

혀는 붉으면 좋고 검거나 희면 좋지않다.

관골과 운명(觀骨과 運命)

관골이란 코를 보좌하는 신하와 같다. 그러므로 코가 아무리 잘 생겼다 하더라도 관골이 솟지 못해서 보좌하지 못하면 마치 임금이 아무리 훌륭한 성군(聖君)이라 하더라도 신하가 어질지 못해서 정치를 그르치는 것과 같다.

코는 약간 부족해도 관골이 좋은즉 훨씬 좋다. 이것이 임금이 비록 밝지 못하나 신하가 정치를 잘하면 백성이 편한 것과 같다. 대운은 코와 함께 45세부터 54세까지 지배하고 소운은 46세와 47세의 양년을 지배한다.

높이 솟고 살비듬이 좋아야 하고
얕찹거나 뼈가 나오면 좋지 않다.
높이 솟은 자는 권세가 있고
얕찹거나 깎인 자는 무세가 있고
관골이 뼈가 나온 것은 고단하고
관골이 옆으로 뻗은 것은 흉악하다. 여자는 과부된다.

수염과 운명(鬚髥과 運命)

수염이란 남자만이 가질 수 있는 특유물이다. 산천에 송백과 같은 것이다. 입위에 나는 것을 자라 하고 입아래 나는 것을 수라 한다. 자는 녹(祿)이 되고 수는 관(官)이 된다. 또 좌우 뺨에 나는 것을 구레나룻이라 한다.

수염이 쑥대처럼 욱어진 것은 좋지 않고
맑고 깨끗하며 약간 드믄 것이 귀상이다.
수염이 너무 드물어 살이 보이는 것은 좋지 않고 너무 탁해도 천상이다.
구레나룻은 두문게 좋고 빽빽한 것은 좋지 않다.
웃수염이 입술을 덮지 못한즉 인덕이 없다.
수염이 돌돌 말리면 형벌이 있고 수염이 윤택하면 말년에 복록이 많다.
수염이 뻣뻣해도 성질이 강해서 실패하고
너무 유해도 용기가 없어 실리한다.

법령과 운명(法令과 運命)

법령이란 글자 그대로 법을 맡아 호령하는 기관이니 어린이는 아직 법을 알지 못하므로 법령이 생기지 않고 대개 20세가 넘어서 성년이 되어야 비로서 법령이 생기는 것이다.

법령은 코 끝 좌우로 입가로 길게 뻗친 금을 이름한다. 대운은 입과 함께 55세부터 64세까지 지배하고 소운은 56세와 57세의 양년간을 지배한다.

법령 금이 입으로 들어가면 굶어 죽을 상이요

법령 금이 입끝을 지내지 못한 즉 단명한다.

법령이 분명한자는 법을 잘 지키는 자요

법령이 분명하지 못한 자는 위법을 할 상이다.

법령이 붉은 빛이 윤택하면 기쁜 사령장을 받고 검은즉 파면장을 받는다.

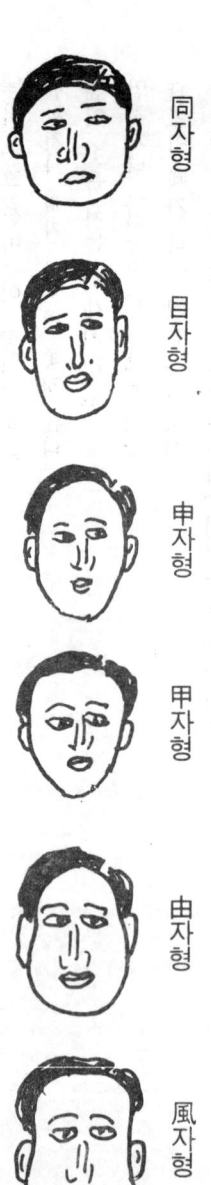

同자형

目자형

申자형

甲자형

由자형

風자형

제3장 신체 분과론(身體分科論)

제1절 신체 각 부위에 대한 해설

어깨와 운명

어깨는 평평하고 살이 붙으면 좋고 어깨가 축 늘어져 살이 없는 것은 좋지 않다.

오른쪽 어깨가 높은 자는 적수성가할 상이요

왼쪽 어깨가 오른 쪽보다 높은 자는 패가 망신할 상이다.

어깨가 넓고 얼굴이 모진자는 대길할 상이요

어깨가 넓으나 팔이 홀쭉한 자는 백사불성(百事不成)이다.

어깨는 약간 높은 게 성공할 상이요

어깨가 축 처진 자는 가난할 상이다.

등과 운명

등이 단정하고 두터운 자는 대귀하고

등이 엷고 함(陷)한 자는 가난하다.

길면 귀하고 짧은 것은 좋지 않다.

엎드린 거북 같은 자는 대귀하고

등이 두텁고 허리가 둥근자는 부귀한다.

가슴은 내밀고 등은 넉四자 같으면 가난하지 않으면 일찍 요사할 상이다.

등이 깊어서 내천(川)자 같은 자는 비천하고

등이 두두룩해서 사방이 같은 자는 부귀한다.

등이 구불고 허리가 곧으면 자녀가 발달하지 못하고

등이 두텁고 가슴이 넓은 자는 부귀 겸전할 상이다.

등은 좋은데 가슴이 좁거나 얇은 자는 노년에 고독하고 궁할 상이다.

등줄기에 고랑을 이룬 자는 이름만 있고 실속이 없고

여자는 등이 둥글면 좋은 남편을 만날 상이다.

허리와 운명

허리는 둥글고 등은 두터워야 부귀하고

허리가 모지고 등이 얇은 자는 빈천하다.

허리는 위로 등을 안고 아래로 신경(腎經)에 통하므로 신경이 허한즉 허리가 아프고 신경이 실한즉 허리가 건강하다.

허리가 곧고 둥근 자는 부자될 상이요

허리가 약하고 가늘면 가난하다.

등은 좋으나 허리가 약한 자는 초년은 좋으나 중년에 패가하고

등은 얇으나 허리가 둥글고 풍후한 자는 초년은 곤란하나 중년에 발복한다.

허리와 등이 다 좋은 자는 부귀할 상이고

허리가 비록 함(陷)해도 허리(臂)가 길면 초년은 고생하나 말년에 대길하다.

허리는 좋으나 팔이 짧은 자는 초년은 좋으나 말년이 좋지 않다.

곰의 등에 잔나비 팔에 이리 허리는 대귀할 상이다.

곰의 등은 두텁고 잔나비 팔은 몽실몽실하고 이리 허리는 늘정하고 둥근 것이므로 대귀하다.

가슴과 운명

가슴이란 심장(心臟)과 폐(肺)와 간(肝) 등 모든 기관을 감춘 곳이므로 생명의 원동력이라 할 것이다.

모든 정신의 궁정(宮庭)이 되나니 궁정은 반드시 넓고 두터워야 한 것이요 만일 좁고 얇은 것이 좋지 않다.

가슴이 넓은 사람은 기운이 강장할 것이요

가슴이 얇고 좁은 자는 기운이 약할 것이다.

가슴의 빛깔이 윤택한 자는 지혜와 복이 있고

가슴의 빛깔이 어두운 자는 어리석고 박복하다.

가슴이 쑥 내밀거나 삐뚤어진 자는 어리석고 가난하고

가슴이 평평하고 반듯한 자는 부귀할 상이다.

가슴이 좁고 길면 매사가 불성할 상이요

가슴에 털이 난 자는 반드시 성공할 상이다.

가슴이 툭 내밀어도 흉빈할 상여요

가슴이 움푹 들어가도 좋지 못할 상이다.

가슴은 넓고 살이 풍후해야 귀상이요
가슴이 엷고 살이 부족한 것은 천상이다.

젖과 운명

젖꼭지란 혈액을 통하여 가슴 좌우에 달려 있어 여자에게는 가장 중요한 부위이므로 그 빛깔의 흑백과 대소를 봐서 자녀의 현우를 판단할 수 있다.

젖은 퍼지고 넓으며 붉고 검으며 크고 바르면 부귀를 겸전하고 자녀가 현달할 것이요

젖이 좁고 가늘며 회고 굽으며 (百曲) 아래로 숙은 자는 외롭고 가난하다.

유방이 넓은 자는 상쾌하고 유방이 좁은 자는 뜻이 좁아 어리석다.

젖꼭지가 부드럽고 큰 자는 자녀가 많고

젖꼭지가 딴딴하고 작은 자는 자녀가 없다.

젖꼭지가 위로 향한자는 귀자를 두고 젖꼭지가 아래로 향한자는 좋지 않다.

젖꼭지가 겨드랑 밑에 가까운 자는 부할 상이요

젖꼭지에 검은 점이 있으면 반드시 귀자를 낳는다.

젖꼭지가 붉으면 귀하고 희거나 누런 자는 천하다.

배와 운명

배란 모든 음식을 걸어 들이는 창고와 같고 또는 모든 강물을 받아 들이는 바다와 같다。안으로는 위(胃)와 장(腸)을 감추었으므로 마땅히 두터워야 하고 엷아서는 좋지 않다.

배가 배꼽 상하로 약간 솟은 자는 지혜 있고

七四

배가 배꼽아래로 축 처지는 자는 어리석다.
뱃가죽이 두터운 자는 건강하고 부하며
뱃가죽이 엷은 자는 약하고 가난하다.
배가 희고 붉고 윤택한 자는 부귀하고
배가 검고 누르며 거친 자는 비천하다.
배는 두텁고 배꼽은 깊어야 좋고
배가 얇고 배꼽이 얕으면 좋지 않다.
배에 석三자의 문의가 있으면 대귀할 상이요.
배에 북방임(壬)자의 문의가 있으면 극귀할 상이다.
40후에 배가 나오면 부하고 장수할 상이요.
40전에 배가 나오면 단명요사(短命夭死)한다.
배는 두터우게 좋고 얇은 것은 좋지 않다.

배꼽과 운명

배꼽이란 힘줄과 맥의 근본이 되고 육부(六腑)를 거느리는 문(門)이 되어 뱃속에 감취져야 한다.
배꼽이 넓고 깊은 자는 지혜와 복이 있고
배꼽이 좁고 얕은 자는 어리석고 복이 없다.
배꼽이 너무 얕은 자는 국량(局量)이 적고
배꼽이 쑥 들어간 사람은 국량이 크다.

배꼽이 적고 뾰족히 내민 자는 빈궁하거나 요사(夭死)할 상이요.

배꼽에 검은 점이 있는 자는 이름을 사방에 날릴 상이요.

배꼽에 살구 한 개가 들어갈 만한 자는 크게 부자될 상이요.

배꼽에 콩 한 개 들어갈 만한 자는 기국이 적어서 큰 부자는 되기 어렵다.

배꼽은 깊고 넓으며 모지고 위로 향한 자는 귀하고 좁고 작거나 내밀고 뾰족하여 아래로 향한 자는 천할 상이다.

볼기와 운명

볼기는 앉을 때에 편하기 위해서 있는 것이니 마땅히 살이 두터워야 할 것이요. 얇아서 뼈가 불거진 것은 좋지 않다.

젊은 이가 볼기에 살이 없으면 큰 일을 이루기 어렵고

늙은 이가 볼기에 살이 없으면 처자가 먼저 죽을 상이다.

쇠약한 이가 볼기 없으면 배운 것은 많으나 성공치 못할 상이요.

살찐 이가 볼기 없으면 가난하여 고생할 상이다.

볼기가 넓고 살이 많으면 배가 크고 배꼽이 깊은 자는 큰 부자가 되든지 대귀를 할 상이요

여자가 볼기가 크면 도리어 천할 상이다.

볼기가 뾰족한즉 흉하고 도두룩 한즉 길상이다.

무릎, 정갱이와 운명

무릎이란 정강이 위와 넓적다리 아래사이의 관절을 말하며 사람이 앉고 서고 걷는데 가장 중요한 것이다.

무릎은 둥글고 윤택한즉 길상이요
무릎이 모질고 거칠면 흉상이다.
정강이가 크고 무릎이 뾰족한 자는 관재를 많이 당할 상이요.
정강이도 적고 무릎이 뾰족한 것은 학의 무릎(鶴膝)이라 하여 천할 상이다.
무릎이 적고 뼈가 부족한 자는 단명하고 무릎 위에 힘줄이 생기면 분주(奔走)할 상이다.
정강이에 털이 난 사람은 길할 상이요
털이 강하고 짧은 자는 형액(刑厄)이 있다.
털이 부드럽고 길면 말년에 복이 많을 상이요
무릎과 정강이가 뻣뻣하면 다 흉상이다.
앞정강이에 털이 나지 못한자는 조정에서 벼슬하기 어렵다.(脚背無毛不入朝廷
무릎은 둥글고 정강이에 털이 나야 좋은 상이다.

팔 다리와 운명

천지자연(天地自然)에 춘하추동사시(春夏秋冬四時)가 있듯이 사람에게도 사지(四肢)가 있어 사지를 형성하였다.

팔과 손은 인군이 되고 다리와 발은(股足) 신하(臣)가 되므로 팔과 손은 다리와 발보다 길어야 하고 다리는 팔보다 짧아야 한다.

팔과 다리가 똑같이 길면 분파(奔波)할 상이다.

눈(目)과 운명

하부란 남자의 음경(陰莖)과 여자의 음문(陰門)과 남녀의 항문(肛門)에 이름인바 이곳은 음부이므로 남에게 뵈일 수도 없고 또 볼 수도 없으므로 각자가 스스로 판단해야 할 것이다.

신두(腎頭)에 흑자(黑子)가 있는 자는 귀자를 둘 상이요

음문(陰門)에 흑자도 귀자를 낳을 상이다.

음경이 모지고 강한 자는 귀하고 음경이 적고 유한 자는 좋지 않다.

음부에 털이 너무 산란(散亂)한 자는 음란(淫亂)하고?

음부에 털이 아주 없는 자는 자궁이 좋지 않다.

음모(陰毛)가 부드럽고 적당히 난 자는 귀격이요?

음모가 억세고 농탁 산란한 자는 음란하고 천하다?

남자는 코를 봐서 음경을 알 수 있고

여자는 입을 봐서 음부를 알 수 있다.

남자는 콧등에 사마귀가 있으면 음경에도 사마귀가 있고

여자는 입술에 사마귀가 있으면 음첨에도 사마귀가 있다?

눈썹이 많은 자는 음부에 털이 많이 나고?

눈썹이 적은 자는 음부에 털이 적게 난다?

항문에 털이 없는 자는 빈천하고

항문에 털이 약간 있는 것이 좋은 상이다.

대변은 모지고 길며 가늘고 오래봐야 귀격이요

대변이 둥글고 짧으며 통통(大)하고 속히 보는 자는 천격이다.
대변이 적은 자는 귀하고 장수할 상이요
대변이 많은 자는 천하고 요사할 상이다.
소변은 맑고 구슬을 뿌린 것처럼 보면 귀하고
소변을 농탁(濃濁)하게 보는 것은 천하다.
여자의 소변은 개울물(間水)처럼 맑은즉 귀하고 쌀뜨물처럼 탁한즉 천상이다.
대변은 유하고 소변은 맑아야 좋다.

몸 삼정(身三停)에 대한 구분

목(項)에서 배꼽까지를 삼정이라고 하고
배꼽(臍)에서 무릎까지 중정이라고 하고
무릎(膝)에서 발까지를 하정이라 한다.
상정이 하정보다 길면 귀할 상이요
하정이 상정보다 길면 천할 상이다.
삼정이 평등한 자는 의식이 풍족하다.
등은 곰처럼(熊背) 두터워야 하고
팔은 원숭이처럼(猿臂) 몽실몽실해야 하고
허리는 이리처럼(狸腰) 둥글어야 부귀를 겸전한다.

제4장 상법 운세결(相法運勢訣)

제1절 임신 산모 찰색법(姙娠產母察色法)

○ 산모가 병정일(丙丁日)에 산기(產氣)가 있고 인당(印堂)이 붉으면 병정일은 화왕(火旺)이므로 반드시 남아를 낳는다.

○ 준두(準頭)가 누르고 무기일(戊己日)에 산기가 있으면 무기일은 토왕(土旺)이니 반드시 남는다.

○ 수성(水星)과 구각(口角)이 맑고 임계일(壬癸日)에 산기가 있으며 임계일은 수왕(水旺)이니 반드시 여아를 낳는다.

○ 쌍관(雙顴)이 밝고 갑을일(甲乙日)에 산기가 있으면 갑을일은 목왕(木旺)이니 반드시 남아를 낳는다.

○ 천창하고(天倉下庫)가 밝고 경신일(庚辛日)에 산기가 있으면 경신일은 금왕(金旺)이니 반드시 여아를 낳으며 난산(難產)을 한다.

○ 임신 몇일 전부터 임신부의 얼굴이 흘연히 변색(忽然變色)이 되어 혹 붉었다 푸르렀다 하며 얼굴이 명랑치 못하면 반드시 난산(難產)을 하며 사태(死胎)하기 쉽고 또 낳았을지라도 아이가 죽기 쉽다.

○ 임신할 때 산모가 자주 오른손(右手)을 보며 마음속으로 밝은 것을 좋아하며 늘 하늘을 우러러 보면(天卯視) 반드시 귀자를 낳는다.

○감궁(坎宮)에 붉은 색이 있고 산모의 손바닥이 맑고 명당(明堂)이 붉고 윤택하면 반드시 수복할 아이를 낳는다.

○모체 얼굴 빛이 푸르거나 기색이 잘 변하고 검은 빛이 돌면 반드시 천아(賤兒)를 낳는다.

○모체 얼굴 빛이 화려(華麗)하고 아무 병이 없고 기분이 좋으면 효자(孝子)를 낳는다.

제2절 여자 웃음 소리로 귀천을 아는법 (心理學的 女子笑聲으로 貴賤아는 법)

○오호 오호 웃는 여자는 현숙(賢淑)하고 정절(貞節)이 있다.

○이혀 이혀 웃는 여자는 보통이며

○우후 우후 웃는 여자는 어리석고 지혜가 없다. (愚痴無智)

○히이 히이 웃는 여자는 재기가 없고 허영을 좋아한다.

○하하 하하 웃는 여자는 지혜가 있고 명랑하여 진취성이 있다.

○허어 허어 웃는 여자는 자선심과 동정심이 많고 지조(志操)와 덕행이 있다.

○아하 아하 웃는 여자는 재기가 없고 어리석다.

○호호 호호 웃는 여자는 다정다감하다.

○허허 웃는 여자는 도덕과 의를 존중하며 정의심이 있다.

○하아 하아 웃는 여자는 음흉(淫凶)하여 이기적(利己的)이다.

제3절 저자의 관상실제 경험담(著者觀相實祭經驗談)

○나는 년소시(年少時)에 운명학을 부정하는 사람이였었는데 어찌하여 운명학을 그 중에도 상학을 절대적으로 인증하게 된 동기를 간단히 말하고 관상 경험담을 기록하겠다.

○나는 원래 많은 형제 자매가 있었는데 나의 어린시절(幼少時)에 다 죽고 그 중에도 제일 체구(體軀)가 허약한 나 자신이 인생 반세를 살아오며 과거를 돌아다 보면 풍풍우우(風風雨雨)의 문자 그대로 사파고해(沙婆苦海)의 온갖 고락을 체험하는 중에 불가사의적(不可思議的)으로 이상하게 나의 인상과 수상에 명각(明刻)한 운명대로 적중되어 갈 뿐 않이라 나의 친척 지구(親戚知舊)의 운명이 역시 맞아가는데는 경탄하지 아니할 수 없었다. 그들 가운데에는 기년전(幾年前) 물심양면으로 인생고해에서 전락적생애(轉落的生涯)를 하던 사람들이 지금은 대부분 고관이 된 그들이 지식이 대학자가 되어서 그런 것도 아니요 무슨 초인적 기술을 가진 인물이 되어서 부귀를 하게 된 것도 아니다. 그들은 복재(覆載)의 일월적인 위대한 지배력 측천(支配力則天)의 명령에 의하여 각자가 타고 나온 운명을 윤전적법칙(輪轉的法則)에 의하여 형수(亨受)하는 것이요 또 인생의 기정적인 운명이라고 아니할 수 없다. 나는 수심성상(數心星霜) 동안 삼국을 방랑하며 사계에 조사하면서 상서를 연구하며 동서양인을 감정하였는데 그 기록을 집대성하자면 물심양면의 여유가 있어야 되고 또 장시일이 소모가 되어야 하겠는데 여기에는 간단하게 관상실제 경험담 몇가지 예만

쓴다. 그리고 일언하여 둘 것은 대영웅 「징기스칸」이나 「시시나」「나포레온」같은 사람들이 상학을 자진 연구하여 이용한 것은 역사상 유명한 사실이요 또 동양의 기다(幾多)의 대정치가들이 상법 운명학을 전문가의 경지에 까지 연구를 마지 않았다는 것은 역사적 기록이 중좌하는 것이다. 자서뮤에도 말하였지만 상학은 미신이 아니요 절대적으로 상학적 근거가 있으니 사계의 더 연구코저 하는 제현은 동양의 허부(許負), 마의(痲衣), 유장(柳庄)등 상서와 서양의 월수(越壽), 길오(吉五), 변한(邊漢), 두발(都發)등 수상서가 있으니 구독하기 바란다.

제4절 달마다 기색으로 운수 보는법(逐月察色法) (男左女右)

○정월기색(正月氣色)은 인궁(寅宮)위에 있으니 청백명윤(淸白明潤)한 기색이 나타나면 신왕재왕(身旺財旺)하여 성가(成家)를 하며 암체불명(暗滯不明)한 기색이 현로(顯露)하면 이달(此月)이 불리(不利)하다.

○이월기색(二月氣色)은 묘궁(卯宮)위에 있으니 관골(顴骨) 명문(命門) 와잠(臥蠶)과 서산악(西山岳) 상하좌우에 푸른 빛(靑色)이 보이면 밖에는 불리(外不利)하고 안에 있으면 좋으며 기백(忌白), 혹(黑), 암(暗), 황(黃), 적색(赤色)은 나쁘고 불기홍자(紅紫)는 나쁘지 않다.

○삼월기색(三月氣色)은 진궁(辰宮)이니 천창(天倉) 복당(福堂) 역마(驛馬)를 살피되 천문교외(天門效外) 우미모상(右眉毛上)에 황색 윤기가 있으면 좋고(宣黃色潤氣) 검고 밝지 못하면 좋지 못하다(忌白明黑)

○사월(四月)은 사궁(巳宮)이니 화왕(火旺)에 홍색(紅色)이 나타나면 청색(靑色)이 다침(多浸)한 즉 범형(犯刑)하며 암체색(暗滯色)은 재앙과 병(災病)이 많고 검은 자는 (黑色顯) 주사(主死)한다.

○오월(五月)은 오궁(午宮)이니 인변좌수(印邊左首) 위의 색을 보되 자홍(紫紅)은 좋으며 만일 청백암색(靑白暗色)이 나타나면 좋지 못하다.

○유월(六月)은 미궁(未宮)이니 황광자기(黃光紫氣)하면 반드시 재수(財數旺)가 있고 청암래침(淸暗來浸)하면 실패할 것이며 적색(赤色)은 상관 없고 검은 빛이 침노하면(黑色來侵) 재앙(災殃)이 생긴다.

○칠월(七月)은 신궁(申宮)이니 와잠 명문(臥蠶命門)에 황백 윤기(黃白潤氣)가 있으면 횡재(橫財)하며 흑암적청빛(黑暗赤靑色)이 나타나면 벼슬아치는 벼슬을 내어 놓고 서민은 액이 있어 불길(不吉)하다.

○팔월(八月)은 유궁(酉宮)이니 좌관(左顴)을 보는 것이니 동악(東嶽)에 흑암색(黑暗色)은 불길하고 황색(黃白色)은 길하나 만일 변지(邊地)에 홍적색(紅赤色)이 나타나면 구설수가 있고 청암색(靑暗色)은 재앙(災殃)을 일으킨다.

○구월(九月)은 술궁(戌宮)이니 우편지(右便地庫)를 보는데 홍황색(紅黃色)의 기색이 나타나면 대재(大財)를 얻을 것이요 청흑적암의 빛이 현로(顯露)하면 재앙(災殃)이 생긴다.

○시월(十月)은 해궁(亥宮)이니 변지(邊地) 지각(地閣)이 밝으면 재물을 얻고 적색은 재앙이 생기고 황색은 별사하며 흑청색은 좋지 못하니 큰병으로 욕을 보지 않으면 관액(官厄)수가 있다.

○십일월(十一月)은 자궁(子宮)이니 해위(亥位)와 같이 역시 백색은 길하고 청흑은 좋지 못하며 또 홍황도 불길하며 반점(班點)과 흑색이 구슬같이 나타나면 주로 사망(主死)할 것이다.

○십이월(十二月)은 축궁(丑宮)이니 또한 하고(下庫)에 있는지라 맑은 기운이 있고 황색이 드러나 보이면

길하고 흑색이 나타나면 불길한데 만약 붉은 기색이 연무(煙霧)와 같이 나타나면 3∼7일간에 형벌(刑罰)이 있다.

제5절 심리학상 인생의 욕망과 진로(心理學上 人生欲望과 進路)

20세기 대심리학자 「푸로이드」박사는 말하되 사람의 온갖 행위는 위대하게 되고져 하는 욕망에서 시작된다는 말과 같이 인간이란 자기가 아무리 못난 천치 바보라도 내심으로 자기가 잘났다고 생각하는 심리가 인간적 내부에 잠재하여 있으므로 남이 자기를 치켜세우면 싫어하지 않는 심리는 고금 동서가 일반이다. 특히 성자(聖者)를 제외하고는 의식과 성욕과 금전과 물질을 위하여 주야를 가리지 않고 일생을 악전고투 하는데 인간은 신경질적 초기에 걸려 버리고 말았다. 그리하여 인간 자기의 동물적 욕망이 전개차므로 생존전쟁터로 또한 인간은 무제한적 욕망 때문에 전사(戰士)가 된다는 것이다. 그러므로 양육강식(弱肉强食)의 인간 본성인 동물적 근성이 나타나서 혈투를 하여 식색의 본능을 충족한다. 그러나 인간 자기의 중요성은 여간한 노력으로는 획득하기 어려운 것이다. 자기의 중요성이란 것은 세상에 끼친 위대한 선사이다 라고 「마호멧트」는 말하였다. 과연 진리의 말이다. 사람이란 자기를 반성함으로써 사악취선(捨惡就善)하여 무현(無顯)의 시은포덕(施恩布德)을 하는 것이 즉 세상에 끼치는 선사이다. 인간의 근본체로부터 심리적 해부를 해보면 천래의 악인이 없는 것이다.

후천적으로 부지부식간에 일시적 과오가 자기도 모르게 점점 심연(深淵)으로 빠져 들어가게 되어 다시 헤여 나오지 못할 장면에까지 이르고 마는 것이다. 물질적 욕망이란 자기 육체를 지지하고 갈만한 정도면 족한

八五

것이요 그 이외에는 자기의 중요성 즉 세상에 끼친 무형의 선사를 하는 것이 심리학상 뿐만 아니라 인간의 지고지대(至高至大)한 일생의 요망인 것이다. 문학사상 불후(不朽)의 공적을 쌓은 「유-고」는 「레미제라블」에서 「미리얼」같은 성승(星僧)으로 하여금 「잔발잔」같은 희세(稀世)의 악인을 또한 성자를 만들어 놓은 것이 즉 자기(自己) 중요성을 절정에까지 다한 선사(善事)이었다. 사람은 심리학상 근본(根本)이 악한 것은 아니므로 친선개과(親善改過)를 할 수 있는 것이요 불가능한 일은 아니다. 상학에도 면상이 불여심상(不如心相)이란 말이 있는데 이 말은 즉 아무리 육체적 상이 좋은 조건이 있을 지라도 심상(心相) 즉 마음이 불선하면 자기의 운명을 마음대로 발휘할 수 없을 뿐 아니라 악인과(惡因惡果)의 일원적 법칙(一元的法則)에서 전락되어 버린다는 것이다. 반대로 아무리 인상이 못된 사람이라도 대우주의 지배적 위력인 신의 힘을 믿고 자기의 마음 즉 영혼을 믿으며, 물질을 과소 평가하는 사람은 선인선과(善因善果)의 유전법칙(輪轉法則)에 의하여 자기(自己)의 불운(不運)이 자연적으로 타개될 수 있는 것이다. 그러므로 심리학이란 근본 문제는 타인감정을 잘 이해함으로써 구제를 받을 수 있고 자기 자신도 위대한 욕망을 성공시킬 수 있는 것이다.

제 6 절 결혼상대방 선택(結婚相對方選擇)

결혼은 인생의 출발점이니 여간 중요한 문제가 아니다. 인생의 행불행(幸不幸)의 분기로(分岐路)가 되는 동시에 가정은 사파고해(沙婆苦海)의 에덴이다. 인생백년의 전부라고해도 과언이 아니다. 그러므로 신중을 거듭할 필요가 있고 또 그리하여야 한다. 재래의 우리 민족의 조혼의 비극은 이루다 기록할 수 없다. 세계 각국(世界各國)의 결혼연령을 통계적으로 헤아려 보면 평균(平均) 남 27세 내지 30세, 여 22, 23세로 되어 있다. 생리학상으로 보더라도 적당한 연령이라고 아니할 수 없다. 남녀 16, 17세는 연령 사충기 즉 사춘기라 하여 성(性)에 대한 인식이 없고 맹동(盲動)하는 까닭에 소위 연애(所謂戀愛)라 하여 함부로 날뛰다가 일평생 자기 운명을 함정에 처 넣는 불행한 일들은 신문지상에도 많이 나오고 있는 것이다.

성적(性的)으로 미완성 된데다가 또 인생 유치원을 겨우 나온 정도의 16、17세라 하면 무주 견적(無主見的)인 감수성이 빨라 유혹의 마수에 얼마든지 끌려 들어가가 그 전부일 것이다. 이떤 여학교 사감 선생의 말을 들으면 자유는 없으나 여하간 상상도 못할 맹랑한 일이 많이 있다고 한다. 그러면 본론에 들어가서 결혼 상대방의 선택을 어떻게 할 것인가를 말하겠다. 첫째 혼인 적년기를 둔 부모는 자기의 본위를 떠나 당사자의 행복을 주로 할 것. 둘째 재래의 봉건사상인 문벌(門閥) 반상(班常)을 타파할 것, 셋째 당사자의 재산과 사회적 지위 명망을 중요시 말아야 할 것. 넷째 빈부귀천(貧富貴賤)을 막론하고 일단 당사자를 제일 인물본위로 구혼할 것, 다섯째 근친결혼이나 인접결혼을 피하고 될 수 있는대로 타군과 타도에 상대자를 구혼할 것.

(이것은 우생학적(優生學的) 의학상 견지에서 말함) 여섯째 균형 잡힌 남편상과 현모양처(賢母良妻)형의 그 장단(長短)점인 중요한 것만 간단히 열거하니 참고하라. 자세한 것은 상학각부해설(相學各部解說)을 보라.

남자의 연령은 적어도 만 27세 이상으로써 신체가 건강하며 얼굴이 활짝 틔이고 얼굴에 흉터가 없으며 특히 코뿌리에 가로 그어진 선이 없고 또 코뿌리가 쑥 솟아야 하며 눈초리엽(妻宮)이 합하지 않고 결혼선에 큰 것이 꼭 하나 밖에 없으면 상학통계학(相學統計學上)으로 사별(死別)이나 생이별수가 없고 또 뺨이 불룩하여 원형으로 생긴 사람이 입술이 과히 두껍지 않고 위 아래 입술이 같으며 코의 선체가 유선형(流線型)으로 생겼으며 눈은 바로 되어 두 눈이 꼭 같고 눈 흰자위가 맑으며 푸른 기운이 없고 옆눈질(盜眼)을 하지 않으며 말을 정중히 하는 사람은 재주가 있고 정직하며 인내성과 진취성이 있는 사람이며 미래가 좋은 사람

八七

이다. 더욱 살빛이 희면 장래가 크게 촉망되는 사람이다. 성격은 순후정직(純厚正直)하다.

○ 이상 조건을 전부 갖추었으되 이마와 얼굴이 단소(短小)하면 초년에 경제적으로 곤란하지만 30세때부터 차차 나아진다. 성격은 온화하고 진취성이 있다.

○ 코뿌리에 가로 그어진 선이 두셋 있고 또 결혼선이 두 세개가 대립적으로 있으며 또 눈초리 옆이 빠졌으면 중간에 상처할 수요, 거기다가 또 관골(顴骨)이 들어 났으면 생이별하기 쉽다. 성격은 경망하고 부동적(浮動的)이다.

○ 얼굴이 계란 모양으로 생겨서 나오고 드러난 곳 요철(凹凸)이 없으면 예술가로서 성공할 사람인데 특히 코가 예쁘면 성격은 다정다감하다.

○ 속살 빛이 검고 이마에 흉터가 있고 또 얼굴에 가로 그어진 선이 많고 눈초리 보는 사람은 부정직하다. 또 눈빛이 검푸르며 눈초리에 금이 많으면 음남(淫男)이 전후 좌우로 힐끗 힐끗 되었으며 코가 우뚝하지 아니하고 이마는 평평하고 잔금이 없으며 턱이 둥글고 입술의 상하가 꼭 같으며 눈(眼)은 은하수같이 맑으며 눈밑이 푸른 기운이 없고 어여쁘게 생겼으며 머리는 가늘고 흑칠(黑漆)같이 검고 좌세(坐勢)와 보행(步行)이 방정하며 두뺨(兩頰)에 도화색(桃花色) 즉 붉은 기운이 없으며 손이 부드럽고 어여쁘게 생긴 여자는 현모양처의 성격이요 위대한 자식을 낳을 수 있다. 그리고 침착하고 실질적이며 돈후(敦厚)하다. 성격은 선량하고 덕의(德義)가 있다.

○ 여자가 두 볼이 특히 붉으며 이마에 흉터가 있고 코뿌리가 코허리가 쑥 빠졌으며 가로 그어진 선이 있으면

요 자식 낳기가 어렵다. 성격은 신경질적이고 또 주관이 없다.

○ 여자는 특히 엉덩이가 암닭모양으로 되고 신체는 중간이 좋고 양미(兩眉)가 신월(新月)모양으로 어여쁘게

제7절 검은 사마귀의 운명 해설(黑痣運命解說)

○천정(天庭) 한 가운데 흑자(黑子)는 ① 대길(大吉)하니 큰 벼슬(大官)을 할 징조이다.
○우편변성(右便邊城)에 있는 흑자는 ② 거부(巨富)가 될 것을 암시한다.
○좌우편 보각(輔角)에 있는 흑자는 ③ 대부대귀(大富大貴)할 상이다.
○좌편 이마 산림(左頰山林)에 있는 흑자는 ④ 역마(驛馬)성이 없어 여행중에 위난(危難)을 암시한다.
○안하 루당(眼下淚堂)의 처음에 있는 흑자는 ⑤ 흉(凶)하여 부모나 처를 사별할 암시요 눈 아래 끝편으로 붙

상부(喪夫)하며 눈초리(魚尾)에 가는 금이 많으면 음란(淫亂)하다.
○여자 이마가 튀어나왔거나, 너무 튀어나왔으면 고집이 세고 이기적이며 남과 싸움을 잘 하며 코가 뾰족하며 코 끝이 송곳같으면 아주못쓴다. 성격은 교활(狡猾)하고 허영적이다.
○여자 이마가 비록 좁더라도 흉터가 없고 또 뺨이 붉지 않고 보통색(純色)이며 살결이 희고 턱이 둥글고 좋으며 광대뼈가 드러나지 않고 만월형(滿月形)이 되었으면 25세 이후에는 복(福)이 스스로 온다. 성격은 근면하고 정직하다.
○여자 얼굴이 꼭 계란같이 생기어 전연 나오고 드러간 곳이 없고 이마가 평평하고 넓으며 코뿌리와 코허리가 빠지지 않고 또 날카롭지 않아 어여쁘게 되었으며 또 양미(兩眉)가 신월(新月) 모양으로 되었으면 예술가로도 성공한다. 성질은 다정다감하다.

은 흑자는 ⑥ 자녀를 사별할 암시인데 첫째는 장녀 둘째는 차자 셋째는 삼자(三子)이다.

○좌편 눈 위에 한가운데 있는 흑자는 ⑦ 길(吉)하고 눈초리(魚尾上) 위에 있는 흑자는 ⑧ 흉(凶)하다. 우편 안상(右便眼上)의 한가운데 있는 흑자는 ⑨ 관액(官厄)이 자주 있을 것을 암시한다.

○인중(人中)에 있는 흑자는 ⑩ 자손운이 불길하여 병약하거나 사별하거나 있어도 부자불화(父子不和)할 것을 암시한다.

○미간(眉間)에 있는 흑자는 ⑪ 의지가 약하여 직업을 자주 바꾸며 생활이 불안정을 암시한다.

○코(鼻) 좌우 란대 정위(蘭台廷尉)에 있는 ⑫ 흑자는 인생의 위험을 암시하는 것이요 코뿌리(山根)에 있는 흑자는 ⑬ 병난(病難)과 변연(變緣)의 상이며 코 중간(土宿)에 있는 흑자는 ⑭ 여자는 파혼과 복부질환(腹部疾患)을 암시한다.

○상악(上顎)의 흑자는 ⑮ 어리석어 남에게 잘 속이기를 하며 하악(下顎)의 흑자는 ⑯ 중심이 없고 주소불안정을 암시한다.

○입술(唇)에 흑자는 미식 취미(美食趣味)와 음주벽(飮酒癖), 암시며 정력이 왕성하다.

○법령(法令)의 흑자는 ⑰ 각부질환(脚部疾患)을 암시하는 동시에 부모의 임종을 못한다.

○관골(顴骨)의 흑자는 ⑱ 사회적 지위의 불안정과 타인의 간섭을 많이 받을 것을 암시한다.

○귀(輪)과 귀안(耳內)에 흑자는 ⑲ 장수할 것을 암시하고 귀수주(耳垂珠)에 있는 흑자는 ⑳ 총명하고 지혜계략(智慧計略)이 있다.

○눈위(土眼瞼)에 있는 흑자는 ㉑ 조업(祖業)을 파산하고 가정생활의 파산을 암시한다.

○뺨(頰)의 흑자는 ㉒ 부하운(部下運)이 불량하여 은반위수(恩反爲垂)될 암시다.

제8절 성공의 비결(成功의 秘訣)

○ 성공의 비결은 목적의 일정불섭(一定不燮)함에 있다.
○ 인심을 파악함에 있다. 인심을 파악함에는 남의 감정을 사서는 안된다.
○ 사람을 대할 때는 항상 미소로써 대하여야 한다.
○ 인간의 일생은 중하(重荷)를 지고 원로(遠路)를 가는 것이니 급하지 말고 어떤 고생도 예사로이 생각하면 부족이 없다. 마음에 희망이 생기거든 곤궁(困窮)한 때를 생각하라.
○ 99%의 노력과 1%의 영감으로써 쉬지말고 나아가야 한다.

○ 족장(足掌)에 있는 흑자는 지위와 명예를 얻는다.
○ 수장내(手掌內)에 있는 흑자는 역시 명예를 얻는다.
○ 눈섭(眉)에 흑자 있는 사람은 팔에도 있다. 좌미(左眉)면 좌완(左腕)이요, 우미(右眉)면 우완(右腕)이다.
○ 코(鼻)에 흑자 있는 사람은 복배(腹背)에도 흑자가 있고 비두(鼻頭)에 흑자가 있으면 음부에도 있다.
○ 법령(法令)에 흑자가 있으면 다리에도 흑자가 있다.
○ 눈 주변(眼周邊)에 흑자가 있으면 유부(乳部)부근에도 흑자가 있다.
○ 손톱(爪) 전부에 백색 반월형이 있으면 생식기나 불알(陽囊)에 흑자가 있고 여자는 음문(陰門)에 흑자가 있으니 귀자를 낳는다

○실패를 하였다고 낙망하면 안된다. 실패는 성공의 근본이니 칠전(七轉)을 하더라도 팔기(八起)의 준비를 하여야 한다.

○아홉번 아니되면 열번 전진할 각오를 가져야 한다.

○안일만을 취하지 말며 쉬지말고 사학(師學)하라. 즉 근면(勤勉)함을 잊지 말아야 한다.

○격정(激情)을 내어서는 안된다. 언제나 온후한 마음을 먹어야 한다.

○남이 참지 못함을 참어야 한다. 일인(一忍)에 안되면 십인 백인(十忍百忍)을 하여야 한다.

○송충(松虫)이 갈잎(濶葉樹)을 먹으면 안되는 것이니 자기의 천품(天品)을 잘 생각하여 그 천품대로 용왕 매진(勇往邁進)하여야 한다.

○무슨 일을 착수할 때 될까 안 될까 하고 주저하는 것은 금물이니 꼭 된다고 생각하여 노력하여야 한다.

○과거의 영예와 치욕(恥辱)을 부지(附之)일소하고 다만 현재의 주어진 일에 지성을 다하여라 그것이 미래를 밝히는 소이이요 성공의 비결이다.

○인간의 생활은 산(山) 또는 산 앞에 산을 넘었으면 뒤엔 편탄한 줄 알면 대단히 잘못이다.

○그 앞산은 먼저 산보다도 더 높고 그 앞에 산은 더욱 높다. 즉 노력 분투하여 여하한 산이라도 넘지 않으면 안 된다고 생각하지 않으면 아무 것도 안된다.

○그대를 책(責)하는 자는 그대의 좋은 선생이다.

제9절 신념과 성공(信念과 成功)

「모든 것은 하나님으로부터 위촉받은 것이다. 마태복음 제11장 27절 이러한 성서의 말을 빌리지 않드래도 인생은 어디를 가서 무슨 사업을 하든지 실패를 예상하는 것은 인간의 가치를 자각치 못하는 사람이며 자기의 본성 즉 천여(天與)의 위대한 힘과 자기에게 비장된 신력(神力)에의 무한용출(無限湧出)의 자기의 힘을 믿는 사람은 결국 목적을 관철하는 것이다. 여기에 반(反)하여 자기의 힘을 믿지 않고 숭도에서 자신력이 좌절하는 사람은 반드시 실패하고 만은 것이다. 사람은 적은 자기 자신에게 있다. 사람은 무엇보다도 자기 자신의 불신을 뿌리뽑아야 한다. 인간의 대사업은 불가능이 없는 견강(堅剛)한 자기 신념에서만 성공하는 것이다. 이순신장군이 일본의 대함대를 남해에서 격멸 대승한 것도 자기 신념이요. 나폴레온이 전구라파를 장악한 힘도 그의 사서(辭書)에는 불가능이란 것이 없다는 식이면 된다. 이 이상 명언은 없을 것이다. 사람에게 잠재한 힘은 무진장으로 있는 것이 아니다. 자기를 신(信)하고 용왕매진(勇往邁進)하는 사람은 결국 승리를 한다. 성공이란 자신없이 되는 것이 아니다. 이 자신이란 것은 맨먼저 마음의 세계로부터 상한 자신력이 없어서는 형체의 세계 즉 현실에 나타날 수 없는 것이다. 결과는 원인안에 있다. 자신(自信)은 씨앗이 되어 실현의 필연적 결과가 된다. 위대한 자신은 성공 또한 높은 것을 획득하고야 말 것이다. 여하한 학식과 능력의 소유자라도 실행할 용기가 없는 사람은 그 준비와 계획을 실현할 수 없는 것이다. 무슨 사업이든지 일단 결심한 이상 중도에 어떠한 곤란이 있을지라도 자신력은 요동(搖動)치 말어야 한다. 사면초가(四面楚歌)가 되었을 지라도 자기 자신력을 상실하지 않는 사람은 최후의 승리를 얻는 것이다.

「자기를 초개와 같이 보는 사람은 반드시 타인에게 유린을 당한다」라는 것은 서철(西哲)의 유명한 말이다.

자기를 믿지 않는 사람을 타인이 믿어줄 이가 만무한 일이다.

정신적 사업이건 물질적 사업이건 대사업을 이루고 많은 사람을 움직이는 사람은 사람을 끄는 매력과 분위

기가 있어 그 사람의 언동을 신종(信從)하지 않을 수 없는 것이다. 많은 사람을 끄는 인력은 그 사람의 위대한 인격과 자신력에 있는 것이다. 이러한 사람 앞에는 곤난이 도망을 하는 것이요 또한 그 자신력의 강력한 힘은 곤난 궁박(困難窮迫)을 인정할 수 없는 것이다. 세간에는 무슨 일을 시켜도 성공을 하는 중보적 인물이 있고 반대로 무엇을 시켜도 실패하는 사람이 있는데 결국 그 사람이 인격에서 자신력의 여하에 있는 것이다. 자신(自信)은 타신(他信)을 부른다. 자기를 믿는 사람은 많은 사람이 자기를 신(信)함을 집적(集積)하여 결국 혼성기에 들어와서 점점 자신이 더욱 확대된다. 타신이 자신을 확대시켜 무한한 자기의 성공력이 강화되는 것이니 여기는 무엇보다도 먼저 자기 자신을 믿어야 하는 것이다.

인간은 최고 자신력이란 것은 신력(神力)이다. 여러분이 신의 힘을 믿고 현재의 조그만 성공을 안심하지 말라. 또다시 용출(湧出)하는 정말 큰 자신을 가지라 이만하면 충분한 힘을 내었다고 생각하는 것이 안심이다. 자신은 우리를 편달하여 무한생장(無限生長)의 원동력이다.

자신을 가지고 먹으면 「코레라」균도 병이 될 수 없다는 실증은 유명한 말이다. 자신은 전신의 세포의 생활력 항균력을 배가(倍加)한다. 전신의 세포군을 지휘하여 외래의 적을 영격(迎擊)할 장사 그는 자신이다. 자신이 궤멸(潰滅)하면 전신의 세포의 활력이 쇠잔(衰殘)하여 항균력이 위축되고 마는 것이다. 이 세상에 승리자가 적은 것은 「단연 이긴다」 「어떠한 희생을 할지라도 이긴다」라는 큰 결심을 가지고 사업에 착수하는 사람이 적은 까닭이다.

「콜럼부스」의 대륙발견도 「에디슨」의 모든 발명도 자기의 신념에 의한 절대적 승리인 것이다. 인생은 언제나 중하(重荷)를 지고 사막을 걷는 것이다. 그 육체의 고민이 있을 때라도 오아시스를 찾는 자신의 희망을 두는 것이니 쉬지 않고 나가야 한다.

육체는 영혼의 가면이므로 그 신념은 물질을 부정하는 것이다. 인류 사상 성철이 그 자기의 신념을 관철하는 우주의 일원적 법칙에 의하여 신은 인간에게 그 가면의 물질을 영화화 시킨 것이다. 그 중좌로써 공자(孔子), 석가(釋迦), 그리스도는 신념으로 성공한 것이다. 여러 사람은 신념 즉 심령과 가면 즉 물질을 중요시 하여 자기의 육체 이념을 위하여 전광석화(電光石火) 같은 인생일대를 폭력과 약탈로써 부귀를 꿈꿀 수 있는가?

인생이란 그 내면은 신이다. 그 육체적 가면을 위하여 자기의 신념을 버린다면 그 육체가 제압을 항상 당할 뿐 아니라 그 제압으로 하여금 그 육체가 다시 조작할 수 없는 것이다.

인생은 꿈(夢)이다. 이 꿈 가운데 사는 가면(現實內的 人生)이 그 본연의 정체(內在的心靈)를 모르고 나가면 모든 폭력이 약육강식을 하여 인류상호의 정의 인도를 모르고 살육을 일삼는 것은 자기의 신념에 위배된 것이요 대우주의 절대적 지배력 천신(天神)에 반역하는 것이다. 그러므로 우리 인류가 천(天)의 계시하는 로선(萬生愛撫)에 나아가야 현 세상에서 성공을 할 수 있다. 그러면 우리는 먼저 백열화의 형에 주조(鑄造)하려면 백열화가 필요하다. 여러분의 사업을 지라 강철이라도 용해(熔解) 시켜 희망달성의 형에 주조(鑄造)하려면 백열화를 폭발시키는 도화선을 성취코저 하면 자기의 전력을 그 일에 집중할 것이다. 확신은 자기의 마음 속의 무한력을 폭발시킬 수가 없다. 그러므로 신념은 인과 신이 연결하이다. 반신반의는 중도에 말소시켜 내면적 무한력을 결합시키자면 확신이 없어서는 안되는 것이다. 신의 무한는 도화선이니 유한(有限)의 인간과 무한의 신력에 결합치 않고는 하사(何事)라도 큰 성공을 할 수 없다. 항상 나는 신과 함께 있다 라고 신념을 가진 사람력에 결합치 않고는 하사(何事)라도 큰 성공을 할 수 없다.

은 신인(神人)이다. 그런 사람은 절대적 실행력을 발휘 할 수 있는 것이다. 즐유(此喩)하면 하나의 확신을 가진 사람은 모든 재능을 가진 사람보다 승리를 얻는 것이다. 여러분은 선척적 약질을 한탄치 마라. 자기의 선천적 약질을 한탄치 마라 만물의 영장인 인간 본래의 진면목은 결코 약한 것이 아니다.

자기의 무한의 가능성을 자각치 못하는 사람은 인간으로서 불행한 것이다. 자승자박(自繩自縛)하는 것은 어리석은 일이다. 자박을 한 사람은 외력으로 할 수 없는 것이다. 절대가능을 확신하는 사람은 여하한 준령(峻嶺)도 예사로 넘을 수 있고 여하한 육체적 고통도 감당할 수 있다. 여러분의 굳은 자신 속에 모든 행운이 기다리고 있는 것이니 쉬지 말고 노력하라. 천(天)은 자조자를 도우나니 신의 아들이라는 신념 아래 여하한 인생고도 타도할 확신과 전진이 있는 곳에 성공의 깃발이 날리는 것이다.

제10절 현대여성과 운세·풀이(現代女性과 運勢풀이)

현사회 전 여성에게 보내는 말

(가정주부、직장여성 그리고 여학생、전 여성들은 각각 자기의 인상을 잘 관찰하여 자기의 운명을 점·보는 비결)

인상에는 십인십종(十人十種)의 모양으로써 결코 똑같이 생긴 사람은 한사람도 없는 것이다. 즉 높은 코 낮은 코 큰 입 작은 입 큰 눈 작은 눈을 가진 사람이 있는가 하면 음성에도 강열한 사람 조급한 사람이 있는 것이다. 이것은 결코 조물주가 인간을 창조할 때에 이상하게 만든 것이 아니고 즉 인간 자체가 인생극장에서 각자가 맡은바 역할을 다하기 위하여 다시 말하면 주연을 할 사람과 조연을 할 사람이 각각 다르기 때문인 것이다. 인간에 대하여 미추(美醜)는 별문제로 하더라도 각자의 인상을 상세히 살펴보면 어딘가 모르게 다음과 같은 표정을 발견할 수 있는 것이다. 고민과 수심에 싸여 있는 표정 고독과 비관에 잠겨 있는 표정 울상을 하는 표정 성낸 표정 비굴한 표정을 가진 사람도 있는 것이다. 이것은 곧 선천적인 영심(靈心)과 후천적인 이성이 심리에서 표현되는 것이다. 그러기 때문에 당신의 표정이 명랑하고 침착하면 당신의 배우자는 반드시 당신을 행복하게 할 것이고 당신의 전도는 행운이 오고 서광이 있을 것이며 그와 반대로 당신의 표정이 성낸 것 같고 침울하면 전자와는 정반대로 불행과 비운이 찾아오는 것은 명약관화한 것이다. 근심과 고민이 있음으로 당신의 이마에 팔자가 생기는 것이 아니고 팔자가 있음으로 당신은 언제나 불행이 연속되는 것이다. 그러므로 모든 여성들은 자기 거울을 놓고 자기의 인상을 보아서 만약 이런 불미하고 불쾌한 표정이 있을 때에는 하루속히 고치도록 노력할 것을 부탁하는 바이다.

부인이 주역을 하는 운명의 소유자

여기에는 더한층 세밀하고 진지하게 해명하려는 여성들의 참된 행복과 희망은 여하를 막론하고 여성답게 일생을 종결하는 것을 원한다고 보지만 현사회의 양상으로 보아서는 대개가 여성이면서도 남성과 같은 생활을 하지 않으면 안될 여성이 많은 것이 사실이다. 그러므로 다음 적어 보는 15종의 형태로 생긴 여성은 대개가 그런 운명의 소유자로 보아서 무방할 것이다. 제아무리 잘생겨서 서양적인 미인「크레오파트라」나 동양적인 미인 양귀비「楊貴妃」와 같다 할지라도 이런 종류의 관상을 갖인 사람은 그런 주연을 하지 않으면 안될 여성의 장본인 것이다.

※ 그런 종류의 형태를 들면

1. 양뺨에 살이 없고 관골(顴骨)이 높은 여자.
2. 말이 많아서 필요없는 이유를 잘 따지는 여자.
3. 성질이 조급하고 음성이 강열한 여자.
4. 어깨가 벌어지고 피부가 거센 여자.
5. 미간(眉間)이 좁고 혈관이 노출된 여자.
6. 시골(腮骨)이 힘차게 생기고 콧집이 지나치게 큰 여자.
7. 입이 너무 크고 힘차게 보이거나 코뿌리가 지나치게 뾰족한 여자.
8. 눈섭 뼈가 높이 솟고 코가 높은 여자.
9. 얼굴이 사각형으로 생기고 눈빛이 강열한 여자.
10. 코 앞에 법령(法令)줄이 크고 깊으며 행동이 경망한 여자.
11. 이만 면적이 너무 넓고 높이 솟은 여자.
12. 귀가 너무 크고 얼굴 빛이 항상 붉으며 성격이 지나치게 쾌활한 여자.
13. 머리카락이 노랗고 얼굴 혼탁하며 귀가 뒤집힌 여자.
14. 잦혀진 얼굴로써 말소리가 우렁찬 여자.
15. 여자가 남자같이 생기고 눈에 흰 자위가 많은 여자.

이상의 조건을 가진 여성들은 여자이면서도 남편사업을 보좌하지 않으면 안 될 운명 즉 속담에 후가상(後家相)이라고 불러오는 것이다. 이런 여성들은 가급적 성격이 온순하고 겸손한 남성을 선택하여서 결혼하여

九八

소위 여인천하의 가정을 구성하여야 원만한 부부생활을 할 것이다.

남녀간의 결혼 상대방을 택하는 요령

사람은 누구든지 자기에게 없는 것을 요구하고 또한 부러워 하는 것이 인간의 본능인 것이다. 그러므로 비대한 사람은 여윈 사람을 큰 사람은 작은 사람을 박력이 있고 야성적인 성격을 가진 남성들은 대개 온순하고 침착한 사람을 선택하는가 하면 성격이 쾌활하고 이성이 강열한 여성들은 비교적 인자하고 다정다감한 상대방을 회구하는 것이 보통인 것이다. 그러므로 미모선남(美貌善男)에게는 추모악녀(醜貌惡女)의 상대방이 정해지고 추부악인(醜夫惡人)에게는 미모현처(美貌賢妻)가 결합되는 사례도 더러는 볼 수 있는 것이다.

행복한 결혼생활을 하는 여성

여성이라면 누구든지 행복한 결혼생활을 희망하지만은 골상(骨相), 면상(面相), 체상(體相), 심상(心相), 성상(聲相), 수상(手相), 색상(色相)의 제 분야로 보아서 다음과 같은 조건을 갖인 사람은 대개 행복한 가정주부로써 일생을 보내는 것이 통계적으로 보아. 제일 많은 것이다.

1. 표정이 명랑하고 성격이 침착한 여자.
2. 얼굴이 부드럽고 유택하며 자세가 엄숙한 여자.
3. 코끝의 모양이 원만하고 형태가 어여쁜 여자.
4. 애교성이 풍부하면서도 경망하지 않고 후중(厚重)한 여자.
5. 어깨의 높이와 목의 굵기가 알맞은 여자.
6. 음성이 유창하면서도 온화하고 강열하지 않은 여자.
7. 말씨가 다사(多事)하지 않고 칠문삼답(七問三答) 삼어일소(三語一笑)하는 사람 속 말과 웃음이 적은 여

자.

8、 왼쪽 눈꼬리와 오른쪽 눈꼬리가 아무런 흉터나 검은 점이 없고 얼굴빛이 혼탁하지 않은 여자.
9、 걸음거리와 앉은 자세가 항상 단정한 여자.
10、 상대방의 허물을 잘 이해할 줄 알고 남을 비방하지 않는 여자.

이상 조건을 절반이상 구비한 여성들은 수재의 남성과 부부생활을 하면 부귀영달하는 사람의 아내로써 총애를 받고 행복한 것을 입증하고도 남음이 있을 것이다.

부부간에 불행하고 생사이별 하는 여성

대체 결혼생활을 종신토록 아무 불행이나 파탄이 없이 사는 것이 인간의 본분이지만 어떤 여자들은 재혼 삼혼의 고배를 맛보지 않으면 안되는 사람들이 많은 것이다. 그런 운명의 소유자들은 대개 다음과 같다.

1、 눈초리나 미간(眉間)에 난문(亂紋)이나 흑점이 있고 흉터가 많은 여자.
2、 눈초리뼈가 불쑥 들어갔거나 또는 눈꼬리가 위로 치켜진 여자.
3、 얼굴이 지나치게 길어서 말상같은 여자.
4、 이마의 하부가 불쑥 솟거나 머리가 지나치게 크게 생긴 여자.
5、 아래 입술이 불쑥 나오거나 관골이 계란처럼 생긴 여자.
6、 코가 칼날같이 생겼거나 콧등에 줄이 많은 여자.
7、 콧등이 계단과 같이 굴곡이 생겼거나 콧구멍이 뻐금히 드러난 여자.
8、 눈의 흰 자위가 사방에서 보이는 여자.
9、 몸에 비하여 발과 손이 지나치게 크거나 작은 여자.

一〇〇

결혼인연이 박한 여자의 운명

결혼인연이 박하든지 또는 결혼난에 봉착하든지 결혼할 기회를 놓쳐 버리든지 하는 여성들은 대개가 다음과 같은 상을 가진 여자들이 많다.

1. 안색이 항상 붉으며 기(氣)가 조급하고 매사에 대하여 속단하는 여자.
2. 인상에 복수심이 강하게 보이며 속눈섭이 많고 검은 눈동자가 지나치게 검고 큰 여자.
3. 말이 많고 심신에 안정성이 없고 행동이 부박(浮薄)한 여자.
4. 미간(眉間)이 너무 넓어서 타인을 유혹하는 수단이 능숙하든지 반대로 유혹을 할당하든지 하는 여자.
5. 상하 입술이 너무 두터워서 얼핏보기에 미개인처럼 보이거나 코가 얼굴에 비하여 너무 작아서 개성이 비굴하고 맹목적으로 남을 추종하는 여자.
6. 얼굴이 미인「타입」이면서도 어딘지 모르게 비관성이 많은 여자.
7. 얼굴이 역시 미인이면서도 매력이 없고 쎈스가 둔한 여자.
8. 표정이 명랑하지 못하고 냉정하며 자존심이 강하여 우월감이 많은 여자.

이상의 결점을 가진 여자는 아무리 미인이라 할지라도 애교성이 없고 매력이 약하여 항상 고독감을 느끼므로 상대방의 배척을 받든지 또한 구애의 기회를 놓치는 예가 많은 것이다.

특히 여성들은 각자의 마음가짐과 행동과 자세와 언어를 항상 근신하여 몸가짐에 올바른 태도를 갖도록 노력하면 빛은 물론이고 뼈도 변하고 살도 변하여 결국에는 그 운명까지도 변하는 것이다. 「소문만복래」라고

10. 눈과 눈썹 전부가 아래로 처져 있는 여자.

복이 와서 웃는 것이 아니고 그 웃음으로서 반드시 복이 온다고 철리(哲理)를 잘 기억함이 좋을 것이다. 앞에서 말한 바와 같은 불미한 이목구비(耳目口鼻)나 또한 다른 결점을 가진 여성들은 항상 거울을 앞에 놓고 자기의 태도와 자세와 성격과 행동을 반성하여 언제나 화기띤 인상과 표정을 가지면 멀지 않아 흉상이 길상으로 변하고 동시에 영광과 행운이 올 것이다. 고서(古書)에 여성들에게는 70여가지 빈천상(貧賤相)이 있다고 쓰여져 있으나 이것을 요약하여 적어 보면 다음과 같은 대표적인 흉상이 있는 것이다.

그 대표적인 흉상의 예

1、 얼굴빛이 항상 붉은 여자는 팔자가 세어서 부부간에 불화하든지 혹은 천한 직업여성이 되든지 한다.
2、 눈에 살기가 있는 여성들은 대개가 상부하여 과부생활을 하든지 범죄하기 쉬운 운세로서 일생 불안한 생활을 하게 된다.
3、 머리 형이 뾰족한 여자는 대개가 이중생활로 일부 종사를 할 수 없다.
4、 귀가 뒤잦혀지거나 귀 방울이 별로 없는 여자는 평생 고독한 생활을 하거나 재가(再嫁)하는 여성이 많다.
5、 눈동자가 노란여자는 허영심이 많거나 성질이 조급하여 부부생활이 불행하던지 타인의 호감을 못사서 적이 많을 것이다.
6、 뼈드렁이가 난 여자는 남편과 자식궁(子息宮)에 액이 많을 뿐 아니라 자기 건강도 좋지 못하다.
7、 머리털이 명문(命門)까지 난 자는 건강이 좋지 못하거나 단명하는 사람이 많다.
8、 목이 너무 짧은 여자는 일생 불행이 연발되며 매사에 맥힘이 많고 고생이 많다.
9、 등이 크고 도랑이지며 가슴이 내민 여자는 상부나 생이별하는 수가 많다.

제11절 남자의 41종 빈궁상

옛글(古書)에 남자의 51가지 외로운상(孤相)이 있고 여자는 72가지 천상(賤相)이 있으나 거게 쓸데없이 범한 여성들은 너무 상심하거나 실망하지 말고 평소에 모든 면에서 항상 수양함이 세일 양책(良策)일 것이다.

이상과 같은 것이 소위 여자의 대표적인 빈천상의 중요한 것이나 이상 열기한 데서 한 가지 또는 두 가지를 범한 여성들은 너무 상심하거나 실망하지 말고 평소에 모든 면에서 항상 수양함이 세일 양책(良策)일 것이다.

10, 젖꼭지가 희고 작은 여자는 상부나 생이별하는 수가 많다.
11, 허리가 틀어지고 다리에 힘줄이 많은 여자는 평생 빈천하여 고생이 많다.
12, 혈색이 검고 뼈가 억센 여자는 팔자가 세어 운세에 막힘이 많다.
13, 얼굴에 반점(班點)과 죽은 깨가 많은 여자는 자녀궁에 근심과 걱정이 많다.
14, 말하기 전에 먼저 웃는 여자는 정조 관념이 약하여 음란한다.
15, 상대방의 말에 시비를 분별하지도 않고 입을 삐죽거리는 여자는 시기심과 질투심이 많다.
16, 곁눈질하는 여자는 마음이 정직하지 못하고 도심(盜心)이 많다.
17, 입술이 희고 엷은 여자는 병약하고 구설이 많다.
18, 손가락이 몹시 짧은 여자는 식모사리를 하는 수가 많다.
19, 몸에서 악취나는 여자는 남편의 사랑을 못받으며 빈천하는 수가 많다.
20, 걸음을 걸을 때에 치마꼬리가 왔다 갔다 하는 여자는 대개가 정부를 둔다.

一〇三

중복된 것이 많으므로 이것을 간추리면 남자는 41가지 빈궁상이 된다. 그러나 이곳에 쓰인 것이 자기에게 해당된다고 해서 절대로 비관할 것은 없다. 왜냐?하면 아무리 부귀겸전할 훌륭한 상이라도 한두 가지의 결점은 다 있는 것이다. 그러므로 다음에 쓰인 것이 자기에게 많이 해당될 때에는 분수를 잘 지켜서 수양하고 고치도록 노력할 것이다. 다음 남자 부터 예를 들어 보자.

1, 머리가 틀어지고 깎인 것 같은 자. (頭忌偏削)
2, 머리털이 거칠고 농탁한 자. (髮忌粗濃)
3, 눈섭꼬리가 아래로 처진 자. (眉忌下垂)
4, 귀가 꽃핀 것처럼 잦혀진 자. (耳忌花開)
5, 눈 빛이 드러난 자. (眼忌露光)
6, 콧대(年壽)가 죽은 자. (鼻梁忌陷)
7, 콧대(年壽)가 튀어나온 자. (梁忌露骨)
8, 코끝이 뾰족한 자. (準忌尖峰)
9, 턱이 뾰족한 자. (頣忌尖削)
10, 콧구멍이 지나치게 보이는 자. (조忌露乳)
11, 란대 정위가 엷은 자. (蘭廷忌薄)
12, 인중가에 금이 있는 자. (人中忌紋)
13, 입이 지나치게 뾰족한 자. (口忌吹火)

14、하관이 홀쭉한 자. (下庫忌削)
15、목에 뼈가 튀어나온 자. (項忌露骨—結喉)
16、변지에 잔털이 난자. (邊地忌寒毛)
17、배꼽이 쑥 나온 자. (臍忌高露)
18、등에 도랑진 자. (背忌陷抗)
19、젖 꼭지가 희고 작은 자. (乳忌白小)
20、똥배가 부른자. (腹忌上大)
21、배꼽이 너무 아래로 붙은 자. (臍忌近下)
22、허리가 삐틀어진 자. (腰忌偏斜)
23、무릎에 힘줄이 불쑥불쑥 드러난 자. (膝忌露筋)
24、발이 힘하고 깍인 자. (足忌陷削)
25、손가락이 거칠고 장자개비 같이 딴딴한 자. (指忌粗硬)。
26、발뒤꿈치가 깎이고 작은 자. (跟忌削小)
27、음성이 낮고 작은 자. (聲忌低小)
28、볼기가 뾰족하고 작은 자. (臀忌尖小)
29、손바닥이 얇은 자. (手忌掌削)
30、손가락이 삐틀어지고 짧은 자. (指忌短偏)
31、치아가 드물고 엷은 자 (齒忌疎薄)

一〇五

32、 걸음을 거를때 몸을 꿈틀거리는 자。(步忌蛇行)
33、 목쉰 소리를 하는 자。(聲忌低沈)
34、 눈빛이 약하고 흐린 자。(神忌短小)
35、 개기름이 흐르는 자。(色忌油垢)
36、 기(氣皮肉色)가 섞을 고 탁한 자。(氣忌疎濁)
37、 비지살이 너털너털 한 자。(肉忌虛浮)
38、 뼈가 억세고 앙상한 자。(骨忌粗硬)
39、 혈색이 침침하고 어두운 자。(血忌暗色)
40、 수염이 갈라진 자。(上中無毛)—(髮忌開花)
41、 배꼽이 아래를 보는 것 같은 자。(臍忌下朝)

※ 이상 41가지 중에 범한즉 고독하지 않으면 가난하고 궁하다。

제12절 여자의 41종의 빈천상

전장에서 말한 바와 같이 여자는 41가지 천상이 있으나 모두 중복된 것이 많다。 그래서 필자는 이것을 추리고 또 추려서 남녀 동등한 입장에서 31가지만 적어 보기로 한다。 옛글(古書)에는 여자 41가지 천상중에서 한 가지만 범해도 반드시 빈천하다고 하였을 뿐 구체적인 해석이 없으나 필자가 다년간 경험한 바를 참고해서 해석을 달아 보기로 한다。

1、 머리가 뾰족한 여자는 첩상(妾相)이다.
2、 머리털이 노랗고 탁한 여자는(黃髮)—고독할 상이다.
3、 귀가 잦혀진 여자는 재가(再嫁)할 상이다.
4、 눈섭꼬리가 처진 여자는 생이별 한다.
5、 눈에 살기있는 여자는 상부(喪夫)한다.
6、 눈이 노란 여자는 성질이 조급한다.
7、 코가 뾰족한 여자는 첩이 될 상이다.
8、 입이 뾰족한 여자는 말년에 고독하다.
9、 뻐드렁 이가 난 여자는 남편과 자식궁에 해롭다.
10、 이가 희고 윤기가 없는 여자는 음난하다.
11、 광대뼈가 불거진 사람은 과부가 많다.
12、 머리털이 명문(耳前)까지 난 여자는 단명하다.
13、 목아지가 짧은 여자는 고집이 많다.
14、 등이 크고 도랑진 여자는 빈상이다.
15、 가슴이 내민 여자는 상부나 생이별한다.
16、 젖 꼭지가 희고 작은 여자는 자식이 적다.
17、 음문에서 냄새가 나는 여자는 얼굴 빛이 검붉다.
18、 음문에 털이 없는 여자는 음란 하다.

19、 음문에 털이 너무 많은 여자는 홍상이다.
20、 배꼽이 얕은 여자는 자녀운이 박하다.
21、 허리가 틀어진 여자는 가난하다.
22、 다리에 힘줄이 많은 여자는 고생이 많다.
23、 살이 너무 많이 찐 여자는 운의 막힘이 많다.
24、 혈색이 검은 여자는 운의 막힘이 많다.
25、 뼈가 억센 여자는 팔자가 세다.
26、 소리가 우렁찬 여자는 팔자가 세다.
27、 찢혀진 얼굴(卯面)은 재가(再嫁) 상이다.
28、 눈에 항상 눈물끼가 있는 여자는 자식을 잃는다.
29、 도화색(桃花色)은 팔자가 세다.
30、 얼굴에 반점과 주근깨가 많은 여자는 자손궁에 걱정이 많다.
31、 눈꼬리가 아래로 처진 여자는 생이별한다.
32、 말하기 전에 먼저 웃는 여자는 음난하다.
33、 입을 삐죽거리는 여자는 질투심이 많다.
34、 옆눈질하는 여자는 마음이 부정하다.
35、 배꼽이 음문에 가깝고 쑥 나온 여자는 불임하는 수가 많다.
36、 얼굴은 크고 코가 작은 여자는 가난하다.

37、여자가 남자 같은 여자는 과부 독신이 많다.
38、입술이 회고 엷은 여자는 병약하고 구설이 많다.
39、손가락이 몹시 짧은 여자는 식모가 많다.
40、눈에 흰 자위가 많은 여자는 상부나 상자한다.
41、몸에 악취가 나는 여자는 빈천하다.

이상과 같은 것이 소위 여자의 72천 중에서 추린 것이다.
이와 같이 상당이 많으나 중복된 것이 많아 41종만을 열거한다

제13절 상법에 특수한 몇가지 종류

팔대(八大)란 무엇인가?

1、눈이 크고 광채가 있는 자(眼大彩神)
2、코가 크고 연수가 높은 자(鼻大梁高)
3、귀가 크고 윤곽이 분명한 자(耳大有廓)
4、입이 크고 양끝이 향상한 자(口大向上)
5、머리가 크고 이마가 솟은 자(頭大頰聳)
6、몸이 크고 상정이 긴 자(身大上長)

7、 얼굴이 크고 성곽이 분명한 자(面大要廓)
8、 소리가 크고 맑은 자(聲大韻淸)

　이상을 팔대라 하여 부귀할 상이다.

1、 눈이 크나 광채 없는 자(眼大無神)
2、 코가 크나 광채 연수가 낮은 자(鼻大梁低)
3、 입이 크나 양끝이 아래로 쳐진 자(口大向下)
4、 귀는 크나 윤곽이 없는 자(耳大無廓)
5、 머리가 크나 이마가 낮은 자(頭大一額低)
6、 얼굴은 크나 귀가 작은 자(面大耳小)
7、 몸은 크나 하정이 긴 자(身大下長)
8、 소리는 크나 탁한 자(聲大韻濁)

　이상은 비록 팔대라 파격이라 빈천할 상이다.

팔소(八小)란 무엇인가?

1、 눈은 작으나 가늘고 긴 자(眼小細長)
2、 코는 작으나 연수(年壽)가 높은 자(鼻小梁高)
3、 입은 작으나 붉고 윤택한 자(口小紅潤)
4、 귀는 작으나 단단하고 윤택한 자(耳小經潤)

5、머리는 작아도 골이 분명한 자(頭小骨圓)
6、얼굴은 작아도 위엄이 있는 자(面小有威)
7、몸은 작으나 단정한 자(身小端正)
8、소리가 작으나 맑은 자(音小韻淸)

 이상은 비록 작아도 격에 들어 부귀할 상이다.

오장(五長)이란 무엇인가?

1、머리가 길고(頭長)
2、얼굴이 길고(面長)
3、몸이 길고(身長)
4、손이 길고(手長)
5、다리가 긴 자(足長)를 오장이라 한다.

 얼굴이 풍후하면 부하고 청수하면 귀한다. 풍우하나 탁한 자는 빈천하다.

오단(五短)이란 무엇인가?

1、머리가 짧고(頭短)
2、얼굴이 짧고(面短)
3、몸이 짧고(身短)
4、손이 짧고(手短)
5、다리가 짧은(脚短)자를 오단이라 한다.

다섯 가지가 고루 짧고 골육이 상균하고 인당이 명윤하고 오악이 조공(朝貢)한 자는 부귀할 상이다.

오소(五小)란 무엇인가?

1、머리가 작고 (頭小)
2、눈이 작고 (眼小)
3、배가 작고 (小)
4、귀가 작고 (耳小)
5、입이 작은 (口小)자를 오소라 한다.

다섯 가지가 비록 다 작더라도 단정하고 아무 흠이 없는 자는 귀하게 될 상이다. 만일 한 두가지는 크고 작으면 빈천할 상이다.

오로(五露)란 무엇인가?

1、눈이 툭 솟고 (眼露)
2、콧구멍이 뻔하고 (鼻仰)
3、귀가 잦혀지고 (耳反)
4、입술이 잦혀지고 (唇乾)
5、울대뼈가 나온 자 (結喉)

눈이 툭 솟은 자는 명을 재촉하고 (足壽) 귀가 잦혀진 자는 고생이 많고 (多苦) 입술이 잦혀진 자는 구설이 많고 (多厄) 울대뼈가 나온 자는 객사한다 (客死). 그러나 다섯 가지가 이와 같이 하나 하나 따지면 대단히 좋지 못할 뿐만 아니라 미관상으로도 보기 싫은 상이다.

지가 다 이처럼 보기 싫게 생겼으면 도리어 재복이 많다.

팔대(八大) 팔소(八小) 오장(五長) 오소(五小) 오로(五露)가 다 격에 맞으면 얼굴이 못생긴것 같아도 부귀하고 격에 맞지 않으면 얼굴이 훌륭한것 같아도 가난하다.

십대공망(十大空亡)이란 무엇인가?

1. 이마가 뾰족한 것이 천공(天空)이니 부모덕이 없고 관운이 부족하고 초년 고생이 많음이 상이다.
2. 턱이 뾰족한 것이 지공(地空) 만년의 재복과 처자의 덕이 없고 육친(六親)이 냉담하여 늦게 고생한다.
3. 콧구멍이 뻔하게 보이는 것은 인공(人空)이니 중년에 고생이 많다.
4. 산근(山根──鼻根──)이 끊어진 자 사공(四空)이니 형제 처자의 덕이 적다.
5. 인중(人中──鼻下──溝)에 수염이 없는 자 오공(五空)이니 친구의 덕이 없고 아내는 있으나 자식이 적다.
6. 얼굴이 발닥 잦혀져서 관골이 부족하고 귀가 작거나 크더라도 윤곽(輪廓)이 없는 자는 육공(六空)이니 용두사미와 같아서 시작은 있으나 끝을 맺지 못하고 부모 유산도 없고 수(壽)도 길지 못하다. (爲人費力).
7. 머리털이 짧고 꼽슬꼽슬해서 불로 지진것 같은자 칠공(七空)이니 성질이 강하고 자녀를 많이 잃고 웃사람을 공경하지 못하고 아래 사람을 친하지 못하여 불효자(不孝子)가 많다.
8. 누당(淚堂)이 깊고 검은 자 팔공(八空)이니 처자궁이 좋지 않고 음덕(陰德)을 베풀 줄 모르는 자이다.
9. 눈에 광채가 없는 자 구공(九空)이니 단명요절(短命夭折)하기 쉽고 자녀의 인연이 박하며 형제의 덕이 없다.
10. 귀 뒤에 뼈를 수골이라 하여 그 뼈는 있으나 눈섭이 없는 자를 십공(十空)이라 하여 육친의 덕이 없고 형

제가 없고 독신이 되고 무척 고독하다. 비록 장수하나 늙어서 의지할 곳이 없을 상이다. 이상 십대공망(十大空亡)을 범한 자는 고독하고 무의무탁(無依無托)한 이가 많다. 한 두가지 범한 것은 액이 가볍다.

십살(十殺)이란 무엇인가?

1. 얼굴이 술 취한 것같은 자 일살(一殺)이요.
2. 사람이 없을 때 혼자 말하는 자 이살(二殺)이요.
3. 액(液)없이 침을 탁탁 뱉는 자 삼살(三殺)이요.
4. 눈에 붉은 빛이 쏘는 자 사살(四殺)이요.
5. 정신이 혼탁한 자는 오살(五殺)이요.
6. 소리가 깨진 종소리 같은 자는 육살(六殺)이요.
7. 아래 수염은 있고 웃수염이 없는 자는 칠살(七殺)이요.
8. 밥을 먹을 때 식은 땀을 흘리는 자는 팔살(八殺)이요.
9. 코가 휘어졌거나 구멍이 뻔한 자는 구살(九殺)이요.
10. 결드랑에서 노랑내(腋下孤臭)나는 자는 십살(十殺)이다.

이상 십살(十殺)을 범한 자는 풍파가 많고 비천할 것이요 한 두가지 범한 것은 약간 해가 있으나 극악한 것은 면한다.

이런 사람은 마음을 수양해서 행동을 고치도록 노력하면 어느 정도 좋아질 것이니, 비관하지 말고 노력해야 할 것이다.

십대천라(十大天羅)란 무엇인가?

1. 얼굴 전체에 연기처럼 흑기(黑氣)가 생기는 자를 사기천라(死氣天羅)라 하여 죽기가 쉽고.
2. 얼굴 전체에 백분가루 흩어 놓은 것처럼 백기(白氣)가 뜨는 자를 상곡천라(喪哭天羅)라 하여 중복(重服)을 입는다.
3. 얼굴에 청기(靑氣)가 만면한 자를 우체천라(憂滯天羅)라 하여 걱정이 많고.
4. 얼굴에 황색이 뜬 것을 질병천라(疾病天羅)라 하여 병에 걸린 상이다.
5. 얼굴에 개기름이 흐르는 것을 허화천라(虛花天干)라 하여 모든 일이 될듯 될듯 되지 않고.
6. 눈을 곱게 흘기며 눈웃음을 치는 자를 간음천라(姦淫天羅)라하여 남녀간에 음난한 상이다.
7. 얼굴이 불처럼 새빨간 자를 관사천라(官司天羅)라 하여 관재가 많고.
8. 얼굴이 술취한 것 같은 자를 형옥천라(刑獄天羅)라 하여 감옥에 갈 상이다.
9. 남자의 소리가 애교(愛嬌)가 있고 여자의 태도가 있는 자를 고형천라(孤刑天羅)라 하여 고독하며 처자에게 해롭고.
10. 코 끝에 아롱점(鼻頭班點)이 있어 먼지처럼 더럽게 생긴 자를 태패천라(退敗天羅)라 하여 모든 일이 잘되지 않고 실패만 할 상이다. (이상찰색)

육천상(六賤相)이란 무엇인가?

1. 부끄럼을 모르는 자 일천(一賤)이요.
2. 일을 당해서 웃기만 하는 자 이천(二賤)이요.
3. 나가고 물러감에 밝지 못한 자 삼천(三賤)이요.

4、 남의 단점을 말하기 좋아하는 자 사천(四賤)이요.
5、 자기의 장점을 자랑하는 자 오천(五賤)이요.
6、 사람에게 아부하는 자 육천(六賤)이요.

이런 사람은 아무리 훌륭하게 생겼더라도 대인이 못되고 소인에 불과하다.

육악(六惡)이란 무엇인가?

1、 사람을 바라볼때 염소처럼 꼿꼿이 보는 자는 마음이 선량하지 못하다. (羊眼直視性不仁)
2、 입술이 젖혀져서 잇발이 드러난 자는 마음이 온화하지 못하다. (乾唇露齒性不和)
3、 울대뼈가 드러난 자는 처자의 재앙이 많다. (結喉妻子招災殃)
4、 몸은 큰 데 머리가 작은 자는 가난하고 녹이 없다. (身大頭小貧無祿)
5、 상정이 짧고 하정이 긴 자는 분파할 상이다. (三停不等貧奔波)
6、 뱀처럼 꿈틀거리거나 참새처럼 팔딱 팔딱 뛰어 가는 자는 패가할 상이다. 이상과 같이 생긴 사람은 절대로 큰 성공을 할 수 없다. 늘 식소사번(食少事煩)하고 노다공소(勞多功小)할 상이다. (바로 고치도록 유의한다.) (蛇行雀步多風波)

제14절 구전 경험 비결(口傳經驗秘訣)

○눈썹뼈(眉稜骨)가 두드러지고 인중(人中)에 수염이 없는 사람은 자녀(子女)를 많이 꺾일 상이요. (남자)

○눈이 크고 광채(光彩)가 드러난 사람은 형벌(刑罰)로 죽을 상이다.
○콧대(鼻梁)에 뼈가 튀어나온 사람은 집안이 망하고 타향에서 죽을 상이요.
○살찐(肥滿) 사람에 얼굴이 붉으면 성질이 급하고 마음이 불량하다.
○야윈(瘦弱) 사람에 머리털이 노란(黃髮) 사람은 욕심이 많고 간사한 상이요.
○머리(頭)는 큰 데 목(項)이 가는(細) 사람은 30전에 죽을 상이다.
○목이 둥글고 머리가 적고 삐뚜러지고 이마가 깎인 사람은 평생 성공하지 못 할 상이요.
○눈이 둥글지 못한 사람은 소년(少年)에 요사(夭死)할 상이다.
○남녀간에 눈동자(眼睛)가 노란(黃) 사람은 성질이 조급한 상이다.
○눈알(眼球)이 툭 튀어나온 사람은 관재(官災)와 형벌을 당할 상이다.
○남자의 눈이 큰 사람은 항상 여자의 구설을 들을 상이요. ○남자의 눈썹이 가는 사람은 여자의 재산을 얻을 상이다.
○남녀간에 머리털이 농탁(濃濁)한 사람은 호색(好色)할 상이요.
○남녀간에 울대뼈(結喉)가 튀어나온 사람은 악몽(惡夢)을 초래할 상이다.
○눈썹이 희박(稀薄)하고 입이 큰 사람은 언제든지 물에 놀랠(水驚)상이요.
○귓속의 검은 사마귀(黑子)가 있거나 눈썹에 있어도 수액(水厄)을 당할 상이다.
○눈썹에 흑자가 있는 사람은 여자의 구설을 듣고 또는 수액이 있을 상이요.
○남녀간에 곱슬 머리(縮髮)는 호색(好色)하고 형벌을 당할 상이다.
○동양 사람은 남녀를. 막론하고 노랑머리(黃髮)는 빈천(貧賤)할 상이요.

一一七

○눈이 깊고 수염이 노란 사람은 살인(殺人)할 상이니 극히 조심해야 한다.

○눈썹 중간이 끊어진 사람은 운이 막힘이 많고

○인중에 수염이 없는 사람은 남의 일을 해주나 공이 적을 상이다.

○눈을 깜짝(瞬)이지 않고 상하좌우(上下左右)로 훑어보는(斜視) 사람은 도둑질 할 상이요.

○눈썹이 처지고(垂) 귀가 얇은 사람은 붙은 사람은

○여자의 귀가 윤곽이(邊)없고 이마가 잦혀지(仰面)고 뼈가 엇센(粗) 사람은 거개 첩(妾) 생활을 할 상이요.

○여자의 얼굴이 발딱 잦혀진(仰面) 사람은 간음(姦淫)하고 재가(再嫁)할 상이다.

○남자의 머리가 숙은 사람은 탐심(貪心)이 많은 상이요.

○몸은 큰데 손이 작은 사람은 평생 큰 재물을 모으지 못할 상이다.

○몸은 적은데 손만 큰 사람은 평생 어리석은 사람이요.(주 이런 사람은 두뇌(頭腦)는 좋지 않으나 손재주는 비상하므로 수공업(手工業)을 하면 성공할 수 있다

○사피(沙皮)는 말년에 자수성가(自手成家)할 상이다. (주 사피(沙皮)란 한절(寒節)에 피부가 상어처럼 거칠다는 뜻.

○피부가 뱀껍질(蛇皮)처럼 생긴 사람은 패가(敗家)할 상이다. (주 사피(沙皮)나 사피(蛇皮)는 초년(初年) 은·상관 없으나 말년(末年)에는 적중(適中)한다

○여자의 얼굴이 큰 사람은 효행(孝行)이 없을 상이요.

○입이 뾰족하고 얼굴이 구분 사람은 남의 하인(下人) 노릇 하는것이 불합리 하다.

○얼굴은 큰데 코가 몹시 작은 사람은 충직(忠直)함으로 윗사람에게 큰 도움이 된다.

一一八

○입이 크고 입술이 붉은 사람은 거개 음식(飮食) 욕심이 많은 상이다.
○배꾸리(杜)가 적고 등(背)이 함(陷)한 사람은 평생 녹(祿)이 없다.
○허리가 삐뚜러지고 배꼽이 깊은 사람은 간사하고 음난(淫亂)한 상이요.
○눈이 붉고 말을 더듬는 사람은 색을 좋아(好色)하는 상이다.
○눈이 짝눈(左右大小)이고 수염이 좌편으로 틀어진 사람은 처시하(妻侍下)에서 사는 상이다. (공처가
○우편 어깨가 높은 사람은 빈 주먹으로 큰부(大富)를 이룰 상이요.
○좌편 어깨가 높은 사람은 부모 유산을 탕진하고 말년에 가난해서 고생할 상이다.
○자면서 (군소리)를 하는 사람은 일생에 쓸데 없는 말을 많이 하는 상이요.
○남자가 아래 입술로 이를 싸는(包) 버릇이 있는 사람은 아내를 두려워 한다. 또는 아내가 신병이 있거나 소년시대에는 평온치 못한 상이다.
○입술이 얇아서 발발 떨리는 사람은 간사해서 거개 재산을 모으지 못하고 신용이 없는 상이다.
○입술이 푸른 사람은 늙어서 굶어 죽을 병이 들(因病餓死) 상이다.
○여자가 땀(汗)이 많이 나는 사람은 고생과 수고(苦勞)가 많을 상이요.
○여자가 땀이 전연 없는 사람은 무자(無子)할 상이다.
○여자의 땀냄새가 향기로운 사람은 귀할 상이요. (香水를 뿌리지 않아도)
○여자의 땀냄새가 고약한 사람은 천한 상이다.
○어린 아이가 잘 때에 이를 갈면(寢中磨齒) 부모에도 해로운 상이요.
○어린 아이가 입을 벌리고 자면 (寢中開口) 잔병이 많아서 길르기가 어렵다.

○소아(小兒)의 손등이 소복(厚)하지 못한 것은 키울 때에 욕을 볼 상이요.
○스스로 묻고 스스로 대답(自問自答)하는 사람은 혼미(昏迷)하고 수(壽)도 길지 못할 상이다.
○여자의 광대뼈(觀骨)가 내밀고 뼈가 억센(粗) 사람은 독신 생활을 하는 것은 좋으나 남편의 인연이 박하고 과부상.
○남자의 간문(奸門)에 十자문이 있는 사람은 아내를 잘 때리거나 (毆打) 또는 생이사별(生離死別)을 할 상이다.
○남자의 눈속에 검은 사마귀(黑子)가 있는 사람은 총명한 상이요.
○여자의 눈 섭에 검은 사마귀가 있는 사람은 음란하다.
○귀가 엷고 검으며 코가 낮고 입이 뾰족하고 가슴이 凸한 사람은 남의 종(奴婢)이 될 상이다.
○소년이 눈에 영채가 없으면(敬神) 일찍 요사(夭死)할 상이요.
○늙은 사람이 머리와 목의 살결(頭項皮)이 건조(乾)한 자는 열 명에 한 명도 살 수 없다.
○여자의 입술이 희면 병을 얻고 푸르면 죽을 상이요(女脣白病・靑必死)
○남자의 머리가 비뚤어진 사람은 큰 성공을 하기 어렵다.
○여자의 입술이 흰 사람은 무자(無子)하는 수가 많고. (女脣白者・多無嗣)
○눈썹에 긴 털이 난 사람은 장수(長壽)는 하난 긴 털이 위(上)로 향한 자는 처자에게 해롭다.
○수염이 제비꼬리(燕尾)와 같은 사람은 열 자식 중에 아홉 자식이 죽을(十中九死) 상이요.
○늙어서 얼굴이 희고 주름이 없고 머리칼과 수염끝이 노랗거나 흰염소 수염처럼 생긴 사람은 자식에게 해롭다.

○ 늙어서 귀가 흰 사람이나 입술이 윤택한 사람은 자식이 귀하게 될 상이요.
○ 늙어서 성욕이 강한 사람은 장수하고 자식도 귀하게 된다. ○늙어서 수염이 빠지는 사람은 자식에게 해롭고.
○ 늙어서 머리가 빠지지 않으면 고생이 많다. 늙어서 머리가 빠지지 않는 사람은 장수할 상이요.
○ 신두(腎頭)가 검으면 일찍 아들을 두고 그 빛이 회면 자식이 늦다.
○ 코끝이 약간 틀어진 사람은 어진 자식을 두고 하지(下肢)가 빈약하면 후손(後孫)이 좋지 않다. 그러나 윤택하면 무방 하다.
○ 코만 홀로 높고 광대뼈가 너무 낮은 사람은 고봉(孤峯)이라 하여 신망가패(身亡家敗)할 상이요.
○ 귓바퀴가 있으면 장수한다. 아들보다 손자가 영화롭다. 만일 귀의 윗쪽 바퀴가 없으면 이와 반대다.
○ 귓바퀴가 없는 사람은 외가(外家)가 무후(無后)하거나 가산(家産)이 결단난다. (이것은 필자가 여러번 시험해 봐서 백발백중(百發百中)한 비결(秘訣)인바 이에 공개한다.
○ 수염이 목 아래 까지(項下)에 난 사람은 거개 외척(外戚)의 재산을 얻을 상이다.
○ 여자의 눈썹이 칼끝처럼 생긴 사람은 거개 자궁수술(子宮手術)을 한다. (이것도 필자가 여러번 시험해 본 경험비결이다. 시험해 보면 틀림없다)
○ 여자의 와잠이(眼下無骨處) 이중(二重)으로 된 사람은 거개 애비가 다른자식(異父之子)을 낳는다. (시험제)
○ 목 아래에 뼈가(結喉) 튀어나온 사람은 거개 수명이 짧은 사람이 많고 또는 외가집이 패한다.
○ 남자가 승장(承將ㅡ口下凹處)에 수염이 없고 입술이 붉은 사람은 반드시 수액(水厄)이 있을 상이요.

一二一

○검은 사마귀 위에 털이 난 사람은 반드시 호걸(豪傑)스런 상이다. 또 자수성가(自手成家)한다.

○젖가(乳邊)에 긴 털이 난 사람은 아들이 높이 될 상이요.

○젖가의 긴털은 2, 3개가 좋고 많이 나서 풀이 우거진 것처럼 생긴것은 좋지 못한 상이다.

○여자의 아랫 입술을 싼(包) 사람은 일생에 구설이 많을 상이요.

○윗입술이 아랫 입술을 싼 사람은 무자(無子)하기 쉽다.

○사람의 음성(音聲)이 끝이 흐리면(韻) 가난할 상이요. (男貧女賤)

○발가락(足指)이 짧고 발의 장심(足中央)이 함(陷)하고 발의 뼈가 튀어나온 사람은 빈천할 상이다.

○발의 살결이 좋고 두터우며 연한 털(軟毛)이 난 사람은 평생을 안락(安樂)하게 지낼 상이요.

○발의 빛깔이 붉고 윤택한 사람은 고귀(高貴)할 상이다.

○발에서 악취(惡臭)가 나는 사람은 빈천할 상이요.

○귓속이 푸른 것은 좋지 않고 흰 것은 죽기가 쉽다(귀는 희고 귓속은 붉어야 한다)

○남자의 머리털이 거칠고 뻣뻣한(粗髮) 사람은 형을 범할 상이요.

○여자의 머리가 뻣뻣하고 거친(粗髮) 사람은 남편과 자식에게 해롭다.

○얼굴이 몸에 비하여 너무 희여서 눈빛(雪色)과 같은 사람은 중형(重刑)을 범할 상이요.

○손가락이 여섯개(六指—속칭 六손)—달린 사람은 아버지나 어머니에게 해롭고 평생 영달(榮達)하기 어렵다.

○몸은 희고 얼굴이 노란 사람은 초년에 곤궁하더라도 중년과 말년에는 행복할 상이요.

○얼굴은 희나 몸이 노란 사람은 초년은 좋아도 중년과 말년에 곤궁할 상이다.

○ 여자의 손금이 깊어야 아들을 낳을 상이요. (有子)
○ 남자의 고환(睾丸)에 주름(紋)이 없는 사람은 반드시 아들을 낳지 못한다. (無子)
○ 여자의 손이 대마디 같이 나온 사람은 사서 고생을 많이하는 수가 있다.
○ 여자의 머리가 둥근 사람은 귀자를 낳을 상이다. (婦女頭圓生貴子)
○ 남자의 이마가 깍인 사람은 평생 현달(顯達)하기 어렵고, (男兒額削難顯達)
○ 여자의 얼굴이 여원 사람은 평생 고생할 상이다.
○ 여자의 손가락 등이 털이 많이 난 사람은 음난하고 천한 상이다.
○ 여자의 배꼽 아래에 털이 많이 난 사람은 음난하고 천한 상이다.
○ 여자의 배꼽이 얕은 사람은 무자(無子)하기 쉽다. (多產者臍亂)
○ 눈썹에 붉은 빛이 은은하면 여자는 귀하게 되고 남자는 부자가 된다. (淫女臍下生多毛)
○ 허리와 배에 횡선(橫線)을 귀히 되고 종문(縱紋)은 궁상(窮相)이다.
○ 붉은 줄은 대귀하고 푸른 줄은 소귀한다.
○ 몸은 긴데 손이 짧은 (身長手短) 자는 성공하기 어렵다.
○ 눈꼬리(魚尾)의 금(紋)이 천창(天倉)으로 올라간 사람은 자수로 성공할 상이다.
○ 여자의 얼굴에 사마귀는 좋지 않으나 다만 천창에 있는 사람은 자수로 성공할 상이다.
○ 여자의 얼굴에 사마귀는 좋지 않으나 다만 천창에 있는 것은 좋다. 반드시 아들 사형제(四子)를 둘 상이다.
○ 여자의 이(齒)가 밖으로 난(뻐드렁이) 사람은 형상(形傷)이 있고 안으로 향한 것은 고독(孤獨)할 상이다.
○ 여자의 얼굴에 반점(班點)이 있으며 몸이 푸른 사람은 천한 상이다.
○ 야윈 사람(瘦人)에 입술이 붉은 즉 아들이 많고 입술이 흰 즉 수명이 짧다.

○여자가 얼굴이 노라면(黃面)색을 좋아하고. (女人黃多好色)
○입술이 푸르거나 흰 사람은 아들이 없다.
○야윈 사람에 혈색이 희면 좋지 않고 살찐 사람에 혈액이 흰 즉 마음이 인자(仁慈)하다.
○얼굴에 명주털(面毛)이 없는 사람은 빈궁해서 타국(他國)으로 달아날 상이요.
○머리가 유하고 입이 바른 자는 마음씨가 좋은 사람이다.
○소년(少年)이 피부(皮膚)에 검은 아롱점(黑班)이 생기면 죽기 쉽고.
○노인(老人)이 흑반(속칭 검버섯)이 생긴즉 수반(壽班)이라하여 장수할 상이다.
○소아(小兒)에 허리가 넓으면 장수할 상이다.
○사람이 살이 찔려면 허리에서부터 찌는게 좋고 가슴이나 얼굴에서부터 찌는 것은 좋지 않다.
○사람이 사지(四肢)기 말르기(乾) 시작하면 1년안에 죽기가 쉽고.
○사지가 윤택해지면 3년 내에 부자될 징조다.
○늙은 사람이 흰머리가 검어지는 자는 장수할 상이다. 늙어서 이가나도 장수한다. 그러나 반드시 자식과 손자에게는 해롭고 고독할 상이다. (老而頭髮變黑、生齒者、雖壽 克子刑孫。終孤獨)
○일월각(日月角)에 선모(旋毛)가 있거나 또는 이마에 난문(亂紋)이 많은 사람은 사생아(私生兒)이다.
○이마는 큰데 얼굴이 작고 뽀족하거나 이마는 큰데 콧대(鼻梁)가 아주 없는 사람은 백사가 불성(百事不成)할 상이요.
○이마(額骨)에 내천(川)자 같은 모양으로 된 사람은 이름을 날릴 상이다.
○산림(山林)에 사마귀 한 개가 있는 사람은 큰 재산을 얻을 상이요. (그러나 獸虫에 吠傷하는수가 많다)

一二四

○ 사마귀에 2개의 긴 털이 난 사람은 귀자를 낳을 상이다.
○ 와잠(臥蠶)에 자색(紫色)이 있으면 귀자를 낳고 검거나 푸른즉 처자에게 사망의 액이 있다.
○ 남자의 간문(奸門)에 잡색(雜色)이 있는 사람은 창부(娼婦)로서 처첩(妻妾)을 삼는다.
○ 콧대(年上壽上)이 함(陷)하거나 혹은 한개의 문(紋)이 있거나 흠(痕)이 있으면 반드시 한번 실패가 있고 두 개가 있으면 두 번 실패가 있을 상이요.
○ 턱(頭)에 좁쌀알(要粒)과 같은 백색(白色)이 있으면 부하의 해를 당한다.
○ 간문(奸門)에 백색이 생기면 여자와 술로 인해서 몸을 망하고 처에게 해가 있다.
○ 만면에 백색과 흑색이 생기면 처를 상하고 자(子)를 손(損)한다.
○ 발바닥(足底)에 곧은 금은 좋아도 횡문(橫紋)은 좋지 못하다.
○ 족문(足紋)은 2, 3개가 직선으로 위로 향한 것은 좋으나 교차(交叉)된 것은 형(刑)이 많고 자손도 늦다.
○ 손가락이나 발가락이 뱀대가리(蛇頭)처럼 생겼거나 꾀꼬리 주둥이 같이 된 사람은 일생 간교(奸狡)하여 고독하다. 여자는 반드시 부모에게 해롭다.
○ 여자가 드라큐라 잇빨같이 (鬼牙) 난 사람은 남편과 자식에게 해롭다.
○ 여자의 오리발(鴨脚)은 거개 천상이고.
○ 남자의 오리발(鴨脚)도 어리석다.
○ 남자의 배꼽이 얕은 것은 의식이 부족할 상이요.
○ 여자의 배꼽이 얕은 사람은 결코 아들을 생산치 못한다.
○ 누구를 막론하고 재산을 모으려면 첫째 혈이 장하고 기가 족해야(血壯氣足)한다. 신왕(身旺)해야 재왕(財

旺)한다)

○기와 혈이 강장하면 처자궁도 좋다.

○기혈이 부족한 즉 처자궁도 좋지 않다.

○남자는 인당(印堂)과 준두(準頭)로서 평생 길흉을 판단할 수 있고.

○여자는 젖, 배꼽, 음문(陰門)으로서 자녀의 생산여부와 귀천을 정확히 판단할 수 있다. 그러나 현재로서는 불가능하다. 단 자기아내에 한해서만 볼 수 있다.

(산부인과(産部人科) 의사는 봐도 말썽이 없으나 만일 관상가(觀相家)가 봤다고 해보라. 신문(新聞) 사회면에 굉장이 떠들 것이다. 그러므로 각자가 판단하라)

○여자의 음문(陰門)이 위로 향한 것을 상급이라고 하고 아래로 향한 것은 하급이라 한다.

○배꼽은 깊어야 다산(多産)하고 얕은 것은 생산을 하지 못한다. 배꼽에 털이 산란한 것은 하급이다.

○젖은 붉고 검고 크고 위로 향한 것이 상급이고 희고 적어 아래로 향한 것은 하급이다.

○산근(山根)에 횡문(橫紋)이 한개 있으면 고향을 떠날 상이고 두개 있으면 육친(六親)을 이별하고 세개 있으면 빈 주먹으로 성가(赤手成家)할 상이다.

○밤에 자면서 소리지르며 침을 흘리는 버릇이 있는 사람은 이것을 야조(夜曹)라 하여 노인은 괜찮으나 소년은 좋지 않다.

○남녀간 중년에 정백이(項) 머리털이 빠지는 것은 노년에 고생할 상이요.

○머리에 센털(强毛)이 나도 곤궁할 상이다.

○남자의 얼굴이 청수(淸秀)한 이가 대머리(이마 위가 훌떡 벗어진 것)가 되면 고관(高官)이나 회사의 사장

이 되고 탁하게 생긴 얼굴에 대머리는 궁상이다.

○ 늙은이가 잠이 많으면(多睡) 죽기가 쉽고 소년이 잠이 많으면 어리석다.

○ 홀연(忽然) 눈이 아래로 숙이고 아래만 보는 사람은 곧 죽을 상이요 홀연히 조급하게 구는 자는 중병이 있다.

○ 남녀간에 중년에 머리가 빠지는(落髮) 사람은 말년에 고생할 상이요.

○ 소년에 머리가 희면(小年髮白) 부모를 잃고 크게 불리할 상이다.

○ 남쪽(南方) 사람은 준두가 삐뚤어진 것은 해롭지 않고 굽은 것은 좋지 않다. (古書에 이르되 『南方無正土』 라 하였으므로 토(土)는 코(鼻)에 속하기 때문이다)

○ 북쪽 사람은 삐뚤어진 것은 좋지 않다. 왼쪽으로 트러진 자는 외가(外家)가 패하고 바른쪽으로 틀어진 즉 노년에 곤궁할 상이다.

○ 콧구멍(鼻孔)에는 털이 반드시 나야 한다. 콧구멍을 창고(倉庫)라고도 하는 바 털이 많이 난것을 여량(餘糧)이라 하고 두세 개가 밖으로 나온 것을 장창(長鎗)이라 한다. 곡간에 양식이 남은 것은 좋아도 장창은 좋지 않다.

○ 란태 정위(蘭台廷尉)를 정조(井조)라고 하는 바 정조가 얇아서 움직이는(벌름벌름) 것은 평생에 재산을 모으지 못할 상이다.

○ 턱(地閣)에 금(紋)이 한 개 있으면 주택이 한 채 있고 두개 있으면 두 곳에 전장(田庄)을 둔다. 그러나 수액(水厄)이 있을 상이다.

○ 잘 때에 느닷없이 악을 쓰는(狂叫) 사람은 악한(惡漢)에게 횡액으로 죽는다. (橫死相)

○ 병든 사람이 엎어져 눕는(伏臥)것은 살상이요(生相) 보통 사람이 엎드려서 눕는 사람은 일찍 죽을 상이다.

二七

○누워서 탄식(嘆息)을 하거나 한숨(嘆氣)짓는 사람은 결코 길조가 아니다. (대개 과부의 **습관**이다)

○자면서 이를 가는 (臥中磨齒)사람은 처자궁에 해롭다.

○자면서 불을 부(吹火)는것 처럼 숨쉬는 자는 소년에 형벌로 죽을 상이요.

○늙은 이가 불부는 숨을 쉬면 와석종신(臥席終身)을 못할 상이요.

○혹(肉瘤)은 빛깔이 붉은 것은 좋아도 희거나 검은 것은 좋지 않다.

○등(背) 뒤에 혹이 생긴 사람은 비록 부(富)하나 오래 가지 못할 상이다.

○면상에 혹이 생긴 것은 궁상이 많고 아랫도리(下身)에 혹이 있어도 하천할 상이다.

○손톱(指甲)이 밖으로 뻗은 자는 고독하고 손바닥이 붉고 두터운 자는 부귀할 상이다.

제15절 금쇄부(金鎖賦) 은비가(銀匕歌)

『상을 보는 법은 아무리 많은 사람을 볼지라도 한 가지 이치로 풀이하게 되니, (相法自家歸一理) 문자의 풀이가 여러가지 많으므로 계산하기가 어려운 것이다. (文字縱多難以解) 모든 관상가들이 깊고 묘한 말들을 노래로 삼으니 (剛出諸家奧妙歌) 모든 후세의 사람들이 보아 용이하게 기록하였다. (盡興後人容易記)』

『여섯 종류의 해로운 눈썹을 가지면 친척의 정이 끊어지며, (六害眉心親義絕)』

『인당이 가을에 흐르는 물빛과 같이 맑아야 하고 비록 그리고 원만하게 차야 하는데 만일 찌그러진 곳이 있으면. (印如秋水圓還缺)

처자를 극하고 자식을 극하여 노년에 한가하지 못하고 일은 계획을 잘 세우나 도리어 어리석게 된다.(作事弄巧反成排)

『산근이 끊어지면 일찍 허망하게 죽으며(山根斷芳早虛死) 조업이 모두 없어지고 반드시 가산을 파하게 된다。(祖業飄落必破家) 형제간에 인연이 없어져 옛집을 떠나게 되며(兄弟無緣離祖宅) 늙어갈수록 일이 잘못되어 허망하게 된다.(老來轉見事如虛)」

『눈썹이 서로 잇닿고 얼굴 빛이 검으며 정신이 초조하면(眉交面黑神焦枯) 남의 일을 참견하기 좋아하며 일마다 수심이 많게 된다.(愛管他人事多懷)」

『냉정한 눈초리로 사람을 보며 웃는 사람은(冷眼見人笑一面) 속셈은 독이 있어 반드시 해를 주게 된다.(暗中有毒必害人)」

『사람을 선뜻 볼 때 얼굴의 빛이 정신이 맑아 보이나(乍逢滿面有精神) 자세히 보아 그 빛이 어둡게 보이면(似此之人終壽短) 이런 사람은 수명이 짧게 되거나 하여도 고독과 가난을 면할 길이 없게 된다.(縱然有壽赤孤單)」

오성과 육요가 사람의 얼굴에 있으니(五星六曜在人面) 눈썹을 제외하고는 틀어지고 굽거나 결함이 있으면 좋지 못하고 귀가 틀어지고 입이 틀어지면 만년에 파패수가 오게 되며(耳偏口側來年破) 코가 틀어지고 굽으면 고통이 사십대에서 생기게 되나니(鼻曲迎突四十年破)

一二九

아무리 공부를 하여도 가난을 면하기 어려우며 (讀盡詩書生得寒) 문장이 되어 10년을 지내도 높은 벼슬을 하지 못하게 되고 (文章十年不爲官) 비록 마음은 하늘을 찌를 듯한 기분이 평생을 두고 가졌으나 (平生雖有冲天意) 갓난 꾀꼬리 새끼가 날고 싶지만 날지 못하게 되는 형상이다. (欲飛鶯雛翼未乾) 『얼굴이 크고 눈썹이 없으면 수재라는 소리를 들을 정도에 그치고 (面大眉寒止秀才) 입술이 위로 들리고 이가 밖으로 튀어 나온 모양이면 재앙이 많게 된다. (唇掀齒露多災殃) 늙어 죽도록 바쁘기만 하나 실속은 없어 다리만 아플 뿐이며 (終朝脚跡忙忙走) 부와 귀가 한평생 따라 오지 않고 (富貴平生不停長) 성사와 실패가 많으며 가는 곳마다 되는 일이 별로 없고 (多成多敗道空亡) 혹 억지로 살림을 장만하였다 하여도 (縱然管得成家計) 뜨거운 햇빛에 녹는 얼음과 서리와 같이 된다. (猶如烈日照氷霜)』 『하정이 짧고 상정이 길게 생기면 (下停短兮上停長) 반드시 고관이 되어 임금을 모시게 된다. (必爲宰相侍君王) 만일 보통 사람이 이런 모양으로 생기면 (若是庶人生得此) 금과 구슬과 재물과 보배가 창고에 가득 차게 된다. (金銀財寶滿倉庫)』 『모양이 넓고 크면 좋으며 살이 너무 많으면 좋지 않게 되니 (形愛面宏叉拍肥) 넓고 큰 모양이면 영화가 있으며 너무 살이 많으면 단명하는 것이니 (面宏華榮肥死期) 이십대에 몸에 살이 너무 많으면 죽을 날을 받아 놓은 것과 같으며 (二十之上肥定死

사십이 차서 몸이 불어나 커지면 발전함이 있게 된다.(四十形宏定發時)

『살이 몹시 야윈 사람도 있고 뼈가 몹시 약한 사람도 있으니 야위고 뼈가 약한 사람들은 모두 다르므로(寒瘦之人不一般) 야위고 뼈가 약한 사람은 정신이 좋으면 끝에 가서는 발전하게 되며(瘦有精神終必達) 약한 사람은 비록 얼굴빛이 좋을지라도 고단함을 면치 못하게 된다.(寒瘦形體孤單)』

『또 얼굴빛이 너무 아름다운 것은 좋지 않으니(色拍嫩兮又拍嬌) 노인에 얼굴빛이 너무 좋으면 쓸쓸하고 괴로운 일이 많이 생기게 되며(老年色嫩多幸苦) 젊은이가 얼굴빛이 좋으면 형액을 면하게 된다.(少年色嫩免刑厄)』

『눈썹 모양은 굽어야 좋으며 곧은 모양이면 좋지 못하니(眉要曲前不要直) 굽은 모양이라 해도 어리석은 사람에게는 좋고 나쁨을 알지 못하게 되고(曲直愚人下得知) 곧다 곧은 사람은 학문이 많고 또 총명하며(直者聰明多學文) 곧은 사람은 처를 극하고 또 자식을 극하게 된다(直者刑妻又剋兒)

『수염은 검어야 좋으며 또 드물어야 좋으니(鬢鬚要黑又要稀) 드물어 살이 보이면 운이 좋다고 하겠다.(依稀見肉最爲奇) 털이 많고 탁하며 누런 빛깔이면 좋지 않으니(最肉濃濁焦黃色) 이와 같으면 부모와 이별하여 살게 된다.(父母東頭子在西)』

『팔과 다리가 살이 없으면 아주 흉한 일이 많이 생기며(股肱無肉最是凶) 머리와 얼굴이 지팡이 모양으로 뾰족하게 생기면 위와 일반이니(頭面如杖一般同)

비록 조부의 음덕이 많다 할지라도(雖有祖業赤父蔭)
언젠가는 파패하고 가난하여 궁함을 면할 길이 없게 된다.(終有破敗受孤窮)
이마에 상처가 있고 오목하게 찌그러진 곳이 있으면 형액이 있게 되는 것이니.(網羅之中有一名)
이것을 가리켜 망라(天網地羅)살이라는 이름을 붙이게 되는 것이니(額上紋痕最爲刑)
만일 처를 극하지 않으면 자식을 해하게 되어(若不害妻必害子)
집안의 형편이 언제나 그 타령으로 발전이 없게 된다.(更憂家道主打伶)
『눈썹의 털 사이가 끊기고 관골이 앞으로 숙인 모양이면(眉毛間斷至觀邊)
항상 시비와 관재가 있으며 논밭을 팔아 먹게 되며(常爲官災賣邰田)
처와 자식을 두세번이나 극하여야 하고(剋破妻兒兩三個)
근심과 재화가 서로 엉키어 되는 일이 없게 된다.(方敎禍患不相繼)』
『눈에 도화를 띠우면 색을 좋아하는 사람이며(好色之人眼帶花)
사람을 쳐다볼 때 흘겨 곁눈질하지 말라.(莫敎平時視人斜)
독이 있고 독이 없는 것은 그 사람의 눈을 보게 되나니(有毒無毒但看眼)
뱀의 눈을 가진 사람은 자식이 아비를 치게 되니 수양을 쌓아야 하고(蛇眼之人子打爺)
염소의 눈모양을 가지면 집이 없어 의지할 곳이 없게 되며(無家無屋羊睛眼)
또 화창이란 곳의 뼈가 한치가량 높이 나오면(更有禾倉高一寸)
중년에 더구나 지아비가 없게 되며(中年必是無夫娘)
눈 아래가 오목하면 고단한 사람이라 할 것이고(眼下凹時又主孤)

一三一

두눈에 힘이 없으면 역시 같은 운명의 사람이라 하겠다.(陽空陰沒亦同人)」

「오른편 관골과 왼편 관골이 달걀의 모양과 같으면(卯酉不如鷄卵樣) 다만 양자와 한 가지로 살게 된다.(只宜養子與同居)」

「눈알이 밖으로 튀어 나온 관상은 악과이 인연이 있게 되어(眼珠異出惡因緣) 살림을 도맡아 하면 잘한다 할지라도 논밭을 모두 팔아 먹게 되며(自主家時定賣田) 환자위가 사방으로 보이면(更有白晴四方見) 만일 죽지 않으면 질병으로 인한 고생을 면할 길이 없게 된다.(也不死傷又在病)」

「콧대의 뼈가 튀어나오면 이것을 반음이라 하며(鼻樑露骨是反吟) 굽고 틀어진 모양을 복음이라 하나니(曲轉斯樣是伏吟) 반음이면 멸망하게 되며(反吟相是是滅絶) 복음이면 늘 눈물을 흘릴 일이 많다.(伏吟相見淚淋淋)」

「눈의 흰자위에 붉은 줄이 망사모양으로 생기거나 점이 좁쌀같이 있으면(眼有赤脈紗出粟) 만일 처가 있으면 자식이 없게 된다.(從有妻時也沒兒)」

「만일 산근이 끊긴 모양이거나 너무 높으면(倘見山根高更斷) 오년에 세 차례나 길가에서 울게 되는 일이 생기게 된다.(五年三次露邊啼)」

「이마위의 머리칼 있는 부근이 낮고 오목하게 들어가면 아비가 없게 되며(髮際低凹又無父) 잔털이 일월각에 나 있으면 어려서 어미가 없게 되며(寒毛生角幼無娘) 만일 죽지 않거나 형액수가 없으면 자기 자신의 몸을 상하게 된다(不死不刑自身傷)」

一三三

『눈썹이 너무 많고 산근이 깊으면 재물을 패하게 되며(眉重山根陷破財)
삼십이세에 근심과 재앙이 오게 된다.(更憂三十二年災)』
『토성인 코가 단정하면 마침내 성공하게 되며(土星端正終有發)
코가 좋지 못하면 하번 실패하면 그 재물을 만회할 수 없게 된다.(土星不好去不回)』
『가난할 사람은 어깨가 목위로 지나치고(寒相之人肩過頭)
행복한 사람은 귀가 눈썹을 누르는 모양으로 위로 올라 갔으며(幸福之人耳壓眉)』
『어깨가 늘어지고 모양이 허술하며(肩端下無形茸茸)
그 모양이 비맞은 닭과 같으면 하천한 사람이요.(其形恰似雨中鷄)』
『도량이 큰 사람은 눈썹이 눈에 비교하여 높이 붙어 있으며(大量之人眉高眼)
눈썹과 눈이 서로 적당한 모양이면 근심이 오지 않으며(眼眉相定不憂愁)
눈썹이 거칠고 눈이 너무 작으면 어울리지 못하며(眉粗眼小不相當)
금년에 명년 양식을 당겨 먹는 처지라 할 것이며,(寅年吃了卯年糧)
화창과 녹마가 서로 적당하면 다소의 화를 면하게 된다.(禾倉祿馬要相當)』
『삼십 살의 운수는 인당에 살기가 있으면 좋지 않으니(三十印堂莫帶殺)
코끝이 장미꽃과 같이 붉은 모양이면(準頭如棠更紅生)
동서 남북으로 분주한 사람이라 하겠다.(東奔西走忙忙人)』
『천창 지고가 틀어지면 잘 살기 어려우며(倉庫空倒不由人)
좋은 전답이 아무리 많이 있다 할지라도 소용이 없다.(萬項良田休多說)』

『머리를 앞으로 숙여 앞다리를 지나가면(伏面頭過前脚過) 남을 손해나게 하며, 자기 혼자 이익만을 취하게 되어 남의 피를 빨아먹게 된다.』(損人利己食人血)

이런 사람과는 사귀지도 말라.』(似此之人莫交往)

『얼굴에 살이 튀어난 것 같으면 심술이 많으며(面內橫肉全惡害) 그 속셈이 아홉 구비로 되어 있어 가장 측량하기 어렵다.』(心臟九曲最難測)

『오관이 바르지 못하면 성질이 흥악하고(五官不正性凶惡) 어질지 못하고 마음씨가 좋지 못하며 남의 말을 잘 하게 된다.』(不仁不義假往來)

『뒷모습으로 보아 시골(腮骨)이 지나쳐 보이면(如見此人耳後腮) 오래된 뒤에 묵은 불이 일어나 관재를 보게 된다.』(久後終是見官殃)

『이런 사람의 눈에는 살기가 나타나 있게 된다.』(此種之人眼露殺) 정이 없고 배반하기를 잘 하며 육친이 없게 되며(反骨無情六親小)

『입술이 들리고 이가 밖으로 나타나면 좋지 않으며(唇蹇露齒最不好) 무슨 일을 꾀하던지 비밀이 탄로나게 된다.』(若然與謀必定洩)

『눈의 빛깔이 물이 흐르는 모양 같고 눈알이 밖으로 튀어 나오면 좋은 결과가 없으니(眼光流露多奸盜) 남에게 시비 그치게 될 것인가(受談是非何時止) 이런 사람과 오래 사교하면 감옥에 들어갈 염려가 있게 된다.』(交結長久坐牢獄)

『오관이 틀어지고 눈썹이 눈을 누르는 모양이면(五官傾斜眉壓眼) 삼십세 전후하여 재앙을 피할 길이 없게 된다.』(三十前後難殃逃)

一三五

제5장 기색총론(氣色總論)

제1절 기색의 구별

무릇 기색에는 두 가지가 있으니 1은 기(氣)요 2는 색(色)이다. 기는 피내(皮內)에 있고 색은 피외(皮外)에 있다. 기가 완화(緩和)하지 못하면 이것을 기라 할 수 없고 밝지 못하고 완화하지 못하면 기산한 것으로 간주(看做)한다.

색이 윤택하지 못한 것은 색이라 할 수 없고 색이 광윤(光潤)하지 못하면 허색(虛色)이다.

원래 기색은 오장육부(五臟六腑)의 여정(餘精)으로서 밖으로 나타나는 것은 기라고 한다. 색은 있어도 기가 없거나 기는 있어도 색이 없으면 이것을 기색으로써 길흉을 논할 수 없다. 피내에 있는 것은 미래지사요 피외에 있는 것은 과거지사다. 선명한 것은 정왕(正旺)하고 담색(淡色)은 임이 왕기(旺氣)가 지낸 것이다. 그러므로 무슨 일인가를 알고자 하면 소속궁(所屬宮)을 살펴야 한다. 기색의 도(道)는 천지의 기와 합하여 四시로 나누어서 생극(生克)의 이치로써 생기는 것이니 먼저 135부위 분별 그 부위의 과한(過限) 길흉(吉凶)을 분별한 즉 진퇴간(進退間)의 백발백중하는 것이다.(135부위는 13부위를 말한 것이다.)

기색법은 전술한 바와 같이 두 가지로 나눌 수 있으나 그 실은 합해서 한 가지로써 표준을 삼는다. 그러므로 색은 있으나 기가 없는 것을 부광(浮光)이라 해서 기색이라 할 수 없고 또는 기는 있어도 색이 없는 것을 명향색은 있으나 기가 없는 것을 부광(浮光)

(明亮)이라 해서 기색이라 할 수 없다. 기름을 바른 것처럼 활염(滑艷)한 것을 유구(油垢)라 해서 또한 기색이라 할 수 없다.

기색은 아침에는 얼굴에 나타났다가 밤에는 폐부(肺腑)로 들어간다. 이 기색의 출몰은 자기의 마음이 걱정하게 된데서 흉기(凶氣)가 나타나는 것도 아니요 또는 그 마음이 기쁘다고 길색이 나타나는 것도 아니다. 자연의 감동에 의하여 환락 중에도 장차 간고(艱苦)가 올 징조가 나타나기도 하고 혹은 고난중에도 환락의 기를 예고하므로 반드시 장래에 있어서 그 결과가 생기고 마는 것이다.

이것은 모두가 자기의 신명(神明)이 선지선각(先知先覺)의 영(靈)이 있기 때문이다. 기는 자기의 정신을 만드는 어머니요 색은 아버지다. 오장육부간을 주류(周流)하고 칠정(七情)에 의해서 표현된다. 처음은 기가 되나 기가 정한즉 색이 된다. 그러므로 그 색의 심천(深淺)하고 칠정(七情)에 의해서 그 색의 동정을 살핀 다음 차차 그 진태를 알 수 있다. (주 칠정(七情)은 희(喜) 노(怒) 애(哀) 락(樂) 애(愛) 악(惡) 욕(慾) 등이다)

제2절 육기(六氣)의 구별 및 작용

상법에 육기가 있으니 ①을 청룡의 기라 하는 것으로 그 색이 금회잠명(錦繪蠶明)과 같다. 금회라 하는 것은 자선(紫線)의 난판(亂盤)하는 것과 같이 그 색이 선명한 것을 길색이라 한다. 잠명이라 하는 것은 노잠의 황명(黃明)한 이름이다) 무릇 잠이 누에가 늙을 때에는 목아지에서부터 염색(艷色)이 번쩍거리다가 점점 전체가 번쩍이는 것이다. 사람이 장차 운이 트려면 준두(準頭)에서부터 길색(吉色)이 돋기 시작하여 점점 다른 부위까지 통하게 되는 것이다. 그러므로 자색이 만일 천정(天停)에 나타나서 안하(眼下) 삼음삼양에 뻗치면 반드시 귀자를 낳고 관록궁(官祿宮)이나 재성(財星)에 나타나면 반드시 관작(官爵)의 승진이 있으며 와잠(臥蠶)에 나타나면 반드시 천재(天財)가 있다. ②를 주작(朱雀)의 기라 하는 것이니 그 색은 만하(晚霞)가 물에 비친 것과 같다. 이색(此色)은 구절관재가 있다.

③을 구진(勾陳)의 기라 하는 것이니 그 색은 풍란흑운(風亂黑雲)과 같다. 이색이 나타나면 패업분리(敗業分離)가 있다.

④를 등사(螣蛇)의 기라는 것이니 그 색은 불타고 난 재(灰)와 같다. 도적 화재가 있다.

⑤를 백호(白虎)의 기라 하는 것이니 그 색은 지(脂)에 기름(油)를 바른 것처럼 생겼다. 질병 또는 부모형제 등의 사망지사가 있다.

⑥을 현무(玄武)의 기라 하는 것이니 그 색은 조연(朝煙)과 안개와 혼합한 것이다. 이색이 나타나면 악질(惡疾)로 사망한다.

이 육신(六神)의 기중(氣中)에는 구진(勾陳) 현무(玄武)의 양기가 가장 흉한 것이다. 만일 명문(命門)에서 시작하여 안하(眼下)로 들어가면 반드시 자녀를 잃고 만일 복덕 준두(福德準頭)에 돌면 실패가 반드시 죽는다. 사문이라는 것은 『乾(命宮)에 나타나면 자신이 죽고 또는 사문오혈(四門五穴)에 나타나면 일년에 반드시 재앙(災殃)이 坎艮震』 오혈이라는 것은 『耳目口鼻舌』 공혈(孔穴)이다. 기색은 천기자동(天機自動)의 묘가 있는 것이므로 억지로 변색할 수 없다. 그러므로 저절로 준두(準頭)에 한점의 악색이 나타나면 일년에 반드시 재앙(災殃)이 생긴다. 만일 우환(憂患)이 있을 때에 인당(印堂)에 황색이 내영(內映)하고 혹은 자색이 있고 청흑색 안에 나타난다. 멀지 않아서 행복이 온다. 만일 단순한 청흑색은 우한이 생길 증조를 표시하는 것이다.

그러므로 멀지 않아서 백일 이내요 가까우면 10일안에 악사가 오는 것이다. 내색이 양양하면 청흑이 스스로 물러

가면 길조가 반드시 생긴다.

봄에 발생하는 색은 푸른 삼양(三陽)의 아래에 있는 것이 좋고, 여름에 발생하는 색은 홍과 미록(微綠)이 산근(山根)에 있어야 좋고 또 인당(印堂)에는 없어서는 안된다. 가을에는 가장 황자의 색이 좋다. 황은 토생금이므로 통성 양관에 나타나면 좋다. 겨울에는 흑에 백을 겸한 것이 좋고 지각(地閣)을 보는 것이 제일 좋다.

그러므로 사람이 위험에 처했을 때라도 준두(準頭)에 눈황색(嫩黃色)이 나타나고 사고(四庫)에 담홍(淡紅)의 색이 있으며 또는 천중(天中)에 황광(黃光)의 색이 있어 일층 광채의 색이 일어나면 이것을 국인(國印)이라 하여 홀로 위험을 돌파할 뿐만 아니라 도리어 큰 복이 오는 것이다.

오색중에 다 좋은 것도 있고 다 흉한 것도 있으니 청기(青氣)는 취(翠)와 같은 것을 생색이라 하고 갈색과 같은 것은 사색이라 한다. 적색이 계관(鷄冠)과 같은 것은 생색이라 하고 고골(枯骨)과 같은 것은 사색(死色)이라 한다. 흑기는 돼지비개와 같은 것을 생색이라 하고 어혈(魚血)과 같은 것은 사색(死色)이라 한다. 황기는 오우(烏羽)와 같은 것을 생색이라 하고 그와 반면으로 연매(煙煤)와 같은 것은 사색(死色)이라 한다. 황기는 아추(鵝雛)와 같은 것을 생색이라 하고 낙엽과 같은 것은 사색이라 한다. 그러나 기색이 정(定)치 못하면 조효(朝曉)에는 청명하였다가도 야혼(夜昏)이 되면 풍우가 일어나는 것처럼 아침에는 좋아도 저녁에는 흉으로 변하는 수도 있다. 그러므로 음덕을 행하면 골격도 달라지거든 항차(況次) 기새쯤 이야 변하기 가장 쉬운 것이다. 흉한 것을 길하게 할 수도 있다.

가령 일면의 부위가 다 청수하더라도 다만 기색이 혼암(昏暗)하면 공명이 지체(遲滯)될 수 있다. 기는 신(神)의 형을 미목(眉目)이 청수하고 신으로 화한다.

一三九

오장육부를 주류하여 칠정(七情)의 변화로 인해서 오악 사독(五岳四瀆)에 발하여 육부(六腑)에 숨는다. 그러므로 오악과 사독은 이에 기색이 심오(深奧)하게 표현하는 곳이다. 좋은 일을 당하여도 먼저 오악과 사독을 볼바에 기색이 취발(驟發)하지 않고 흉사를 당하여도 또한 취발(驟發)하지 않는다. 그렇다고 모든 일에 있어서 기색의 경중과 천심(淺深)을 봐서 길흉화복을 정할 수 있다. 황기가 잘 나타나면 가장 좋고 황기가 흩어지고 청기가 안개처럼 나타나면 흉하다. 홍기는 육리(肉裡)에 있고 화색은 피상에 있는 것이 보통이나 만일 화기가 강하면 액이 있다. 자기(紫氣)는 귀인 서인을 막론하고 좀처럼 드물게 뵈는 기색이다.

그러므로 자기와 흡사(恰似)한 색은 회색(喜色)이라 하고 화기는 액이라 한다. 그외 색의 상잡(相雜)한 것을 다 잡색이라 한다. 골격이 귀상(貴相)일지라도 잡기의 난색이 돌면 발달할 수 없다. 가령 원산기봉 遠山奇峰)의 수경일지라도 구름이 가리어서 보이지 않다가 한번 대지의 청풍을 만나 구름을 걷어 버린다면 기봉수경(奇峰秀景)일 뿐만 아니라 반드시 사람으로써 버릴 수 없는 것이나 같다. 이것이 즉 기색을 관찰하는 법이다.

마의(麻衣) 선생이 말하기를 『기색은 有鬼神不測之機하고 能奔天地之元氣』라 하였다. 가장 긴요한 것은 먼저 동수색 산취색(動守色散聚色)과 변성색(變成色), 이해색(利害色), 건채색(蹇滯色), 활염색(滑艶色), 광부색(光浮色), 홍자적(紅紫赤)의 三색을 일일히 판별(辨別)해서 판단하면 스스로 통천지신험(通天之神驗)이 있으리라.

제3절 동색(動色)이란 무엇인가?

동(動)색이란 신을 논하고 색을 논할 때에는 안면을 볼 것이요 색을 논하고 광을 논할 때에는 준두(準頭)와 인당(印堂)을 본다. 인당은 기색의 취처(聚處)요 준두는 기색의 발처(發處)다. 인당의 기색은 황여명납(黃如明蠟) 밀납처럼 윤택(密蠟潤色)하고 붉기가 금회(錦繪)와 같이 내(深明)하고 외색이 미암(微暗)하여 달이 두번 시 밝는 것과 같으면 동(動)해도 좋다. 준두기가 심명의 기색이 싱싱하기가 눈황자채(嫩黃紫彩)와 같이 광이 있고 얼굴에 윤기가 가득하면 동해도 좋다. 빈미(眉)에 취록감청(翠綠紺靑)의 광이 있고 모발(毛髮)에 정체의 윤이 있으면 광을 구하거나 재를 구하거나 명리(名利) 공히 동즉대리(動則大利)하다.

제4절 수색(守色)이란 무엇인가?

수(守)색이란 사독(四瀆)이 밝은 것 같으나 밝지 못하고 어둔 것 같으나 어둡지 않은 것을 유산(流散)이라 한다. 오악(五岳)이 어두운 것 같으나 어둡지 않고 밝은 것 같아도 밝지 않은 것을 기체(氣滯)라고 하여 모두 수구(守舊)해야 한다. 암내담명(暗內淡明)하여 기색이 열리지 않고 다만 한군데에 윤색이 나타날지라도 또한 수세(守勢)를 취해야 하며 망동하면 반드시 패하고 말 것이다. 이색(此色)은 길흉 한 가지로 진(進)하기도 쉽고 퇴하기도 쉽기 때문이다.

제5절 취색(翠色)이란 무엇인가?

취(聚)색이란 기가 족(足)하고 색이 안으로 밝게 모이고 색이 약간 어둡다 하더라도 사고(四庫)가 밝고 미황자색(微黃紫色)이 돋는 것을 취색이라 한다. 장색(掌色)이 좋고 얼굴이 외암내명(外暗內明)하면 이것을 수취(小聚)라 하고 혹은 홍황 혹은 청흑하여 기색이 부한 거와 같이 밝고 곳곳에 취록색이 나타나고 미미한 선홍(鮮紅)의 색 점점(點點)한 하청의 색 짙은 담홍색 엷은 미황색과 같은 것은 다 여염(麗艶)의 색으로 대취(大聚)라 하여 능히 제체(諸滯)를 물리칠 수 있다. 제흉을 뚫고 제흉을 물리칠 수 있다. 혈기가 형난(瑩暖)하고 모광(眸光)이 사람을 쏘는 듯하며 백청이 신(神)을 귀하고 또는 오악(五岳)을 통하여 기가 수미(鬚眉)에 투출(透出)하면 이것은 얼룩색이 부족하여 그 색이 약간 어둡다 할지라도 이것을 대취색이라 한다. 많으면 반년 적으면 일년 내에 창가(創家)할 수 있다. 이 취색이 있으면 유유히 동하여도 대길하다. 큰 재산을 모으거나 큰 공명을 이룰수 있는 상이다.

제6절 산색(散色)이란 무엇인가?

산(散)색은 색은 있어도 기가 없는 것을 산색이라 한다. 또는 만면의 광채는 한색인데 황흑백의 색이 혼잡하여 한결같지 못한 것을 또한 산색이라 한다. 또는 명중(明中)에 밝지 못하고 암중(暗中)에 어두움을 열지 못한 것도 또한 산색이라 한다.

제7절 성색(成色)이란 무엇인가?

성(成)색이란? 혹은 공명 혹은 사업성공 혹은 모사 혹은 구재등 귀가 홍명 윤택하고 준두(準頭)가 명향하면 성색이라 한다. 좌우관골(顴骨) 주둔 인당이 깨끗하여 윤색이 돌고 안신(眼神)이 명철한 즉 귀인이 이끌어 주워서 입신 출세할 수도 있고 만일 사업가라면 인인성사(因人成事)를 해서 큰 돈을 벌 수도 있다. 얼굴이 약간 밝다 할지라도 귀 코가 다 어둡고 두눈이 빛나더라도 흑색이 미향(微亮)하여 안청(眼睛)이 정치못하여 힘치지한 것도 또한 산이라 한다. 이와같은 산색은 반드시 실패한다. 좌우산 수분(守分)하는게 상책이다. 망동하지 않고 분수를 지키면 그 반의 실패를 면할 수 있다.

제8절 변색(變色)이란 무엇인가?

변(變)색이란 색의 어두운 것이 다시 변하여 명철하게 된 즉 우변위희(憂變爲喜)하고 명중(明中)에 울(鬱鬱)해서 복암(復暗)하는 것은 길반위흉(吉反爲凶)이니. 즉 전자를 체증유명(滯中有明)이라 하고 후자를 명중유체(明中有滯)라 한다.

혹은 기는 있어도 색이 없거나 혹은 색은 있어도 기가 없는 것은 변하기 쉽다. 색은 밝은데 일월(日月) 두눈이 혼몽(昏濛)한 것도 흉으로 변하기가 쉽다. 색은 어두워도 두눈(兩眼)에 수정(守精)이 있으면 대흉이라도 흥이 되지 않는다. 혹은 미황색을 나타내고 혹은 청흑색을 나타내어 날마다 한번씩 변하는거와 같으면 좋지 못하다. 혹 3, 4일에 한번 변하는 것도 좋지 못하다. 혹 자(紫)가 미적하거나 흥이 미흑으로 변하는 것은 다 흥으로 변하는 것이다.

이 변색이 이러나 정할 수 없는 색이 나타날 때에는 약간의 좋은 색이 있다 하더라도 또한 좋지 못하다. 기색에 청, 흑, 적, 암중(暗中)에라도 미미한 어여분 황색을 띤다면 능히 길조가 오는 것이다. 다만 황색은 비(脾)가 됨으로써 또는 오색의 변하는 것이다. 사계(四季)의 토용(土用) 즉 72일간을 왕(旺)하는 것이다. 이색은 다 길(吉)로 변하는 것이다.

자색은 오색중의 정채(精彩)이므로 청, 황, 적, 백, 흑 중에 논하는 것이 아니라 이 자색이 출현한 즉 다 좋은 일은 있어도 흉한 것은 자연 퇴각한다. 다만 안중에 신(神)은 심(心) 간(肝) 폐(肺) 신(腎) 비(脾)의 오기가 생하는 것이므로 신(腎)은 능히 기를 누를 수 있다고 옛 사람은 말하였다.

제9절 이색(利色)이란 무엇인가?

이(利)색이란 암중의 스스로 온윤영창(溫潤榮暢)하고 안으로 미명(微明)하며 이준(耳準) 양관이 다 같이 밝고 장심(掌心)의 기가 홍(紅)하고 피혈의 광채가 있고 눈안에 신(神)이 족한 즉 사업을 하여서 큰 이를 본다. 색이 약간 잡하고 얼굴에 미암이 있더라도 액(額) 준(準) 관(顴) 턱(頦)의 오악(五岳)에 자기 자색(紫氣)가 밝으면 무슨 사업을 하든지 큰 이익을 볼 수 있다. 무릇 이색이 있으면 진퇴(進退)같이 대하길다.

제10절 해색(害色)이란 무엇인가?

해색이란 연수(年壽)가 붉은 즉 관형의 해가 있고 정조(井竈)가 붉은 즉 손실의 해가 있고 사고(四庫)가 어두운 즉 여행중에 여인의 해가 있고의 해가 있고 화잡(花雜)이 얼굴에 가득하면 여행 중에 해가 있고 지각(地閣)이 검으면 수액의 해가 있고 안색이 혹은 심황(深黃) 혹은 범록(泛綠)하면 반드시 큰 해가 있다. 만일 이런 색이 나타나면 꼼짝 말고 문자 그대로 『두문불출』해야지 그렇지 않고 움직이면 반드시 대경실색의 액을 당하고 말 것이다. 수분(守分)하고 있으면 다행히 그 액의 반을 면할 수가 있다.

제11절 건체색(蹇滯色)이란 무엇인가?

건체색이란 하부에 탁기가 있고 피부가 윤하지 못하고 오장(五臟)도 좋지 못하므로 그 색이 체하게 된다. 사고(四庫)가 진흙과 같고 귀와 준두가 연기낀 것처럼 어둡고 삼양(三陽)에 색이 어둡고 만면이 몽암(濛暗)한 것은 모든 일이 건체한다. 일면이 미명하더라도 눈에 장(障)애색을 일으킨 즉 음이 성하여 양이 빛을 잃으므로 일을 하려면 반드시 건체한다. 얼굴이 노랗게 색채한 것이 니(泥)와 같으면 도(土)를 범해서 막힌 것이요 얼굴이 청감색과 같이 청하고 광이 없는 것은 목(木)을 범해서 막힌 것이요 얼굴이 붉고 안으로는 회고 밖으로는 초적(焦赤)한 것은 화를 겸해서 막힌 것이요. 얼굴이 검고 색이 막힌 것은 수(水)를 범해서 막힌 것이요

一四五

얼굴이 희고 건고(乾枯)해서 색을 금(金)을 범하여 막힌 것이라 한다. 또는 얼굴이 기름을 바른 것처럼 생겼으면 신(神)을 범하여 막힌 것이라 하여 이상 모두를 대기색(大忌色)이라 한다.

소년시대에 이색이 있으면 20년의 건체가 있고 말년에 이색이 있으면 종신토록 운이 없다. 대궁(大窮) 대패의 색이라 해서 진퇴간에 다 좋지 못하다. 음덕(陰德)을 쌓는 게 좋다. 그러면 모든 기가 열리어 그 재앙을 면할 수 있다.

제12절 활염색(滑艶色)이란 무엇인가?

활염(滑艶)색이란 기색과 같은 게 아니다. 따로 보는 법이 있다. 그 색은 유리 위에 기름을 바른 것처럼 또는 색이 무르녹아(濃) 단청의 함(函)과 같고 또 주사(朱砂)와 같다. 내기가 밝지 않고 바깥색이 오지 않고 홀로 활염하여 유택한 때(垢)를 황합(滉合)한 거와 같은 것이다. 활염이 부범(浮泛)해서 장차 변하려는 색인 것이다. 그러므로 활염은 미색이 아니다. 만일 이 색이 나타나는 것은 남자는 하천한 사람이나 여자는 창우(娼優)에게 많다. 혹시 다른 곳에 양처가 있다 하더라도 색(祿)을 잃고 또는 실직 파직하게 된다. 그러므로 활염이 한번 오면 반드시 재가 가까운 장래에 올 것을 예고하는 것이다. 주의하지 않으면 길색으로 오단하기 쉽다.

一四六

제13절 광부색(光浮色)이란 무엇인가?

광부색이란 활염과 같은 것은 아니다. 따로 일설이 있다. 흰기가 분과 같고 또는 붉은기가 불과 같고 만면에 광부한 것이다.

이 색이 있으면 패가할 사람이므로 만일 젊은 사람이라면 죽기 쉽고 노인이라면 고노하기 쉽다. 만일 색이 짙으면 죄를 범하고 여자는 음란해서 무자하기 쉽다. 만일 득남하더라도 실패하기 쉽다.

혹 부호(富豪)가 이런 색이 있으면 반드시 빈궁하게 된다. 그러므로 광부의 색은 미색이 될 수 없다. 정신이 떠서 장차 변하려는 색이므로 화의 근본이니 대기(大忌)할 색이라 하나도 취할 것이 없다.

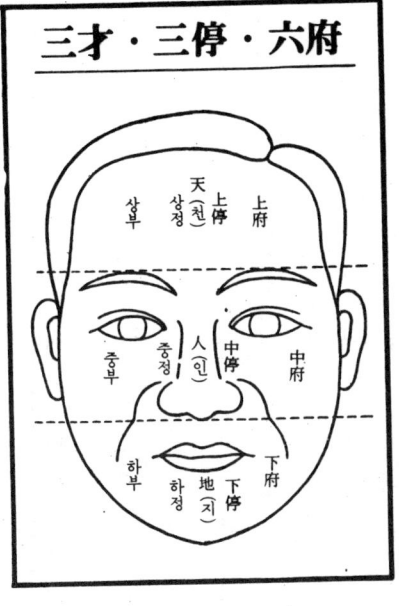

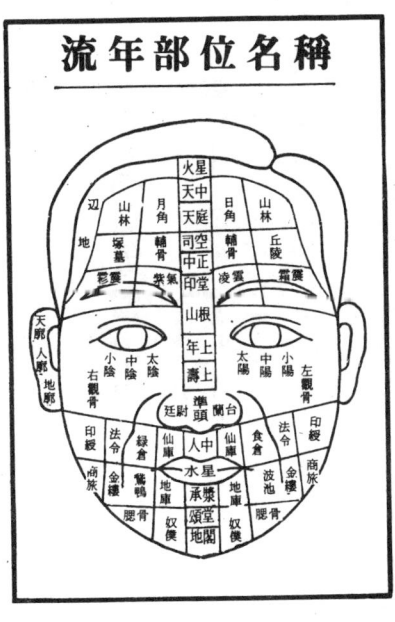

제6장 기색분론(氣色分論)

제1절 홍(紅) 자(紫) 적(赤) 삼색을 어떻게 분별할 것인가?

 홍(紅) 자(紫) 적(赤) 3색은 마의선생이 말하기를 『오색 중에 가장 적색을 분별하기 어렵다』라고 한 바와 같이 이 3색은 서로 흡사하여 자세히 분별하기 어려운 것 같으나 길흉화복의 차는 천양지판이다. 관상가가 만일 이 삼색만 정확히 분별한다면 그야말로 사람을 판단하되 백발 백중 한가지 실수도 없을 것이다.

 홍색이란 흔히 피외 막내에 있는 것으로서 이 색은 붉고 윤기가 살아 있으며 움직이는 것처럼 광이 있다. 그의 힘이 강하고 점점 분명하여 사사(絲絲)이 명윤하면 진실한 홍색이라 하여 기쁨이 있고 복록득재(福祿得財)한다. 그것이 반점을 이루는 것이 좋고 산란한 것은 쓸데없다. 자색이란 것도 홍색과 같이 피외 막내에 있다. 붉고 고와서 흩어지지 않고 너무 번쩍거리지 않고 피부깊이 심장(深藏)하고 색이 또한 선명하여 있어서 피부밖에 투출하는 거와 같이 미미하게 염광(艶光)하는 것을 진자색이라 한다. 이것을 대귀의 색이라 한다. 색이 오악(五岳)에 나오면 오악에 스스로 일종의 영발(英發)이 있고 사독(四瀆)에 나오면 사독에 스스로 일종의 수미(秀媚)가 있다. 뼈안에 찬 즉 뼈안에 스스로 일종의 영미(榮美)가 있고 수미(鬚媚)에 나타나기에 스스로 일종의 화채(華彩)가 있다. 그러므로 홍색은 보통 많게 나타나도 자색은 대귀색이라 좀처럼 나타나기 어려운 것이다. 심장한 것이 좋고 명로(明露)한 것은 좋지 않다. 만일 산란하고 농심(濃甚)하거나 담색은 자면 또 암체라 한다. 그러므로 과대와 불급은 다 같이 공이 없다.

색이라 할 수 없다.

적색은 심경(心經)에서 발하는 것으로써 흑색은 이에 신경(腎經)에서 나오는 것이다. 신수(腎水)는 심화를 나쁘게 했기 때문에 홍(紅) 흑(黑) 두색이 침입하는 것이다. 그러므로 그 출처 원인이 각각 다른 것이다. 혹은 경(驚) 공(恐) 초심(焦心)에 인해서 혹은 분노 노력(忿怒勞力)에 의해서 적색이 변해서 막내에 울폐(鬱閉)하여 그 형이 연속하거나 혹은 단편적으로 나와서 적흑하거나 그 색이 혹은 난하여 그 힘이 최강하여 반점을 이루지 못한다. 만일 이 색이 사계(四季)에 보인 즉 아궁(阿宮)에 있든지 다 대흉하다. 만일 1、2궁에 나오면 괜찮으나 3、4、5、6궁의 위치를 요위(繞圍)하면 그 화가 경하지 않다. 경하다 하더라도 집안이 망하고 중하면 생명을 잃는 수가 있다. 적색 중에 다시 분별할 것이 있다. 적중에 흑초(黑焦)를 띠면 크게 흉하고 적중에 청색을 띠거나 황색을 띠면서 화잡이라 하여 액을 받은 면한다. 홍색은 길하고 적색은 자색은 대길한 것은 있어도 흉은 전무하다. 적색은 흉이 많고 길은 없는 편이다.

제2절 청색은 춘왕 하휴 사계수 추사 동생(靑色 春旺 夏休 四季囚 秋死 冬生)

청은 동방의 색이니 오행 중에 목(木)에 속한다. 목은 천삼(天三)의 수다. 인으로는 간(肝)에 응하고 간은 혼을 장(藏)하였다. 또는 간의 혈(穴)을 눈(眼)이라 한다. 그 색은 창(蒼)하기 죽엽(竹葉)과 같은 것을 정색

一四九

이라 한다。 만일 건고응결(乾枯凝結)해서 명섬(明閃)의 정치 못한 것은 초년은 범목(犯木)이라 하고 중년은 목병(木病)이라 하고 말년을 목사(木死)라고 한다.

경(庚) 신(辛) 갑(甲) 유(酉)의 해에 응하고 갑(甲) 을(乙) 인(寅) 묘(卯)의 해에 왕성한다. 월일다 같다.

여개방자(餘皆倣此) 그 색은 처음에 일어날 때에는 벽운(碧雲)이 서서히 생하는 것과 같고 또는 초목의 초생하는 것과 같다. 그 색이 없어질 때에는 동청(銅靑)이 서서히 산락(散落)하는 거와 같다. 그 색이 나오면 반드시 걱정이 생기고 모든 것이 되지 않는다. 청이 황발(橫發)하면 외우(外憂)가 있다. 그 색의 농담(濃淡)으로써 판단해야 한다.

응하는 것은 해(亥) 묘(卯) 미(未)의 달에 있을 것이다. 청기의 응하는 때는 입춘후의 일일 우수 후의 이일 경칩후의 삼일 춘분후의 4일이다.

청색은 봄에 나타나는 것을 정색이라 한다. 너무 심하면 액이 있다. 춘 3개월은 관골(顴骨)의 청색을 왕상이라 한다. 그러나 반드시 먼저는 걱정이 있은 다음뒤에 기쁨이 있고 여름 3개월에 청색은 목생화(木生火)라 한다. 너무 성하면 비우(悲憂) 미악상반(美惡相半)하는 것이 당연한 일이다. 보통의 청색은 부모에 기쁨이 있고 그 효력이 발생하는 시기는 5일안에 있따. 청중(靑中)에 체색이 있을 때에는 반드시 파재한다. 가을 3개월에 청색은 금극목(金克木)이라 이반이다. 겨울 3개월에는 수생목(水生木)이라 한다. 파재극자(克子) 또는 불측의재(不測之災)한다. 정월의 기색은 인궁(寅宮)에 있으니 정월에 뜨면 효력이 발생하는 것이다. 기쁨이 있고 2월은 인당을 본다. 만물발생의 시기이므로 밖에 청색이 나온 것이 좋다. 2월은 인당 3월은 산근 사월은 연수에 청색이 있는 것은 액이 있다. 3월에 산근에 청색이 있으면 부모나 자신의 질병이 있다. 6월은 인중 7월은 수성에 청색이 있으면 죽든지 혹은 관재 파재가 있다. 혹은 6월에 혹은 청색은 자신의 질병이 있다. 10일 안에 처환이 있다. 청색이 눈아래 정면에 가로지르면 거리서 죽는다. 천정

(天庭)에 있으면 질병을 예방을 해야 하고 간문(奸門)이 푸르면 한달내에 처환이 있고 일각(日角) 이 청하면 도적을 예방하여야 하고 일월각(日月角)에 청색이 있으면 20일내에 걱정이 생기고 용각(龍角)의 청색이 중정(中正)에 들어오면 자신이 큰 해를 당한다. 혹 현재 병고로 앓고 있다면 해를 면할 수 있다. 태양(太陽)이 청하면 부처상쟁(夫妻相爭)하고 변지(邊地)와 산림(山林)이 청하면 사수(蛇獸)의 색이 있고 삼음(三陰)의 청색은 여자의 화가 있고 삼양(三陽)의 청색은 남자의 재앙이 있다. 또는 사망한다. 춘령(春令)은 삼양 삼음(三陽三陰)이 윤하고 황광이 뜨면 여자를 낳고 인당이 청하면 가까운 날에 병을 앓고 혹은 파재가 있다. 또는 송사(訟事)가 60일 안에 생긴다. 청이 점점(點點)한 것은 단명하여 30세를 넘기기 어렵고 산근의 청색은 마음에 걱정이 많고 소인의 음해가 있다. 산근의 청백색은 실재사체(失財事滯)하고 칭황두색이 산근에 재가 오면 부모의 사 또는 자신이 사망한다. 청하고 고조(枯燥)하면 형벌을 당하고 청흑은 36세 전후에 재가 많다. 연상의 청색은 1년중에 병상의 액이 있고 수상(壽上)에 청색이 가로지르면 병마리 한다. 수상의 청기가 추령(秋令)에 있으면 여난이 있다. 준상(準上)의 청색은 자식이 10일안에 재액을 저지르고 아들이 없을 때에는 수난(水難)이 있다. 또는 청이 코위에서부터 나타나는 것은 10일안에 반드시 중독에 걸린다. 코 양편에 수직으로 내려 오면 형옥(刑獄)의 재액이 있고 2년안에 발효한다. 청색이 인중(人中)에 오며는 남자는 업을 잃고 정구(正口)의 청색은 옥중에서 죽는다. 입의 언저리가 청하면 아사하고 혹은 여자로써 실패한다. 입이 청색으로 뒤덮으면 남녀 간사(姦事)가 많고 또는 도첩지사(逃妾之事)가 있다. 여자는 극부(克夫)한다. 여자의 입에 청색은 간사(姦事)가 많다. 입의 청색이 재가 있고 청색이 다른 부에서 입으로 오면 굶어 죽는다. 청색이 구각(口角)을 차단하는 것은 명의라도 고칠 수 없다. 청색이 음욕사(淫慾事)가 따른다. 또는 청색이 입안에 나타나는 것은 반드시 중풍병이 걸리는 것이다.

승장(承漿)의 청색은 술로 병을 일으킨다. 감궁지각(坎宮地閣)에 청색이 점점하면 큰 걱정이 있다. 눈밑의 청색은 병이 낫지 않고 또는 배우자나 자녀의 근심이 있다. 두 눈밑을 누당(淚堂)이라 하는데 만일 청, 백, 흑, 적이 나타나면 6개월안에 부모에게 화가 미친다.

다음 장남(長男), 중남(中男), 소남(小男)의 위치에 청, 적, 백, 흑을 겸하면 六개월 안에 부모의 화를 본다. 바른쪽 눈의 안쪽 밑에 청, 적, 백, 흑색이 있으면 부모 자매에 재액이 있다. 청색이 어미(魚尾)에 있으면 노상에서 놀랄 일이 있고 노인은 실족해서 부상한다. 바른쪽 어미에 있으면 심복부하를 잃는다. 어미의 미청(微靑)은 간사(奸事)로 실패한다. 간문(奸門)에서 외양(外陽)에 연하여 청, 백색이 나타나면 부하가 도망간다. 또는 사간(私姦)이 있다. 간문의 청색은 여인의 병이 있고 배우자의 재난이 있다. 또는 청색은 밖에서 실물한다. 청색이 관골을 침범하면 형제의 다툼이 있다. 이륜(耳輪)의 청흑건고(靑黑乾枯)는 허리에 병이 많다. 청남색이 얼굴에 가득하면 흉액이 많다. 교우상(交友上)에 청백색이 나타나면 현명한 사람이다. 노복(奴僕)에 나타나면 차마(車馬)나 부리는 사람에게 불안이 있다. 사공(司空)이 언제든지 푸르면 아사(餓死)한다. 후각(後閣)의 뒤에 돈과 같이 생긴 것은 한달안에 큰 액이 있다. 적부(賊部)에 나타나면 걸식한다. 도문(盜門)에 청색이 있으면 나쁜 자리로 부임하여 실직할 우려가 있다. 천옥(天獄)에서 준두(準頭)에 걸쳐서 청색이 하면 구설이 있고, 천옥(天獄)에 청색이 있으면 옥내에서 죽는다. 도로(道路) 수문(守門)에 걸린다. 장벽(墻壁) 금궤(金匱)의 청색은 하달안에 재물을 잃는다. 청색이 형옥(刑獄)을 지나면 겨울에 반드시 병에 걸린다. 청색이 위에서 아래로 뻗어 간문(閻門)에 닿거나 옆지름으로 나타나면 구설이 있다. 또는 왼쪽에서 옆지름으로 바른 귀에 닿으면 60일안에 큰액이 있다. 신광(神光)에서 아래로 뻗쳐 낚시(釣)와 같이 나타나면 한달안에 상자(喪子)한다. 부인의 청색이 천옥(天獄) 좌우에 나타나면 단수하며 무자하고

一五二

또는 병이 많다. 여자의 눈 아래에 기(氣)가 푸르면 남편이 죽는다. 무릇 부모, 형제, 처첩, 남녀, 자매, 백숙(伯叔) 등의 부위 위에 청색이 있으면 여름에는 병이 있고 코 위에 지대(指大)와 같이 청색이 있으면 배병이 있다. 청색이 신광(神光)에 들어오면 백일안에 법망에 걸려 사형을 받는다. 단 그 경중 다소를 분별하여 판단하여야 한다.

제3절 적 하왕 사계휴 추수 동사 춘생(赤 夏旺 四季休 秋囚 冬死 春生)

적은 남방의 색이니 오행중에 화에 속한다. 화는 천이(天二)의 수다. 안으로는 심장에 응하고 심(心)은 신(神)을 장하였다. 또는 마음의 혈(穴)을 설(舌)이라 한다. 그 색은 광택이 있게 기(脂)에 단(丹)을 바른 것 같은 것을 정색이라 한다. 만일 초조하여 타는 화염과 같으면 초년을 범화(犯火)라 하고 중년을 화병(火病)이라 하고 말년을 화사(火死)라고 한다. 임(壬) 계(癸) 해(亥) 자(子)년에 발효하고 병(丙) 정(丁) 사(巳) 오(午)년에 왕성한다. 월일 다 같다. 그 색이 처음 나타날 때에는 불이 처음 타오를 때와 같고 성(盛)하려고 할 때에는 화(火)가 활활 타는 것과 같다. 적색이 없어지려 할 때에는 붉은 구슬 꿰미를 군데군데서 빼낸 것과 같다. 그 색이 발현시에는 소송시비 구설 놀랄 일이 일어난다. 윤택하면 형액이 있다. 그 발효시기는 인(寅) 오(午) 술(戌) 또는 사(巳) 오(午) 미(未)의 월일이다. 마땅히 그 색이 짙고 엷음을 보고 정한다. 적기가 발효하기는 입하(立夏)후의 2일 소만(小滿)후의 4일 망종(芒種) 후의 7일 하지(夏至) 후의 9일이다. 적색은 여름철에 발효하는 것을 정색이라 한다. 그러나 먼저 반드시 먼저는 구설시비가 있은 연후에 큰 기쁨이 있다. 적색이 봄철에 나타나면 상생(相生)이라 한다. 그러나 먼저 구설 혹은 관송(官訟)이 있은 후에 길하다. 적

一五二

봄철에 양관이 붉은 즉 소송관사가 있고 코가 붉으면 형벌, 창질(瘡疾), 검난(劍難)의 화가 있다. 정월의 적탁(赤濁)은 7일안에 불화가 있고 여름에 적색은 정색이라 하여 기왕(氣旺)하면 득재(財)한다. 그러나 지나치면 관재구설이 있다. 하절에 이마에 적색이 나타나면 왕상(旺相)이라 하여 소송, 구설이 있더라도 후에는 반드시 길하다. 또는 오월을 제철이라 한다. 가을철은 적색을 화극금(火克金)이라 해서 큰화 소송불시에 큰화가 있다. 집안에 놀랄일이 있어서 모든 일이 여의치 못하여 매사 불성이다. 7월의 적기는 재액이 있고 구월에 지각(地閣)의 적색이 있는 것은 별로 해가 없다. 10월에 천공(天空)에 적색이 있고 겨울철에 적색을 수극화(水克火)라 하여 사망한다. 얼굴전체에 적황을 합한즉 집안이 불안하다. 적흑의 색이 일어난즉 재산의 손실과 관재가 있고 이마에 붉은 팥(赤豆) 크기 만큼 있으면 전사한다. 천문(天門)의 적색은 20일안에 임관(任官)의 기쁨이 있고 천중(天中)에 적색이 있으면 놀랄 일이 있다. 또는 적기가 흩어지지 않고 혹은 원일(圓日)의 형과 같이 떠 있으면 검난(劍難)의 액이 있다. 천중(天中)에 구술과 같이 한점의 적색은 주택의 화재를 만나는 수다. 또는 천중(天中)에서 연상(年上)까지 적색이 있으면 투쟁의 액이 있다. 또한 악(天岳)에 적색이 있으면 허사의 일이 있고 역마(驛馬)의 적색은 20일안에 추관(秋官) 혹은 영전한다. 붉어서 원주(圓珠)와 같으면 미간(眉間)에 적색이 있으면 감옥에 들어가든지 혹은 자식을 잃는다. 겨울철에 발제(髮際)에서 구설 및 처자와의 분리가 있고 일각(日角)에 적주(赤珠)같이 있으면 구설이 있다. 중정(中正)에 적색이 있으면 구설이 일어나면 화액이 있고 또는 그색이 연상(年上)에서 시발하여 인당(印堂)에 닿으면 실직한다. 또는 인당에서 시발하여 연상에 이르면 애정의 트라블이나 형벌의 액이 있다. 인당의 적색은 봄·여름 3개월만에 소송구설이 있거나 또는 장혈(臟血)의 병이 있다. 인당의 적색이 아래로가 충입해문(冲入海門)하면 한달 안에 큰난이 있다. 혹은 악인의 모략을 입어 사람으로부터 해를 입는다. 산근(山根)이 붉은즉 화난(火難) 혹은 도난이 있다. 적색이 동전 크기와 같으면 한달안에 관을 얻고 적색이 벌레 모양과 같으면 백일 안에 문무(文武)의 관록을 받는다. 명문(命門) 및 산근(山根)의 적색이 미두(眉頭)의 좌우를 옆으로 지나가면 두달안에 사망한다. 연상(年上)의 적색 혹은 황색이 반월과 같으면 대길하다. 연상의 적색은 관재(官災) 화재가 있고 또는 연상(年上)의 횡문(橫紋)의 적、혹은 흑시 부모의 액이 있거나 자신에게 액이 있다. 연수의 적광(赤光)은 대개 병이 생긴다. 연상의 적색이 엉클어진 실의 문의와 같으면 먼곳으로 파견된다. 준두(準頭)에 적색이 생기면、10일안에 언쟁 관재가 있고 또 붉기가 그 모양이 구더기(蛆) 같으면 일터에서 관재를 당한다. 준두(準頭)의 옆 아래에 청、적색이 있어 입을 가로질러 가면 도술(道術)의 사(事)를 귀인에게 문(問)한다. 준두의 적기는 병이 오래 끌고 인중(人中)에서 란대 정위(蘭台延尉)에 닿으면 화액이 있다. 란대(蘭台)에 적색이 있으면 한달안에 관리는 승진하는 것도 두렵다. 적색은 법령(法令)을 범하는 것을 꺼린다. 주색으로 인하여 망신하는 수가 있다. 또는 수성(水星)을 범하는 것도 두렵다. 처의 산액이 있다. 적색이 입을 통과하면 1년안에 아사(餓死)한다. 무릇 서민(庶民)의 입의 적색은 병、형옥(刑獄)、관책(官責) 등의 액이 있다. 또는 입 언저리에 가로질러 가면 재액이 경각에 일어난다. 입술이 붉으면 상등(上等)의 상이다. 승장(承漿)의 적기는 검난(劍難)의 염려가 있고 또는 투쟁이 있다. 지고(地庫) 좌우의 적색이 있으면 승진하여 먼곳에 부임한다. 양관(兩顴) 적색은 형제의 구설 또는 소송이 있고 혹은 치질이 있다. 관골이 붉어서 외양(外陽)이 홍하면 두달안에 변동이 있다. 양쪽 눈에 쓸데없는 이 사를 하게 된다. 준두가 적하지 않더라도 외양(外陽)이 홍하고 준두(準頭)가 적하면 쓸데없는 이에 적색이 있으면 화난(火難)、검난(劍難)、총난(銃難)이 있다. 눈 아래의 적색은 소송 쟁송이 있고 콩 모양

一五五

과 같으면 그 달에 아내와 싸운다. 눈동자가 붉은 사람은 무거운 죄를 범한 사람이다. 눈꼬리에서 횡사(橫絲)가 생겨서 간문(奸門)에 들어오면 처자의 액이 있다. 간문(奸門)이 붉어서 구옥(勾玉)과 같으면 50일 안에 타향에서 사망한다. 변지(邊地) 간문(奸門)의 적색은 처자 및 백숙(伯叔)간에 말다툼이 있다. 또는 검난(劍難)이 있다. 미두(眉頭)가 붉은즉 병이나 형옥의 액이 있다. 두 눈썹에 연결되면 3개월안에 사망한다. 부인의 눈아래에 적색이 벌레 모양과 같이 있으면 월내에 형옥의 액이 있다. 혹은 산액이 있다. 부인에게 적색이 좌우의 눈아래에서 생기는 것을 좋지 않은 부인이라 한다. 부인의 신광(神光)이 밑에서 벌레가 기어간 것과 같으면 재난이 있다. 부인이 중정(中正)에서 연수(年壽)까지 적색이 있으면 산고로 죽거나 또는 무자하다. 지각(地閣)에 적색이 있어 일각(日角)에 닿으면 두번의 상을 입을 것이다. 귀 가에 적색은 관사(官事)가 있고 바른쪽 귀에 삼월짜리 신부(辰部)까지 혹은 일각(日角)에 닿으면 관에 있는 사람은 전근하고 적이 누에(蠶)와 같은 즉 아사한다. 중남(中男)에 적색이 있으면 자녀로 인하여 쟁송 및 사망이 있고 적색이 노옥(牢獄)을 꿰뚫으면 봄, 여름에 큰 액이 있다. 산림(山林)의 신광(神光)에서 아래로 뻗치면 부모의 상이 있고 옥당(獄堂)에 적색은 형옥의 액이 10일 안에 있다. 적색이 신광(神光)에서 아래로 뻗치면 부모의 상이 있고 옥당(獄堂)에 적색은 형옥의 액이 10일 안에 있다. 적색이 산림(山林)의 적기는 짐승이나 파충(爬蟲)류의 상이 있는 것이다. (1, 농부는 소, 말, 돼지, 개, 쥐, 뱀 등에 물리기 쉽고 2, 신사는 말, 개 쥐 등에 물리기 쉽다) 장벽(墻壁) 산림(山林)의 적기는 실패한다. 피지(陂地) 정부(井部)의 적색이 서로 마주치면 수(水)로 인하여 재를 얻는다. 금궤(金匱) 간문(奸門) 적기는 간사(奸事)를 일으키고 노복(奴僕)의 적기는 노복의 액이 있다. 전택(田宅)의 적색은 전택을 잃고 지나친 적색이 지각(地閣)에 생기면 반드시 우마(牛馬)의 손실이 있다. 고서(古書)에 도화색이 빛어서 눈가에 닿으면 미연(迷戀)을 구가하여 외처(外妻)를 사랑한다. 하였고 또 색이 엷고 색이 너무 매력적이면 사인(邪人)이다. 가령 한때는 명성같으면 한때 좋으나 오래 지속되지 않는다. 그 색이 엷어 벚꽃과

一五六

제4절 황색은 사계왕 추휴 동수 춘사 하생
(黃色 四季旺 秋休 冬囚 春死 夏生)

황은 중앙의 색이니 오행중에 토(土)에 속한다. 토는 오(五)의 수다.(안으로는 비장(脾臟)에 속하고 비위(脾胃)로 통하는 것이 입이다. 그리하여 입은 두툼하고 윤택하며 안정감이 있는 것을 정색이라 한다.) 무릇 황색은 응체(凝滯)하여 연무(煙霧)오니(汚泥)와 같으면 초년을 범토(犯土)라 하고 중년을 토병(土病)이라 하고 말년을 토사(土死)라 한다. 갑(甲) 을(乙) 인(寅) 묘(卯)년에 그 효력은 무(戊) 기(己) 진(辰) 술(戌) 축(丑) 미(未)년에 왕(旺)한다. 월일 다 같다. 이색이 시작할 때에는 황견(黃萠)과 같고 이색이 입으로 들어가 면 유화(柳花)의 색과 같다. 이 색이 왕성할 때에는 모두 기쁘고 경사스러운 일이 많다. 이색이 없어질 때에는 흉조이므로 질병이 두렵다. 그 효력은 신(申) 유(酉) 인(寅) 오(午) 술(戌)의 월일이다. 짙고 엷은 상황으로 판단한다. 황기는 홍자기(紅紫氣)와 같이 그 효력을 청명후의 3일 곡우후의 5일 소서후의 3일 대서후의 9일 한로후의 4일 상강후의 8일 소한후의 6일 대한후의 10일이다. 즉 사계(四季)에 왕(旺)한다.

올 올리드라도 길지 못하다. 준두(準頭)가 붉을 경우 노인은 실족하고 중년 사람은 검난(劍難) 혹은 작은 사건이 있고, 소년, 소녀는 실화(失火)의 염려가 있다. 얼굴 전체가 불같이 붉으면 관재가 있고 반면의 추색은 2년안에 사망한다. 금방(禁房)의 부에 적흑색한 것은 소송이 있고 백색이 겸하면 부자(父子)의 정이 생긴 다. 황색은 처의 기쁜 경사가 있고 신광(神光)도 또한 같다.

황색은 봄에 있어서는 상극이라 죽은색이라 한다. 그러나 또한 왕재(旺財)하는 수도 있다. 모든 일에 만사 여의하고 가정이 번영한다. 그 길흉은 신(神)에 있어서 분별할 수 있다. 여름에는 길하다. 또는 화생토(火生土)를 설기(泄氣)라 하여 근심과 재물을 상반한다. 여름에 이마에 황백 두색이 나타나는 사람은 상생(相生)이라 하나 백색은 먼저는 길하고 후에는 흉하다. 황색은 먼저는 흉하나 후에는 길하다. 추령(秋令)은 황색을 토생금(土生金)이라 하여 언제든지 성취된다. 가정이 번창하고 재산이 는다. 겨울은 토극수(土克水)라 하여 집안이 불안하고 또는 화환(禍患)이 있다. 이것을 사계(四季)의 황색은 흉하다. 황기는 3월안에 반가운 일이 있다. 5월에 준두(準頭)의 황기는 대길하고 8월에 승장(承漿)에 황색도 대길하다. 만일 10월에 황색이 있으면 상망(喪亡)한다. 다시 사계(四季)를 쫓자 자세히 논하면 봄에 황색이 인당(印堂)에 오며는 구슬과 같은 것은 승진하고 서민(庶民)은 크게 기쁜 일이 많다. 여름에 황색이 눈위 눈섭 사이에 있으면 처자 손의 기쁨이 있다. 여름에 황색이 어미(魚尾) 및 천창(天倉)의 위에 동전 크기 같으면 관인은 승진하고 서민은 재물을 얻는다. 겨울은 황색을 토극수(土克水)라 하여 재액이 있다. 여자는 병이 있고 재백궁(財帛宮)에 있은즉 손재한다. 겨울에 황색이 위구(圍口)하면 모략으로 인한 관액이 있다. 혹은 타향 옥에서 사망한다. 황기가 만면하면 부모 처자 및 재산을 잃은 기쁜일이 있다. 겨울에 황색이 인당에서 준두까지 뻗치면 장자를 잃게 되는 반면에 의외에 재물을 얻는다. 발제(髮際)의 황명(黃明)은 쉽게 직장을 얻고 액상(額上)의 황명은 록위(祿位)의 증진이 있다. 일각(日角) 월각(月角)의 부에 황광이 있으면 출세를 한다. 관록궁(官祿宮)에 자색이 있으면 다 같이 공리(功利)를 얻는다. 용각(龍角) 호각(虎角)의 양부에 항상 황색을 보며 흩어지지 않으면 3년안에 상장군이 된다. 대장에서 재상(宰

相)이 된다. 천중(天中)에 황광의 기가 있어 특히 용호각(龍虎角)의 색이 홍윤(紅潤)하면 이것을 삼합조(三合照)라 하여 관의 정상에 오른다. 천중(天中)의 황색의 길이가 한치가 되거나 큰 이권을 얻게 된다. 또한 재야인사로써 등용될 수도 있다. 천중(天中)에 황색이 나오면 부귀하는 사람이다. 사계(四季)에 황백색이 원광(圓光)한 것은 대길하다. 만일 지름이 한치 이상이 되면 70일 안에 야인으로서 등용이 된다. 사공(司空)에 황색이 나오면 봄여름 안에 반드시 대관이 된다. 황기가 고광(高廣)에서 나타나면 10일 안에 관리는 영전하고 또 실(絲)과 같이 나타나면 백일안에 장관이 된다. 중양(中陽)의 황색은 60일안에 여행이 있다. 인당(印堂)은 전에는 흉하여도 후에는 길하고 산근(山根)이 언제든지 황색이 있고 사공(司空)에도 있으면 기쁨이 있다. 역마(驛馬)의 황색은 인당(印堂)에서 산근(山根) 준두(準頭)같이 중정(中正)에 빛나고 아름다워서 누에모양과 같으면 출세한다. 인당(印堂)에서 산근(山根) 준두(準頭)에까지 황색이 윤기가 나면 천자의 대소(大召)를 받는다.

인당의 황색은 관직을 증진하고 인당에서 용궁(龍宮)에 연(連)하여 광윤(光潤)하 황색도 역시 같다. 인당 산근에서 비준(鼻準)같이 중정(中正) 삼양(三陽)의 상하에 황자(黃紫)색이 안개와 같으면 귀자를 낳고 관인은 영전하여 큰 이익을 얻는다. 부인이 인당의 위에서 황색이 옆으로 지나면 귀부인이 되거나 또는 귀자를 낳는다. 체형(體形)이 두터와서 자황색한 사람은 만성(晩盛)한다. 피부가 엷고 색이 황색한 사람은 소년부터 귀히 된다. 법령 정위(法令廷尉)에 황색이 인당에 관철한 사람은 고관이 된다. 연상(年上)의 황색이 좋은 사람은 관작(官爵)에 오르게 되고 서인은 대길하다. 황색이 연상(年上) 정조(井竈)의 위치를 통과하면 공상(功賞)이 있다. 수상의 황색은 업을 시작하고 재가 들어오며 코위의 황광이 유엽(柳葉)과 같이 옆을 지나가면 재산이 들어온다. 준두(準頭)의 황명은 비장(脾臟)이 편안하고 준두(準頭)에서 황기가 일어나 천중(天

中)에 닿으면 큰 출세를 한다. 다만 일부만이라도 황색이 있으면 큰 재물을 얻는다. 준두(準頭)가 거울처럼 광이 나서 겨울 여름에 광이지 않으면 일년만에 귀인을 만난다. 인중(人中)에 있으면 다년간 못들어 애타는 기쁜 소식을 듣는다. 여름에 눈 및 미상(眉上)에 있으면 행상하여 재를 얻고 또는 여름에 황기가 있으면 자손의 기쁜 일이 있다. 황색이 코에 이어지고 직상(直上)하면 한달안에 귀인을 만난다. 미준(眉準)의 초황색은 죽고 명문(命門)에 황색이 나타나 발하여 만면(滿面)하면 부모 처자의 기쁜 경사가 있다. 용궁(龍宮)에서 자궁(子宮)에 이어지면 일안에 식록(食祿)을 얻는다. 보각상 輔角上)의 황색은 수재이다. 또는 가신이 온다 또 이동도 있다. 학당상의 황색은 문관은 승진하고 큰 재를 얻고 변지(邊地) 간문(奸門)의 황색은 7 일안에 은상의 기쁨이 있다. 간문(奸門)에 한하여 황색이 있으면 간음(姦淫)으로 인하여 득재한다. 양관 밑에 황색이 있으면 자식의 기쁨 일이 있고 또는 재가 생긴다. 인당의 황색은 공명은 있어도 반드시 엄체(淹滯)한다. 신문(神門)의 황기는 징애(懲愛)에 성공하고 빈문(嬪門)의 부에 황기가 나오면 귀자를 낳는다. 법령(法令)의 부에 황광이 나오면 무관은 권세를 얻고 황색이 입에 임하면 에 황기가 타부에서 들어 오면 천형병(天刑病)을 앓는다. 승도(僧道)의 황색은 기쁜 일이 있고 식창(食재상(財上)여의하다. 황기가 생기면 관리가 되고 지각(地閣)의 황광은 주택의 기쁨이 있다. 또 사업에 기쁨이 있다. 가신(家信)이 온다. 또는 이동도 있다.倉) 위의 황색은 수재다. 내부(內府)의 황색은 귀인으로부터 미식(美食)을 받는다. 눈썹위에서 옆으로 한치의 곳을 역마(驛馬)라 한다. 일반사람은 개의외도 참조) 만일 맥상(脈狀)을 이루고 누렇게 빛나고 윤하면 관리는 극상의 지위에 오른다. (제 1 (皆意外)의 이익이 있다. 눈밑의 살이 용궁 복당(龍宮福堂)에 생겨서 기가 깨끗하면 음덕이 있는 사람이다.

제5절 백 추왕 동휴 춘수 하사 사계생 (白 秋旺 冬休 春囚 夏死 四季生)

봄에 인당과 황광의 일색이 동전과 같으면 재를 얻고 안중(眼中)에 홀연(忽然) 황색을 구하면 거리에서 죽는다. 황색이 중미(重眉)에서 미모(眉毛)에 연결이 되면 봄, 여름에 대길이 있다. 사살상(四殺上)의 황이 있으면 승전하고 흑색이 있으면 실패한다. 수상(壽上)의 황색은 장수하고 눈밑의 황색은 방중(房中)의 기쁨이 있고 외생(外甥)의 황색은 여행한다. 갑궤(甲匱)에 황색이 있으면 재물에 기쁨이 있다. 봄에 황광의 색이 나타나면 왼쪽은 생남하고 바른쪽은 생녀한다. (여자는 이와 반대다) 적부(賊部)에 황색이 생기면 득리하고 수문(守門)의 황색이 점점하여 동전 크기만한 것은 일생에 병이 없고 재물을 크게 얻는다.

백은 서방의 색이니 오행중에 금에 속한다. 금은 천사(天四)의 수라 하여 안으로는 폐(肺)에 응하고 폐는 혼을 장하였다. 폐의 혈(穴)을 코라 한다. 그 색은 온윤하여 옥과 같이 오래 지나도 변치 않는 것을 정색이라 한다. 만일 진몽(塵蒙) 건조하여 윤택하지 못하고 건의(乾衣)와 같은즉 초년을 금병(金病)이라 하고 말년을 금사(金死)라 한다. 병(丙) 정(丁) 사(巳) 오(午)년에 그 효력이 나타나고 경(庚) 신(辛) 신(申) 유(酉)년에 왕한다. 월일 다같다. 무릇 백색이 시발할 때에는 때를 씻은 거와 같고 성할 때에는 백분의 산점(散點)과 같고 혹은 백지와 같다. 없어지려 할 때에는 재가루를 뿌린 것 같다. 이것이 나타난즉 곡(哭)을 할 걱정이 있고 가볍게 없어지면 병이 낫는다. 그때에는 사유축(巳酉丑)의 안에 있고 또는 자술(子戌)의 그 달 및 추일(秋日)에 있다. 백기의 응(應)은 입추후의 4일 처서후의 6일 백로후의 5일 추분

一六一

후의 7일이다. 백색은 봄철에 금극목(金克木)이라 하여 관재가 있고 혹은 병이 10일안에 있다. 혹은 처자의 재가 있거나 육축(六畜)의 손실이 있다. 춘령(春令)에 위 입술이 희면 자기가 배아리를 앓고 여름철을 화극금(火克金)이라 하여 큰 재물을 얻는다. 혹은 만사가 뜻대로 성사한다. 그러나 고골(枯骨)과 같으면 일은 사망하고 일은 형해가 있다. 백색은 가을에 있는 것을 정색이라 하여 큰 재물을 얻고 만일 그 색이 심히 과하면 친우들의 불행 및 구설 파재가 있다. 겨울철을 금생수(金生水)라 하여 큰 재물을 얻고 백가지 일이 마음과 같이 된다. 또는 귀인의 도움을 받거나 재수가 있다. 여인은 큰 길사가 있다. 구 정월에 인당(印堂)이 흰 사람은 불행이 있다. 2월에 백기가 짙으면 20일안에 슬픈 일을 당하고 2월에 인당 3월에 산근(山根) 4월에 연수상(年壽上)의 백기는 형벌의 염려가 있다. 8월의 백색은 부모형제의 불행이 10일안에 있고 12월은 수장(手掌)의 중심에 백색이 밤알(栗粒)과 같은 것은 노복(奴僕)의 해를 당한다. 12월은 수장(手掌)의 중심에 백색을 기(忌)한다. 액이 20일 안에 이른다. 면상에 백광이 번쩍이면 실직 및 불행이 있다. 면상에 백색이 짙으며 또는 명문(命門)에 백색이 짙으면 여하튼지 사망한다. 백기가 분과 같은 것은 부모를 형상(刑傷)한다. 천중(天中)의 백색이 짙으면 백색이 거칠고 건조한 것은 가난한 사람이다. 천중(天中)에서 변지(邊地)에 뻗쳐서 인당(印堂)에 닿은 백은 형벌을 범한다. 천정(天庭)의 백기는 봄에 구설이나 형상의 염려가 있고 천정(天庭)에서 귀에 닿은 백기는 호학(好學)한다. 천창(天倉) 어미(魚尾) 변지(邊地)에 백색이 있으면 10일안에 도적을 맞아 상처한다. 사공(司空)의 백색이 원광(圓光)하면 여름에 액이 있고 혹은 소송이 있다. 일월각(日月角)의 백색은 부모에게 불행이 있다. 관상의 백색은 오른쪽은 아버지가 사망하고 바른쪽은 어머니가 사망한다. 여자는 이와 반대이다. 인당, 천창(印堂, 天倉)에 백분을 칠한 것 같은 실직을 당하고 또는 무자하거나 또는 난하다. 인당(印堂)의 백색이 귀, 입, 코에 들으면 10일안에 중병의 액이 있고 산근(山根)의 백색은 4개월

안에 불행이 있다. 연상(年上) 혹은 목뒤 아래에 백기가 생겨서 먼지와 같고 연기와 같은 것은 백일안에 형옥으로써 사망한다. 수상(壽上)의 백색은 50일안에 자신이 사망하고 또 수상의 백색은 부모의 병이 낫는다. 수상에 가벼운 백색이 나타나면 10일안에 재산의 파산이 있다. 백색이 동전(錢) 같으면 2년안에 큰 액이 있다. 준두(準頭)의 백색이 원광(圓光)과 같이 많은즉 그해에 수(水)액으로써 사망하고 백기가 준두(準頭)에 위로 길게 나타나면 반드시 부모형제의 불행이 있다. 또 코위에 백기는 3개월안에 소송으로서로 싸움을 한다. 인중(人中)의 백색이 옆으로 지나가면 약물중독으로 사망한다. 인중(人中)의 백기가 나타나 청백(淸白)하면 이혼하는 일이 생긴다. 입가의 흰것은 입을 놀리면 좋지 않으므로 50일 안에 큰 액이 있다. 감위(坎位)에 백색은 친우의 불행이 있다. 중악(中岳)에서 옆으로 양쪽 눈을 지난 백색은 밭과 집에 손실 및 구설이 있다. 승장(承漿)의 백색은 몸이 아프고 지각(地閣)의 백색은 우마 또는 밭과 집에 손실 및 구설이 있다. 눈아래와 수주(垂珠)의 백색은 부부가 싸움을 할 일이 있고 간문(奸門)에 들어오면 20일 안에 사망한다. 눈아래와 수주의 백색은 자신이 사망한다. 백색은 처가 사통(私通)한다. 어미(魚尾)도 역시 같다. 어미간문(魚尾奸門)의 백기는 상처한다. 상처한지 60일이 지나간 사람은 감정한 사실이 있는데 어미(魚尾)간문(奸門)이 유난하게 백기가 있는 것을 목견(目見)하였다. 명문(命門)에 백기가 흩어지지 않은즉 3년안에 사망한다. 명문(命門)의 백색은 구설 및 살상의 놀라운 일이었다. 좌우 양귀의 상하를 통하는 백분을 가볍게 칠한 것 같으면 현성휴폐(玄聲休廢)라 하여 달안에 큰 액을 당한다. 눈 아래의 흰색이 좌우에 들어가거나 혹은 눈썹 아래에 일조(一條)의 흰색이 있으면 검상(瞼上)이 백하여 용(龍)과 같으면 대장이 된다. 백색(顴骨) 명문(命門)의 흰색은 형제의 재난이 있다. 천정(天井)이 백하여 용(龍)과 같으면 검난(劍難)의 액이 있고 관골성구휴폐(成口休廢)라 하여 한달 안에 큰 액을 당한다.
이 피지(陂地)와 법령(法令)에 닿으면 우마 등 가축을 상한다. 전창(田倉)의 백기는 도적의 화가 있고 적부

제6절 흑 동왕 춘휴 하수 사계사 추생(黑 冬旺 春休 夏囚 四季死 秋生)

흑은 북방의 색이니 오행중(五行中)에 수(水)에 속한다. 수는 천일(天一)의 수다. 안으로는 신장(腎臟)에 응하고 신(腎)은 정(情)을 장(藏)하였다 하여 귀는 신(腎)으로 통한다. 만일 연기에 그을은 것같이 컴컴하여 윤기가 없는 것을 소년 그 빛은 가마귀 털과 같은 것을 정색이라 한다. 소녀는 범수(犯水)라 하고 중년 사람은 수병(水病)이라 하고 말년 사람은 수사(水死)라 한다. 무(戊) 기(己) 진(辰) 술(戌) 축(丑) 미(未)에 효력이 발생하고 임(壬) 계(癸) 해(亥) 자(子)년에 더욱 성한다. 월일다 같다. 흑색이 처음으로 나올 때에는 흑마(黑馬)의 꼬리와 같고 성할 때에는 머리에 기름을 바른 것 같고 없어지려 할 때에는 때(垢)가 벗겨지는 거와 같다. 일어나면 병재가 있다. 검으면 사망하고 또는 검난

(賊部)가 언제든지 흰 사람은 아사할 사람이다. 구각 수주(口角垂珠)의 백색은 7일안에 사망한다. 현벽(懸壁) 갑궤(甲匱)의 흰색은 아사한다. 외양(外陽)에서 법령(法令)에 닿은 백기는 20일 안에 반드시 범법(犯法)한다. 수문(守門)의 흰색은 3개월 안에 사망하고 산림(山林)이 언제든지 희고 청(淸)한 사람은 총명한 사람이다. 후각(後閣)의 흰색은 눈물 흘릴 일이 생긴다. 명문(命門) 갑궤(甲匱)의 흰색은 술로 목숨을 잃고 교우(交友) 천정(天庭)의 백기는 여행중 중도에서 곡성(哭聲)을 듣고 귀가한다. 학당(學堂)의 부(部)가 명백한 사람은 귀인의 천거를 얻어 청직(淸職)을 얻는다. 두뇌뒤에 생긴 즉 또한 관영(官榮)이 있다. 무릇 흰색은 어느 부(部)에 있든지 거칠고 마른 색은 반드시 곡재(哭災)가 있다.

(劍難)이 있다. 색이 매마른 것은 객사하는 것이다. 봄은 신(申) 자(子) 진(辰)의 날에 왕(旺)한다. 무릇 흑기의 응(應)하는 때는 입동후의 3일 소설후의 5일 대설후의 6일 동지후의 8일이다. 흑색은 춘령(春令)을 수생목(水生木)이라 하여 영화와 권세를 얻을 경사가 있고 맑으면 길하고 짙으면 재화가 있다. 너무나 심한즉 재화가 있고 아주 짙으면 사망한다. 봄철에 인당(印堂)의 흑기는 문서(文書)가 지체하고 만일 산근(山根)의 흑기가 일어난즉 형제의 재가 있다. 만일 흑기가 옆으로 눈아래를 지나며 귀에 들어가면 집안에 곡성(哭聲)이 있고 중(重)하여 자신이 사망한다. 양관(兩顴)을 동청룡(東靑龍) 서백호(西白虎)라 하여 흑기는 파패(破敗)가 있다. 여름에는 수극화(水克火)라 하여 놀래는 일이 있으며 파산은 처자를 극(克)한다. 그렇지 않으면 큰병이 있다. 가을에는 금생수(金生水)宮)에 있은 즉 설기(泄氣)라 한다. 관록에 있으면 수금(囚禁) 혹은 항궁(降宮) 실직이 있다. 가을안에 이것을 당한다. 요는 흥하지 않다. 재산이 파탄 큰병이 있다. 혹은 형제간에 병액이 있어 2주일안에 이것을 당한다. 동계(冬季)에는 정색이라 하나 그러나 심히 과(過)하면 중재(重災)가 있다. 다시 관재 질병 재산에 파탄이 미치는 수가 많다. 8월에 승장(承漿)의 흑색은 사망한다. 9월의 흑기는 형벌 재산에 파탄이 3일안에 닿는다. 11월에 지각(地閣)이 검은 것은 시응(時應)이다. 그러나 짙으면 흉하다. 천중(天中)에 흑기가 길이 한치가 된즉 3개월안에 꼭 죽는다. 천중(天中)에 흑기가 머리의 밑에 범하면 사필사한다.

천중(天中) 연상(年上) 지각(地閣)에 연기나 안개와 같이 혹은 혹간(黑汗)과 같으면 즉사한다.

천창(天倉) 변지(邊地)에 흑색이 나타나면 재산을 잃고 혹은 형옥하는 일이 있다. 액각 고광(額角高廣)에 있은즉 도난이 있고 액상(額上)이 검은즉 7일안에 사망하든가 또는 정신이상이 생긴다. 일각(日

角)에 흑색이 나오면 처가 죽고 월각(月角)에 흑색이 나오면 물과 불의 액이 있다. 액상 월각(額上月角)에 흑점이 흩어지지 않고 마실(麻實)과 같거나 혹은 콩과 같으면 병이 드는 수가 있다.

천중(天中)에 만일 흑무(黑霧)가 있으면 실관(失官) 퇴직이 있다. 사공(司空)이 언제든지 검은 사람은 난사(亂死)한다. 태양의 흑색은 병이 드는 수가 있고 흑기가 곁에 있으면 사망한다. 흑색이 태양을 덮으면 명의 사라도 고칠 수 없다. 흑색이 삼양(三陽)에서 옆으로 지나면 반년안에 죽음을 면할 수 있다. 삼음 삼양(三陰三陽)에 만일 흑색을 일으켜 관상에 닿으면 재산이 파산하고 관리는 실직 혹은 수(水)액이 있다. 서민(庶民)은 재산을 잃고 혹은 집안이 편치 않다. 삼양(三陽)의 위치에 흑기가 있어 모가 나며 허리띠와 같이 가로지르고 입가로 들어가면 사망한다. 무릇 춘 3월에 출산할 때에 삼음 삼양(三陰三陽)에 흑색을 띄고 회대(晦帶)에 광채가 없으면 출산은 기쁜일이나 걱정이 생긴다. 이마위에 한치(一寸)를 사살(四殺)이라 하는데 사살(四殺)의 좌우에 흑색이 가로지르면 백일안에 사망한다. 이마위에 흑색이 손가락 크기로 나타나면 자신에 질병이 있다. 왼쪽눈 아래를 처위(妻位)라 한다. 여기에 흑기가 있으면 처의 병을 앓게 된다. 눈꼬리에서 한치 귀앞을 명문(命門)이다. 여기에 흑색이 귀뚜라미의 다리와 같으면 완서(完書)라 하고 또는 비공(鼻孔)의 아래를 관곽(棺廓)에서 한치 거리인 위치에 흑색이 지두대(指頭大)와 같으면 족사한다. 왼눈꼬리의 검은 것은 우마(牛馬)가 죽고 간문(奸門)의 흑색은 딸(女)이 간통(姦通)한다. 처부(妻部)에 흑기가 있으면 처를 세번 바꾸어도 상처한다. 또는 그 흑운(黑雲)은 고향의 친우가 중간에 도적으로 변한다. 처부(妻部)에 있는 사람은 춘하추동을 논할 것 없이 처의 난산이 있다. 와잠(臥蠶)의 흑기는 처자의 걱정이 생기거나 혹은 구설이 있다.

인당(印堂)의 흑색은 이전에 관한 근심이 있고 산근(山根)의 흑색은 10일안에 몸을 망친다. 또 흑색이 연기와 같으면 송사(訟事)의 재가 있고 어두운 것도 또한 흉재가 있다. 연상(年上)의 흑기는 중병이 있다. 연상(年上)에 지대(指大)와 같이 있으면 귀인(鬼印)이라 하여 즉사한다. 여기에다 비공에 음기가 있으면 즉사한다. 준두(準頭)가 붉은 것 노흉사가 있지만 흑색이 있어도 그 해에 반드시 업을 파탄한다. 흑기가 연상(年上)에 이어지면 여자는 반드시 재를 초래한다. 연상(年上)의 흑기가 법령(法令)에 침(侵)하면 주식(酒食) 색욕(色慾)의 걱정이 있다. 수상의 흑기는 사(死)하고 관리가 흑색이 준두(準頭)의 위에 있으면 퇴관 질병이 있고 중악(中岳)에서 귀에 이으면 10일안에 재가 있다. 란대(蘭臺)의 흑은 불행이 있고 흑기가 오혈(五穴)을 뚫으면 중병이 있다. 법령(法令)에 있으면 관사(官事)가 있고 70세 이상 노인이라면 3일이내에 사망한다. 입술의 흑색은 거리서 사망하고 입술 흑자(黑紫)의 색이다. 흑기가 입에 들어오면 걱정을 하다 죽고 구각(口角)의 언저리가 검으면 20일안에 병들거나 곡할 일이 있다. 구변(口邊)치(口邊一寸)을 가식(家食)이라 한다. 흑색이 있으면 의식이 부족한 사람이다. 흑기가 입에서 귀에까지 들어오면 7일안에 망행(亡行)하고 남자는 왼쪽 여자는 바른쪽이다. 입에 흑색은 3년안에 부모가 죽고 어린이의 구변(口邊)에 흑색이 있으면 7일안에 횡사(橫死)한다. 대해(大海)의 색은 14일안에 노복(奴僕)이 도주하거나 혹은 자신의 재가 있다. 또는 술로 인하여 사망한다. 해문(海門)이 흑색은 낙수(落水)로 사망하고 승장(承漿)의 흑색은 두달안에 사망한다. 거울에 승장(承漿)의 흑색은 야인으로 군수지위에 오르거나 재물을 얻고 전원(田園)을 증진한다. 지각(地閣)의 흑색은 전원(田園) 때문에 송사(訟事)가 있다. 노복(奴僕)의 흑색은 부리는 사람이 죽고 턱위가 몹시 지저분하게 검으로 옥중에서 죽거나 혹은 억울한 죽음을 한다. 흑색이 옥당(獄堂)에 생기면 형벌이 로 10일안에 있고 변지(邊

제7절 홍 춘하추동사시절 개왕상 대길(紅 春夏秋冬四時節 皆旺相 大吉)

地)의 흑은 봄 여름 가을 다같이 옥사한다. 오악(五岳)의 흑색은 관재가 있거나 퇴직하게 되고 눈뚜껑의 흑색은 집안의 걱정이 있거나 여인의 질병이 있다. 단 황색을 띄면 반드시 낫는다. 눈뚜껑의 흑기가 구름과 안개와 같이 생기면 7일안에 사망한다. 변지(邊地)에서 용각(龍角)에 닿으니 흑색이 있으면 4개월안에 고향을 떠난다. 인당(印堂)에 흑색은 사망한다. 천주상(天柱上)에 있어도 또한 같으니 흑색이 귀앞을 가로 질러가면 생명에 관계되는 일이 생긴다 또 명문(命門)에 흑점같이 생기면 즉사한다. 또 청흑색이 있으면 오래지 않아 병을 앓고 흑색이 준두(準頭)에 뻗치면 형옥(刑獄)의 염려가 있다. 60일에 닿는다. 간문(奸門)의 아래가 반만 점으로 도난이 있다. 적부(賊部)에 언제든지 흑색이 나타나 있으면 재물을 손실한다. 흑색이 기름 바른 것처럼 생긴 것은 인명을 많이 상하고 흑색이 지회(紙灰)와 같은 것은 단명할 사람이다. 이상 청(青)(東) 적(赤)(南) 황(黃)(中央) 백(白)(西) 흑(黑)(北) 또 봄 여름 사계(四季) 가을 겨울의 색을 이걸로써 설명하였다. 흑색은 그만하고 다음 홍색(紅色)을 살펴보자.

홍색은 황색과 그 작용이 거의 같다. 혼히 내외막(內外膜)내에 있다. 그 색은 붉고 아름다워 싱싱하게 움직이는 것과 같이 광이 있고 명윤(明潤)하면 바야흐로 정홍색(正紅色)이라 한다. 이것을 길색(吉色)이라 하기도 하고 록색(祿色) 또는 복색(福色)이라고도 한다. 색이 흩어져서 반점(班點)을 이루지 못하면 공험(功驗)

一六八

이 없다. 홍색은 이에 길도 있고 흥도 있으나 자색은 길은 있어도 흥은 없다. 적색은 흥은 많아도 길은 퍽 적다. 봄철에 삼양(三陽)이 흥, 황(紅黃)하여 광채명윤(光彩明潤)한 것은 생남할 싱조이므로 반드시 기쁜 일이 있다. 무릇 봄철에 준두(準頭)에서 산근(山根) 인당(印堂)에 닿으니 천정(天庭)에 나타난 홍황광채(紅黃光彩) 있는 것은 20일 혹은 28일 안에 재수가 있다.

만면의 홍색은 영화가 있고 얼굴의 홍광(紅光)은 명예를 크게 날린다. 정면(正面)에 홍황이 부좌(部座)에 연(連)하면 명진사방(名振四方)하고 또는 묘당(廟堂)에 입신한다. 인당(印堂)에 홍황두기(紅黃二氣)가 있으면 모든 일이 성취하고 천중(天中)에만 홍황의 기가 있으면 병권(兵權)을 통솔한다.

천창지고(天倉地庫)에 홍화의 기가 일어나 있으면 재물을 얻으나 또 흥하고 혹은 급제(及第)한다. 일반인이 만일 이 색을 보인즉 집안을 정리하여 남쪽의 토지를 증진하고 백리 밖에 이름을 떨친다. 역마상(驛馬上)에 자홍색이 있으면 입신 출세한다. 천주상(天柱上)에 홍자(紅紫)는 순서를 밟지 않고 벼락 감투를 쓴다. 승도자(僧道者)는 주지가 된다. 인당(印堂)의 홍색 또는 자색은 입신출세한다. 혹은 급속히 출세한다. 만일 홍색이 위로 뻗치면 승진하고 위로는 천부(天部)에 응하고 아래는 준두(準頭)에 응(應)하여 홍황이 인당(印堂)에 광명하면 1년안에 경사가 있다. 명진사해(名辰四海)하기도 한다. 또는 귀인의 천거를 받아 청직(淸職)을 얻을 수 있다. 일반서민은 큰 재물을 얻는다. 인당(印堂) 위에 홍자색이 있으면 좋은 자리로 취직하고 산근(山根)의 홍자색 혹은 자색은 승진한다. 연상(年上)의 홍색에 대한 길사(吉事)가 있다. 두달안에 응(應)한다.

연상(年上)의 홍자색이 법령(法令)에 뜨면 노복(奴僕)의 홍색은 아내와 반드시 싸운다. 중앙(中央)의 토색은 흥을 만나면 재난이 있다. 준두(準頭)가 붉어서 낚시(釣)와 같으면 실재 또는 실수한

一六九

다. 정구(正口)의 홍색 가경(佳慶)이 있고 입술이 붉어 과면(過面)하면 57세에 득의(得意)한다. 부인의 귀격(貴格)은 입술이 홍하고 이가 희어야 한다. 천록(天祿)을 먹고 다재(多財) 다귀(多貴) 다자(多子) 다손(多孫)한다. 승장(承漿)의 홍색은 술을 잘 마시고 지각(地閣)의 홍색은 종신록(終身祿)을 얻고 수토(水土)의 증가를 본다. 여인은 귀자를 낳는다. 지각(地閣) 창고(倉庫)의 홍색은 자색은 전원(田園)의 두형이 만일 그 색을 범하면 질병이 장차 생긴다. 관골의 홍색은 80일 안에 관을 배(拜)하고 권위를 얻는다. 용궁 어미(龍宮魚尾)의 위에 홍색은 죄인을 포촉(捕促)함으로써 출세하고 좌미두(左眉頭)를 역마(驛馬)라 한다. 만일 홍색이 염색(艶色)을 띠면 길하다. 홀연(忽然) 살이 생기고 피외(皮外)에 홍색이 일어나 취한 것 같은 것은 화색(火色)이라 한다. 왼쪽의 삼양(三陽)에 일어나면 가정이 평안하지 못하고 또는 골육(骨肉)의 걱정이 있다. 홍색이 살결에 일어나 균홍색과 같거나 혹은 화기(火氣)가 대부위에 있으면 다. 같이 색이 생긴다. 현벽(懸壁)이 진홍(眞紅)하면 노마(奴馬)로 인하여 싸움이 일어나고 귀가 붉고 명윤(明潤)하면 재물이 불어나며 모든 일에 성취한다. 음력 4월에 홍색은 7일 안에 좋은 소식이 오고 구 11월의 홍색은 20일 안에 재산을 얻는다. 빈문(殯門)의 홍색은 여자를 낳고 또 홍기가 생기면 먼곳에서 소식이 온다. 일반인에 만일 이것이 있으면 오래 만나지 못한 친척을 만난다. 그렇지 않으면 재물로 서로 도움을 준다. 도문(盜門)의 홍색은 좋은 소식이 오든지 혹은 승진의 기쁨이 있고 또 큰 재산을 얻는다.

제8절 자 춘하추동 동남서북 무시대길(紫 春夏秋冬 東西南北 無時大吉)

자색은 최대길상으로서 홍색과 같으나 홍색과 황색은 혹 흉한 것도 있으나 특히 자색에 한하여서만은 오직

길뿐이요 홍은 전무한 것이 자색의 특징이다. 춘하추동 사시를 막론하고 항시 왕색으로서 부족함이 없다. 그 색이 처음 시발할 때에는 토끼털과 같고 성할 때에는 엷은 빛깔을 지닌 자두와 같고 없어지려 할 때에는 담연(淡煙)이 고목(枯木)을 스쳐가는 것과 같다. 자색은 피외막내(皮外膜內)에 있어 집약(集約)되어 있고 너무 붉지 않고 색이 꼭 박혀 아름답고 견고하고 선명한 색이 약간 광이 나고 피부안에 있어서 겉으로 투출(透出)한 것을 올바른 자색이라 한다. 자색은 이에 대귀색(大貴色)이므로 언제 어느 때든지 길조를 예시하는 색이다. 자색은 봄철에 기쁨이 있고 그외에 자색이 있으면 득첩(得妻)의 기쁨이 있다. 한달안에 온다.

정월의 자기는 길하고 퓨월의 자기는 3개월 안에 재물이 온다. 단 여름철의 자기에 한하여 불상사가 생기는 수가 있다. 파산(破産) 질병의 염려가 있으니 절대로 여행을 하여서는 안된다. 만일 홍색일 때에는 귀인의 도움을 받는다. 가을철은 화극금(火克金)이라 하여 재물을 얻고 귀자를 낳는다. 겨울철은 수극화(水克火)라 하여 파재의 염려가 있다. 천중(天中)의 자기는 최고의 관(官)이 되고 또 자황색의 기가 있으면 고등관이 된다. 또 자황기의 기가 생기면 70일 안에 영전을 하거나 처자의 기쁨이 있다.

준두(準頭)에 큰 동전(錢大)과 같이 자색이 있으면 처의 가(家)재를 얻고 또는 승진한다. 천중(天中)에 자색이 일어나면 왕명을 봉(奉)하여 대신이 된다. 천정(天庭)의 자기는 군왕(君王)에 가까이 하고 사공부(司空部)의 직재골(直裁骨)에 가벼운 자황색의 기가 생기면 고관이 된다. 여인의 천중전(天中天)정에 길게 자기가 보이면 장수할 사람이다. 중정부(中正部)의 기정(旗庭)에 자기가 농후(濃厚)하면 백일 안에 훈공(勳功)

부인의 천중(天中)의 좌우에 자기가 있어 점점(點點) 꽃같으면 귀부인이 된다. 천중(天中)에 팔자의 자기는 장군이 되고 또는 신(臣)의 봉함을 받는다. 천정(天庭)의 자기가 수조(垂釣)와 같은 자는 백일 안에 사절의 사(賜)가 있거나 또는 의전(衣錢)의 사가 있다.

을 내린다. 중정(中正)의 자색이 용(龍)과 같으면 재상을 배(拜)하고 고광(高廣)에 반전(半錢)과 같이 자색이 있으면 5일 안에 기쁜일이 있다. 산림 역마(山林驛馬)의 자색은 입신출세한다. 인당(印堂)의 자기가 삼도(三道)에서 바로 위에 사공(司空) 천중(天中)에 닿으면 대사(大赦)가 20일 안에 있다.

홍화의 색이 인당(印堂)에 들어 오면 반드시 이동이 있다. 역마(驛馬)에 있어서도 또한 같다. 산근(山根)에 가벼운 자기가 있으면 직(職)을 더하고 또 자기가 동전(錢)과 같이 있으면 록(祿)을 얻는다. 수상(壽上)이 자기가 일자와 같이 옆으로 뚫으면 신부에 기쁨이 있다. 반년 안에 응(應)한다. 란대(蘭台) 일각(日角)에 자기는 재물을 얻고 혹은 권력을 얻는다. 서민(庶民)은 재물을 얻는다. 법령(法令)의 자기는 반드시 기쁜일이 있고 식창록창(食倉祿倉)의 좌우에 가벼운 자기가 벌레모양과 같이 생기면 한달 안에 왕명이 있다. 입술의 자색은 의식을 얻고 여자의 입술에 자색이 있는 것은 남편을 극(克)하고 자(子)를 극한다. 입의 자색이 재물을 탐내다가 해를 당하고 지각에 가벼운 자기가 벌레모양과 같이 있으면 귀자를 낳는다. 와잠(臥蠶)의 자기는 재물을 얻는다. 장남 중남에 언제든지 자색이 벌레 모양과 같이 있으면 귀자를 낳는다. 장하(帳下)의 자기가 큰 동전(錢) 모양으로 있으면 3일 안에 기쁜일이 있다. 명문(命門)의 자기처의 기쁨이 있다. 장벽(墻壁)의 자(紫)가 구슬과 같이 있으면 20일 안에 성명(成名)하고 음덕(陰德)이 있다. 재를 당해도 해가 없다. 수상(壽上) 자기는 20일 안에 진관(進官)한다.

제9절 기색 세론(氣色細論)

무릇 인생이란 천지의 사이에 나서 오행(五行)의 모양으로 생겼으니 기(氣)는 음양을 취하더라도 생(生) 극의 중(中)을 떠날 수는 없다.

천(天)에 오행의 목(木) 화(火) 토(土) 금(金) 수(水)가 있고 사람의 오장(五臟)의 간(肝) 심(心) 비(脾) 폐(肺) 신(腎)이 있다.

지(地)에 오방(五方)의 동 남 중 서 북이 있고 절(節)에 오시(五時)의 춘 하 계 추 동이 있다.

색(色)에 오색(五色)의 청 적 황 백 흑이 있다.

괘(卦)에 오괘(五卦)의 진(震) 이(離) 간(艮) 태(兌) 감(坎)이 있고 인(人)에 오례(五禮)의 인(仁) 례(禮) 신(信)의 의(義) 지(智)가 있다.

미(味)에 五味의 산(酸) 고(苦) 감(甘) 신(辛) 함(鹹)이 있고 기(氣)에 오기(五氣)의 혼(魂) 신(神)의 (意) 백(魄) 정(精)이 있다.

음(音)에 오음(五音)의 각(角) 징(徵) 궁(宮) 상(商) 이(羽)가 있고 수(數)에 오수(五數)의 三二五四一이 있다.

수(數)에 오수상(五數上) 八七十九六은 복수(復數)다. 안(顔)에 오관(五官)의 목(目) 진(唇) 구(口) 비(鼻) 이(耳)가 있고

신(神)에 오신(五神)의 청룡(靑龍) 주작(朱雀) 구(勾) 등(螣) 현무(玄武) 백호(白虎)가 있다.

그러므로 간(肝)이 열(熱)한즉 안(眼)이 혼(昏)하고 심(心)에 화(火)를 끄리면 진(唇)이 조(燥)하고 비위(脾胃)가 허약하면 구미(口味)가 없고 폐(肺)가 열(熱)한즉 비색(鼻塞)하고 신(腎)이 허하면 이명(耳鳴)하는 것은 모두가 천지(天地) 음양(陰陽) 오행이치의 소관이다. 기색은 오행(五行)의 변화다. 무릇 화복(禍福)을 알고자 하면 먼저 변화의 기(機)를 알아야 한다. 홍적자는 화(火)에 속하니 또 심지묘(心之苗)이다. 청은 목(木)에 속하니 간(肝)의 묘(苗)요 황은 토(土)에 속하니 비(脾)의 묘(苗)요 백(白)은 금(金)에 속하니 폐(肺)의 묘(苗)요 흑은 수(水)에 속하니 신(腎)의 묘(苗)이다. 색은 희(喜) 노(怒) 애(哀) 락(樂)이 일어남으로써 생긴다. 또 주색(酒色)의 발인(發因)도되나 오행의 강약(强弱)으로 인하여 일어나는 것을 잘 알아서 관찰하여야 한다. 가령 하색(何色)이 모궁(某宮)에 일어나면 반드시 모사(某事)에 응하고 그 일어나는 것은 내외(內外) 표리(表裏)에 있고 혹은 대소사정(大小斜正) 여하의 형에 있어 사사물물(事事物物) 만단(萬端)이 있다. 길흉(吉凶)은 전부 그 오색(五色)에 의하여 주로하여 화복(禍福)을 예언하는 것이다. 전면(全面)의 안에 만일 그 법에 의하지 않으면 도리어 심력만 허비하고 만다. 무릇 기색에 이분(二分)이 있으니 1을 기(氣)라 하여 신경에서 일어나는 것이요. 2를 색이라 하니 그 오행에서 일어나는 것이다. 또 기는 피(皮)의 이(裏)에 있고 색은 피(皮)의 외(外)에 있다. 그러나 부(浮)해서 미(美)할뿐 광(光)이 있지 못한 것은 기색이라 할 수 없다. 활(滑)한 색은 염(艶)하여 부광(浮光)하지 않다. 사람은 단지 기색이 있는 것을 좋다고 한다. 부광활염(浮光滑艶)의 4색은 좋지 못하다. 후에 사수만금(四首萬金)의 해설이 있고 일반인 면(面)에 교궁(交宮) 과한(過限)의 길흉이 있다. 십이궁(十二宮)의 분별(分別)이 있고 안면(顔面)에 백삼십부위의 상설이 있으며 외에 또 사시(四時) 성숙부위(星宿部位)에 또 백삼십을 가하여 대소의 부위는 같이 이백육십부위의 법이 있다. 궁궁(宮宮)에

一七四

제10절 사시의 기색(四時氣色)

옛글에 말하되 청춘은 지향삼양취(只向三陽取)하고 하적(夏赤)은 수어인당구(須於印堂求)하고 추백(秋白)은 단간연수상(但看年壽上)하고 동관(冬顴)은 지각흑광부(地閣黑光浮)하라 하였으며 이것은 고법(古法)으로서 봄철에는 만물이 발생하므로 청(靑)은 삼양(三陽)의 위에 있는 것이며 여름철에는 화왕(火旺)이라 그러므로 홍자의 색은 산근(山根) 인당(印堂) 위에 있는 것이 당연하다. 가을철에는 금왕(金旺)이라 그러므로 지각(地閣) 수성(水星)에 흑백색이 명윤(明潤)한 것이 좋다. 이것은 대략의 법으로써 만일 그 공험(功驗)이 없으면 12월의 기색법과 사고(四庫) 사정(四正)을 주로 봐서 판단하는 것이 좋다. 진(辰) 술(戌) 축(丑) 미(未)를 사고(四庫)라 하고 자(子) 오(午) 묘(卯) 유(酉)를 사정(四正)이라 하고 인(寅) 신(申) 사(巳) 해(亥)를 사편(四偏)이라 한다. 외에 모사(某事)를 구하려 할 때에는 그 묘사의 본궁(本宮)의 위로 보는 것이 좋다.

다음에 세법(細法)이 있으니 장난삼아 하지 말고 정확히 판단하면 기지여신(其知如神)할 것이다.

一七五

제11절 발색의 해설(發色解說)

무릇 기색은 오장육부에서 싹터 나옴으로써 그 일어나는 색에 청(靑), 황(黃), 적(赤), 백(白), 흑(黑), 자(紫), 홍(紅)의 7색이 있다. 일어나면 각각 길흉화복이 있어 미래를 미리 알 수 있다.

○ 청색은 간경(肝經)에서 나오면 흔히 삼양(三陽)과 잠(臥蠶) 어미(魚尾)의 중간에 있다. 그러므로 이곳을 청색궁이라 하여 봄철에 나오면 도리어 약간의 성과를 얻는다. 만일 나와 천정(天庭) 인당(印堂)에 있으면 7일 만에 사망한다. 이러나 준두(準頭)에 있으면 1년 안에 망하고 연수(年壽)에 있으면 신병이 생긴다. 양쪽 변지(邊地)에 생기면 관옥의 재가 있고 단 본궁(本宮)에 있으면 걱정이 생길 뿐이다. 무슨 일이든지 하면 다 나쁘다.

○ 황색은 토성(土星) 인당(印堂)에 있는 것을 본위(제자리)로 한다. 무릇 황색은 비토(脾土)의 장기(壯氣)이므로 흔히는 인당 토성(土星)에 있다. 옛 글에 『홍황색이 만연하면 발재(發財)하여 가자안강(家自安康)이라』 하였다. 청황이 코에 나오면 반드시 불의의 재산을 얻거나 또는 대사에 어그러짐이 없다. 청황의 색은 토성에 나타나는 것이 좋다. 그외는 다 좋지 못하다. 인당(印堂)에 홍기(紅氣)가 나오면 황기(黃氣)가 없어서는 안된다. 만일 황기가 없으면 이(利)가 없다. 그외는 다 좋지 못하다. 만일 30전후의 금목형(金木型)의 사람이 인당(印堂)에 황색이 있으면 재산을 얻는다. 황색어 변성(邊城)에 나오면 수(壽)를 못하고 또는 구각(口角)에 나타난 즉 반드시 사망한다. 이 색이 본궁(本宮)의 외에 나오면 운명에 결점이 있다. 매사는 다 이루어지지 않는다. 황색이 만일 큰 폐를 당한다. 황색어 변성(邊城)에 있으면 수토형(水土型)의 사람은 36세 이상에 자기(此氣)가 나타난 즉 반드시 도리어

3월 진(辰) 9월 술(戌) 12월 축(丑) 6월 미(未)에 본궁(本宮)에 나오면 재물에 이익이 있다. 그러므로 진(辰) 술(戌) 축(丑) 미(未)는 토궁(土宮)이기 때문이다. 진(辰)의 월(月)은 청황색이 좋고 술월(戌月)은 백황색이 좋고 축월(丑月)은 백흑색이 좋고(거무레한 누른색) 미월(未月)에는 홍황색이 좋다. 반드시 무엇인가 있다.

○ 적색은 홍색의 변한 것이다. 또 홍분에 인하여 흔히 준두 수상(準頭壽上)에 있다. 그 외에는 이 색은 적다. 하월(夏月)에는 흔히 적색이 나온다. 유독히 연수(年壽)만에 붉은 것을 꺼린다. 구설 병재가 있다. 그 외는 대개 꺼리낌이 없다. 만일 봄 가을 겨울의 삼계(三季)는 적색이 어느 부위에 있든지를 막론하고 흉재가 있다. 그러므로 적색은 피외(皮外)에 있고 홍자색은 반드시 피내(皮內)에 있다. 나온색이 경하면 구설이 있고 색이 짙으면 신망한다. 화토두형(火土二型)의 사람은 그 반을 면한다. 금목형(金木形)의 사람은 대기(大忌)한다. 수형(水形)의 사람은 혹은 꺼리끼지 않으나 적색은 나쁨으로 재액이 있다. 오행형색지중(五行形色之中)에 적색이 살피기가 제일 어렵다.

○ 백색은 폐경(肺經)에서 나타나는 것으로서 일발(一發)하면 사망한다. 목형(木形) 토형(土形)의 인면(人面)에 백광이 많으면 큰 불상사가 있다. 그 색은 각 부위에 나올 때에는 좌우간 좋지 못하다. 단지 지각(地閣)에 한하여 좋다. 겨울에는 가장 묘색(妙色)이라 한다. 기타의 달은 다 이루어지는 수가 있다. 또 모부위의 위에 나오는 점 흑은 실오라기와 같은 것은 어버이의 불행이 있고 산란(散亂)하여 흩어져 있는 것은 그다지 해롭지 않다. 또 점이 팥 크기와 같거나 누에가 뽑어내는 실과 같은 것은 꺼리지 않는다.

○ 흑색은 곧 물의 빛 같으니 신경(腎經)에서 나오는 것이니 어디에나 출현하든지 다 재화가 있다. 만일 화형(火型)의 사람이 이색이 명료하면 재물을 이룬다. 흑색이 점을 이룬 것처럼 생긴 것을 이것은 방광(膀胱)

의 색이라 하여 20일 안에 사망한다. 병인은 백색이 나오면 회복한다. 만일 색이 한번 열리고 황색이 한번 온즉 반드시 죽는다. 무릇 노인이 병들었을 때에 황색이 구각(口角)에 일어나는 것을 꺼린다. 흑색은 도리어 꺼리지 않는다.

○자색은 적색과 크게 다르다. 이것은 심경(心經)에서 나온 흑색의 변한 것이다. 무릇 자색은 인당(印堂) 삼음(三陰) 삼양(三陽) 천정(天停)에 있으니 나오면 역시 재물을 얻을 색이다. 배우자의 여자 및 생남하는 것은 다 이 자색의 소치이다. 모든 일이 성취하고 만사 여의하다. 단지 수성(水星)의 상하에 나오는 것은 좋지 못하다. 화를 입고 시비가 있다.

○홍색은 이에 심경(心經)의 정색이니 그러므로 재물의 기쁨이 있다. 홍색은 흔히 다 인당(印堂) 관골(觀骨) 준두(準頭)의 세곳에 나온다. 그외는 홍색이 적다. 무릇 홍색은 밝고 윤기 있는 것이 좋다. 혹은 알이나 실과 같은 것을 묘하다고 한다. 콩과 같이 또는 쌀과 같이 산점(散點)한 것을 더욱 좋다고 한다. 한 개로 뭉쳐 있는 것은 좋지 못하다. 색이 안이나 밖으로나 다 좋으면 이것이 재물을 얻을 색이다. 봄여름은 더욱 좋고 가을 겨울에 그 색이 나타나는 것은 도리어 좋지 못하다.

○암색(暗色)은 이것이 탁한 빛깔이므로 상승하여 오장(五臟)의 어느 것인가를 알 수 없을 정도다. 횡생(橫生)하여 표리가 불명하고 또한 그 부위를 구별할 수 없는 것을 암색이라 한다. 옛글에 말하기를『색암(色暗)하여 9년(九年)간을 고생하고 매사불성(每事不成)』하였고 그 적색이 많은 것을 암색이라 하고 청황이 많은 것도 암색이라 하여 색체(色滯) 3년이라 하여 3년이 지나야 열리는 것이다.

○체색(滯色)은 곧 하부의 탁기(濁氣)로서 피토(皮土)와 조화하지 못하고 오장이 불조한 것이다. 그러므로

그 색이 막힌 것이다. 토형(土形)의 사람은 꺼리지 않는다고 하더라도 윤기가 없는 것은 체기라 할 수 밖에 없다. 일차 체기가 발생하면 9년이 지나야 비로소 열린다. 만면의 체색은 일생이 빈곤하다. 옛 사람이 말하기를 『신혼(神昏)하고 기노(氣濁)하면 빈궁지한(貧窮之漢)이라』하였다. 또 일법(一法)이 있으니 이것은 다만 젊은 사람에 한한 것이요 노인에게는 별도로 관찰해야 한다. 60세 이상 노인은 밝음이 적은 것이 좋다. 암색은 좋지 못하나 색체한 것은 해롭지 않다. (고목에 윤기가 적은 이치이다)

제12절 월자기색(月次氣色) 음력(陰曆)

음력 정월은 입춘날부터 경칩 전날까지이다. 즉 양력 2월 4일부터 3월 5일까지 보면 좋다. 음력보다 양력으로 계산하는게 더욱 정확하다.

인(寅) 정월 양(陽) 2월 4일부터 3월 5일까지 즉 입춘날부터 경칩전날까지

묘(卯) 2월 양 3월 6일부터 4월 4일까지 즉 경칩날부터 청명전일까지

진(辰) 3월 양 4월 5일부터 5월 5일까지 즉 청명날부터 입하전일까지

사(巳) 4월 양 5월 6일부터 6월 5일까지 즉 입하날부터 망종전일까지

오(午) 5월 양 6월 6일부터 7월 6일까지 즉 망종날부터 소서전일까시

미(未) 6월 양 7월 7일부터 8월 7일까지 즉 소서날부터 입추전일까지

신(申) 7월 양 8월 8일부터 9월 7일까지 즉 입추날부터 백노전일까지

유(酉) 8월 양 9월 8일부터 10월 7일까지 즉 백노날부터 한로전일까지

술(戌) 9월 양 10월 8일부터 11월 7일까지 즉, 한로날부터 입동전일까지

해(亥) 10월 양 11월 8일부터 12월 6일까지 즉 입동날부터 대설전일까지

자(子) 11월 양 12월 7일부터 익(翌) 1월 5일까지 즉 대설날부터 소한전일까지

축(丑) 12월 양 1월 6일부터 2월 3일까지 즉 소한날부터 입춘전일까지

정월의 기색은 인궁(寅宮)의 위에 있다. 청백하고 맑고 윤이 나는 것이 좋다. 바야흐로 이것을 정색이라 한다. 점(點)을 이룬 것이 좋고 만일 암체불명(暗體不明)하면 그 달은 불리하다.

詩曰 『正月寅宮白帶靑이면 錢財積聚喜重重이라』 청백색이 좋다는 뜻.

「紅色一來火盜하라 黃須失脫黑官刑이라」 붉은색, 황색, 검은색 등은 모두 나쁘다는 뜻.

2월의 기색은 묘궁(卯宮)의 위에 있다. 명문(命門)에서 눈아래 와잠(臥蠶) 남좌(男左) 여우(女右)로 동악(東岳)의 상하좌우(단 여는 서악(西岳))를 같이 본다. 청색이 밖으로 나온 것이 좋고 안에 있는 것은 좋지 않다. 무릇 기색은 2월에 만물이 발생하는 것처럼 뭉친 것이 밖으로 나온 것은 좋고 점성(點成)한 것은 좋지 못하다. 그러나 홍자색은 꺼리지 않는다.

詩曰 「卯宮木月最宜靑이요 明故紅黃喜自生이라」 밝고 푸른색이 좋다는 뜻이다.

「一赤一黃東岳界면 須知此月有災厄가」 적색과 황색은 좋지 않다는 뜻.

3월의 기색은 진궁(辰宮)에 있으니 좌천창(左天倉) 복당(福堂) 역마(驛馬) 조정(吊庭) 천문(天門) 교외(郊外) 왼쪽 눈썹꼬리를 (단 여자는 바른쪽의 위를) 본다. 황명(黃明) 윤택한 것이 좋고 밝은 흰빛과 흑을 꺼

리긴다. 3월의 기색은 청황(靑黃)하여 미홍(微紅)을 띤 것이 가장 좋다.

詩曰 『三月天倉只取黃이요 紅來相應是榮昌이라』 황색에다 홍색을 띤 것이 좋다는 뜻.

『白色刑傷是孝服이요 靑來自己有災厄이라』 백색과 청색이 나쁘다는 뜻.

4월의 기색은 사궁(巳宮)에 있으니 왼쪽눈썹(여자는 바른쪽 눈썹) 진서(奉書) 용각(龍角)의 위 내일각(乃日角)에서 하삼양(下三陽)의 위에 당은 곳을 본다. 그 색이 홍자 광체가 있으면 가장 좋다. 특히 화왕(火旺)한 것이 좋다. 허약한 것은 좋지 못하다. 청은 형상이 있고 백은 부모의 불행이 나 병이 있다. 혹은 사하고 혹은 홍명(紅明)한 것이 필요하다. 만일 암체(暗滯)하면 재

詩曰 『巳宮火旺只宜紅요 靑色多侵與犯刑이라』 홍색이 좋고 청색이 나쁘는 뜻.

『黑至五朝暗滯死요 黃防災破白傷親이라』

5월의 기색은 오궁(午宮)에 있으니 남방천악(南方天岳)이다. 남녀 같이 동부위(同部位)이다. 왼쪽 바른쪽 눈썹의 위에서 일월각(日月角)에 당은다. 삼양 삼음(三陽三陰)은 급하지 않는다. 인당(印堂)의 위 좌우의 눈썹위를 연(連)하여 본다. 그 색은 자홍색이 좋고 엷은 황색도 해롭지 않다. 홍자적은 내 화(火)의 정색이므로 수색을 꺼리키게 한 흰색은 해롭지 않고 엷은 혹은 재액이 있다. 또 『5월 인당(印堂)은 화왕(火旺)이 좋다. 그러므로 흑, 백, 청암색이 나타나면, 모두 파액이 있다. 그러므로 여름은 인당을 보라」고 하였다.

詩曰 『五月之宮只要紅이요 紫還見喜赤平平이라』 홍색, 자색은 좋고 적색은 무방하다는 뜻.

『若生暗色及靑色이면 不破家事定犯刑이라』 색이 어둡고 청색이 있으면 크게 나쁘다는 뜻.

6월의 기색은 미궁(未宮)에 있으니 즉 우천창(右天倉)이다.(여자는 왼쪽) 미월(未月)은 급화쇠(及火衰

一八一

의 달로서 화왕(火旺)의 위(位)이다. 그러므로 자황색이 제일 길하다. 딴색은 좋지 못하다. 전자전황(全紫全黃)은 일만에 뜻을 이룬다. 청암백색(靑暗白色)은 해가 된다. 적색은 꺼리지 않으나 흑색을 가장 싫어한다. 황색은 그 다음 가는 기색이다. 관리는 영전하고 상인은 득재한다. 자색은 보통얻기 어려운색이요. 적황색은 화생토(火生土)라 본색이다. 진월(辰月)은 청황색이 본색이요, 술월(戌月)은 백황색이 본색이요 축월(丑月)은 흑백 황색이 본색이다.

詩曰 『未月炎炎火氣衰에 黃光紫必生財라』 윤택한 황색과 자기는 재물이 생긴다는 뜻.

『靑暗來侵成阻滯요 弱火逢金定有災라』 청암색이 있거나 백색은 대단히 나쁘다는 뜻.

7월의 기색은 신궁(申宮)에 있으니 삼음(三陰)의 아래 와잠(臥蠶)、명문(命門)과 같이 본다. 황은 좋고 백도 좋다. 재물의 기쁨이 있다. 암체황색(暗滯黃赤)은 다 좋지 못하다. 큰 재가 있다. 또 흑기도 좋지 못하다. 반드시 황백황명한 것이 가장 좋다. 7월은 전 10일 후 10일에 퇴한다. 신금(申金)에 필요한 것은 기(氣)는 강장을 필요로 하고 색은 선명한 것을 필요로 한다. 즉 길한 것을 의미한다.

詩曰 『七月申宮氣最强이요 只宜明潤又宜黃이라』 흑、암、적、청색은 파괴를 가져온다는 뜻.

『黑暗赤靑多蹇滯요 爲官破職士民厄이라』 피부가 사러요 하고 밝고 황색이 있다면 좋다는 뜻.

8월의 기색은 유궁(酉宮)에 있으니 우관서악(右顴西岳)(여자는 좌관동악)의 상하를 본다. 부위는 2월의 상대이다. 흑암 청황 적은 좋지 않다. 황명색은 좋다. 8월은 화기가 물러가고 금기(金氣)가 성하여 수기(水氣)를 생한다. 적이나 홍은 필요치 않다. 유독히 자궁(此宮)뿐만 아니라 만면의 기색은 개황(皆黃) 백명료한 것이 좋다. 만일 한구데라도 다른 색이 있으면 홍적색은 구설이 있고 청암은 재난이 있다.

詩曰 『酉月秋金只愛明이요 若還暗滯有災刑이라』 8월은 밝아야 하고 맺히 면액이 있다는 뜻.

『不獨本宮有黃色이면 滿面俱宜一樣同이라』 가장 좋은 색은 황색이라는 뜻.

9월의 기색은 술궁(戌宮)에 있으니 바른쪽의 지고(地庫)(여자는 왼쪽)의 귀래식(歸來食)급시골(祿倉及腮骨)의 곳을 본다. 그 색은 홍황색이 좋다. 술월(戌月)은 토왕궁(土旺宮)이기 때문이다. 큰 재가 있다. 그러나 황은 밖에 있고 홍이 안에 있으면 좋지 않다.

詩曰『戌宮土旺要黃明이요 內外紅光得火星이라』 밝은 황색이 좋다는 뜻.

『若是赤紅俱在外면 資財耗散主虛驚이라』 적색、홍색이 현존하면 손해와 놀람이 있다는 뜻.

10월의 기색은、해궁(亥宮)에 있으니 우이당(右頤堂) 이하변지(下邊地) 평구(平口) 구각(口角) 지고(地庫) 녹창(祿倉) 지각좌(地閣左)를 본다. 백색은 재물이 되고 적색은 재가 좋지 못하다. 해궁(亥宮)은 수위(水位)이므로 황기를 가장 꺼린다. 단 피지(陂地)의 한점만의 흑색은 가장 좋다고 한다. 백색이 있으면 또한 명륜(明潤)한 것을 필요로 한다. 만일 점점립립(點點粒粒)한 백색은 큰 이익이 없다.

詩曰『亥宮水位氣宜明이요 色要光華片明이라』 아름답고 같은 색이 좋다는 뜻.

『一點黃光一點白이면 若非大病即官刑이라』 황색과 백색이 뒤섞이면 나쁘다는 뜻.

11월의 기색은 자궁(子宮)에 있으니 정지각(正地閣) 상하 인중(人中) 이하 부위를 본다. 또한 백색이 좋고 청흑색을 꺼리지 않는다. 단 홍황색 및 반점 적암은 꺼린다. 일양생후(一陽生後)이므로 청을 꺼리지 않는다. 수(水)의 정위(正位)이므로 흑시 흑기를 꺼리지 않는다. 검은 듯한데 붉은듯한 것은 사망한다.

詩曰『一陽子位看須眞이요 名宮禁界要分明이라』 동지달은 밝은 흑색과 백색이 좋다는 뜻.

一八三

『子位獨嫌黃赤暗이요 如珠如墨壽元終이라』 황색, 적암색, 먹칠한 것 같은 색은 나쁘다는 뜻.

12월의 기색은 축궁(丑宮)에 있으니 좌이당(左頤堂)(여자는 왼쪽) 이하(頤下) 변지(邊地) 평구(平口) 지고(地庫) 창고(倉庫) 지각(地閣) 왼쪽을 본다. 청색이 좋고 암색은 좋지 않다. 황색은 좋다. 체흑(滯黑)은 좋지 않다. 무릇 적흑이 심농(甚濃)한즉 체색(滯色)이라 한다. 반드시 진(眞)의 지위를 구별해야 한다. 자궁(子宮)과 축궁(丑宮)이 상연(相連)하였음에도 불구하고 두 궁의 기색은 상이하니 자세히 살펴지 않으면 안된다. 자궁(子宮)은 백색은 좋아도 흑색은 좋지 않고 축궁(丑宮)은 흑이 좋고 백은 좋지 않은 것이 서로 딴판이다.

詩曰 『五庫須黃方門成이요 白色一見便相侵이라』 황색이 좋고 백색이 나쁘다는 뜻.

『若還赤滯如烟霧면 三七之間必有刑이라』 붉은색이 연기와 안개같으면 기한부로 나쁘다는 뜻.

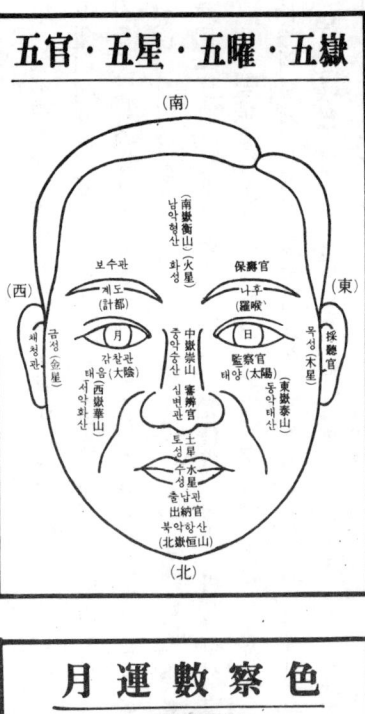

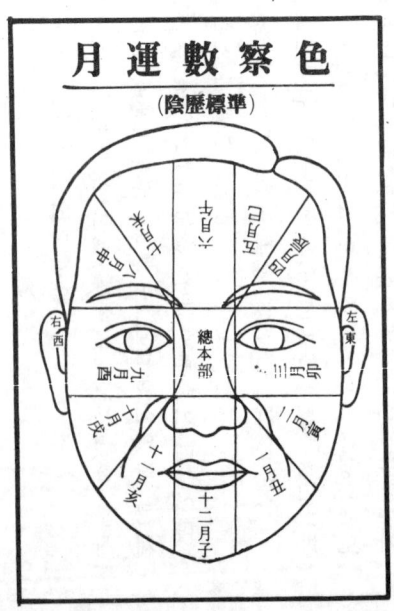

一八四

제 7 장 특별연령부위 기색주해 (特別年齡部位 氣色註解)

연령의 1、2、3、4、5、6、7세는 좌이목성(左耳木星)을 보고 (단 여자는 바른쪽 귀) 윤곽은 의홍(宜紅)하고 불의청(不宜靑)이다.

[주] 이륜(耳輪)의 어두운 것은 좋지 않고 무병한 사람은 귀가 붉고 병이 있는 사람은 연수(年壽)가 어둡다.

또 8、9、10、11、12、13、14세는 우이금성(右耳金星)을 본다. (여자는 왼쪽 귀) 윤곽 기색이 윤한 것은 좋고 또한 붉어야 한다. 어린이는 명문(命門) 양쪽 귀의 전후를 보는 것을 주로 한다. 귀방울이 뚜렷하며 밝으면 어린 시절에 신존명고(身尊名高)하고 15세 전은 귀방울이 붉으면 일찍 출세하고 흰 것은 제자리 걸음하고 검은 것은 수명에 관계있다.

옛 글에 말하되 『이백어면(耳白於面)하면 명문조야(名聞朝野)리라』하였고 또 이백여설(耳白如雪)하여 태공(太公)은 80세에 우문왕(遇文王)이라 하였고 또 진(秦)의 장군 감무(甘茂)의 손(孫) 감라(甘羅)는 년(年)이 12세에 명(名)을 발(發)하였다. (귀가 두툼하고 색이 구슬과 같아서) 이와 같이 귀가 희다는 뜻을 그 발달이 늦다는 것을 의미할 뿐이지 결코 종신 발달을 못한다는 것은 아니나.

단 전해의 귀가 백색이라 함은 백윤(白潤)한 것을 말한게 아니고 윤기가 없이 흰분과 같은 것을 다. 윤하고 희면 귀하다. 이마가 홍윤하여 발제(髮際)까지 닿으면 16세 전에 일찍 발신한다.

[주] 15세는 화성(火星)이 운을 지배하고 16세는 천중(天中)이 운을 지배한다. 그러므로 화성과 천중(天中)

두 곳이 홍여명(紅如明)하면 반드시 길조이다. 만일 흑암하면 어린 시절에 이롭지 못하다. 발제(髮際)는 즉 화성이라고 하며 그 위치는 이마 맨위며 모발의 바로 밑이다.

[주] 일월각(日月角)이 혼암(昏暗)하면 좋지 않고 가장 황명(黃明)한 것이 좋다. 천중(天中)은 바로 발제(髮際) 밑이다.

[주] 일각(日角)은 17세 월각(月角)은 18세이 운을 지배한다. 만일 암체(暗滯)하면 부모를 형상하고 밝은 것은 부모 구길(俱吉)하다 (일각은 왼쪽 월각은 바른쪽에 있으니 일각은 아버지요 월각은 어머니이다. 천중(天中)의 아래가 천정(天庭)인바 왼쪽으로 한치가 즉 일각(日角)이다. 단 여자는 언제든지 남자와 반대다.

[주] 천정(天庭)은 혼침(昏沈)을 꺼리고 붉고 아름답게 밝은 것이 좋다.

[주] 천정(天庭)은 19세의 운을 지배한다. 만일 암혼(暗昏)하면 위태롭고 놀라며 관재도 있고 아름답고 밝으면 대길하다. (천정(天庭)은 발제(髮際)에서 인당(印堂)쪽을 五푼쯤한 위치이며 천중(天中)의 바로 밑이다.)

보골 역마(輔骨驛馬)는 천정(天庭)과 같이 검은 진흙같은 것은 크게 나쁘다.

[주] 좌보각(左輔角) 이 20세 우보각(右輔角)이 21세의 운을 지배한다. 비단 20, 21세 뿐만아니라 평생의 귀천을 점칠 수 있다. 출세하는 관상은 역마 보각(驛馬輔角)을 보아서 그 길흉을 정한다.(그 보골(輔骨)과 역마(驛馬)가 혼침(昏沈)하면 길거리에서 큰 난을 만나고 역시 의외에 재난을 당한다.) 보각(輔角)은 일월각(日月角)을 감싸주는 골격이므로 일월각(日月角)에서 내외로 각각 五푼 위아래로 각각 五푼을 보면 틀림없다. 붉고 아름답고 밝으면 시험에 합격하고 결혼 취직 득재가 있고 길하다. 사공(司空)은 정액(正額)이니 소부(少府)와 같으니 광명을 요한다.

[주] 사공(司空)은 천정(天庭) 아래 한치이니 22세의 운을 지배한다. 기색이 청색이 나타나 좋지 못하다. 적

색은 봄철을 기(忌)하고 청색은 여름철을 기(忌)한다. (암흑(暗黑)하면 수화지액(水火之厄)이 있고 구설수와 락상수가 있다. 혹은 실연의 고배를 마시기도 한다. 여기가 밝고 윤택하면 연애도 성립되고 결혼 취직도 되며 길하다.)

변성(邊城) 변지 교외(邊地郊外)은 홍색과 적색은 나쁘므로 큰 화가 미친다.

[주] 여기에 홍이 맑은 것은 해롭지 않으나 홍색이 진하면 재액이 있다. 적색이 있으면 좋지 않다. 청색으로 덮인 것도 좋지 않다. 연령으로는 23, 24세의 운을 보는 것이나 그 자리는 일생을 두고 이런 식으로 본다. 변성(邊城)은 천이(遷移)의 위로부터 산림(山林) 아래 변지(邊地) 전부를 볼 것이다. 변저자가 다년간 경험한 바에 의하여 변성(邊城)이 좋은 사람이 비교적 퍽 적다. 대개 여자는 이 변성운이 젊은 시절이 액년기이다. 생이별한 사람 천명에 대하여 통계를 해보니 23, 24세가 최고 수위를 점하였다. 이 변성운을 감정할 때에는 간문 어미(奸門魚尾) 등을 참조해야 한다. 이상부위가 암색잡화(暗色雜花)가 있는 사람은 배우궁(配偶宮)의 파란을 예방하지 않으면 안된다. 여행 이사가 가장 많다. 문자 그대로 역마(驛馬) 발동기다. 밝고 윤기가 있으면 결혼대길하다. 대체로 그 해는 안정하는게 좋다. 사람으로 인한 피해와 어떤 일에 말려들어 해를 입는 경우가 많다.

중정(中正)은 관록궁(官祿宮)이니 인당(印堂)의 위에 있으며 사공(司空)의 아래다. 좌우로는 용호각(龍虎角) 보골(輔骨)과 같다. 홍 황 자색을 필요로 한다.

[주] 중정(中正)은 25세의 운을 지배한다. 1년뿐만 아니라 일생운 관록을 좌우한다. 이 자리는 청적색이 나타나면 좋지 못하다. 만일 청색이 나타나면 반드시 간사(姦事)가 생긴다. 또 흑압백적색도 대기(大忌)한다. (특히 남자에 한하여 결혼운이 열리는 경우가 많다.)

구능(丘陵) 총묘(塚墓)의 청암(靑暗)은 해롭지 않다. 홍적은 재가 있다.

[주] 그 등 부위는 원래 청암(靑暗)에 속한 곳이다. 청은 무방하나 다만 지나치게 빨가면 좋지 않다. 26세가 구능(丘陵) 27세가 총묘(塚墓)인데 부위가 조금 푸르른듯 하고 맑고 윤이 있으면 출산을 하거나 그렇지 않으면 근친간의 복(服)을 입는다. 인당(印堂)은 화위(火位)라 호황색과 빛나는 자색이 좋고 청암색과 흑청색은 불길하다.

[주] 인당(印堂)은 28세의 운을 지배한다. 비단 28세 뿐만 아니라 명궁(命宮)이라 하여 학식의 유무와 기타 평생의 운명을 본다. 준두(準頭)는 기색의 일어난 곳이며 인당(印堂)은 기색의 모이는 곳이므로 가장 중요한 곳이다. 넓고 혈색이 명윤한 자색이 있으면 관록도 좋거니와 사업의 실패를 얻고 생남 생녀하며 대길하다. 그러나 기색이 좋지 못하면 처의·격정이 있고 자녀의 액이 있고 사업의 실패가 많다. 통계적으로 볼 때 속담에 『빛깔좋은 개살구』 격으로 남보기는 좋으나 실속이 없다. 임목(林木)의 좌우를 산림(山林)이라 하니 그 자리가 발달하고 밝은 황색을 필요로 하며 암체(暗滯)는 나쁘다.

[주] 임목(林木)은 청수(淸秀)하여야 좋다. 일침일탁(一沈一濁)은 재액이 있다. 29、30세의 운을 지배한다. 만일 이곳이 검으면 짐승에 놀랄 일이 생긴다. 색이 컴컴하면 육로(陸路)의 여행은 좋지 못하다. 산림(山林)은 고광(高廣)부근의 아래다. 옛글에 산림(山林)이 잘 발달된 사람은 언젠가는 종작신선(終作神仙)이라 하였다. 즉 산림골이 일어나면 그 처세가 총명하기 때문이다. 기색이 껌껌하게 막히면 실물이나 도난을 당하고 여자로 실패가 많다. 통계적으로 볼 때 특히 역자의 액시기다. 23、24세를 제1기라 하면 29세는 30세는 2기에 속한다. 제1기에는 생이별이 많은 반면에 제2기인 산림(山林)운에는 주로 상배가 많다는 것이다. 그 운에 출산의 경사가 없으면 반드시 실물 도난 거듭 상을 입는등이 있다. 첩 꼴도 많이 본다. 특히 남자는 그 운

一八八

에 여난이 많다.

두 눈썹 피부는 홍(紅) 자(紫) 백윤(白潤) 하여야 하고 여점(如點) 여주(如珠)는 반드시 재액이 있다.

[주] 좌미두(左眉頭)를 능운(陵雲) 우미두(右眉頭)을 자기(紫氣)라 하여 31, 32세의 운을 지배하고 왼쪽 눈썹 꼬리를 번하(繁霞) 바른쪽 눈썹 꼬리를 채하(彩霞)라 하여 33, 34세의 운을 지배한다. 그러나 미두(眉頭) 만을 따로 볼 것이 아니라 눈썹의 전부와 항상 그 부근을 겸해서 볼 것을 잊어서는 안된다. 홍자가 윤하면 대권을 잡고 백윤한 것은 형통한다. 흰색이 점주(點珠)와 같으면 형제의 상이 있다. 형제가 없는 사람은 처가 사망한다. 31세에서 32, 33, 34세까지의 4년간의 운뿐만 아니라 양눈썹이 명윤하면 평생을 통해서 문무(文武) 양직을 물론하고 그곳을 봐서 길흉을 정한다.

삼음 삼양(三陰三陽)은 고암(枯暗)은 좋지 않고 자영광명(紫瑩光明)의 색이 좋다. 삼양(三陽)은 좌안 태양(太陽) 중양(中陽) 소양(小陽)이요, 삼음(三陰)은 우안 태음(太陰) 중음(中陰) 소음(小陰)이니 각각 3년씩 6년간의 운을 지배한다. 35세에서 40세까지 본다.

[주] 그곳은 홍자를 상색(上色)이라 하고 광영(光瑩)을 중색이라 하고 청흑암체 (靑黑暗滯)의 색은 만사가 파패한다. 고암(枯暗)한 것은 생명을 망친다. 그의 용궁(龍宮)은 가장 고암을 꺼리고 특히 홍윤(紅潤)한 것이 좋다. 안색에 불을 뿜는 듯한 살기있는 사람은 월패자기를 산근(山根)의 좌우를 정사(精舍) 광전(光殿)이라 하여 41세에서부터 42세까지의 운을 지배한다. 혹고(黑枯)는 불길하고 분칠을 한 것같은 색도 나쁘다. 정사(精舍) 광전(光殿)은 두눈 같이 본다. 그자리 기색은 청 흑 적 백색을 꺼리고 맑고 윤한 것을 필요로 한다.

[주] 산근(山根)과 연수(年壽)를 질액궁(疾厄宮)이라 하여 중요한 곳이다. 전기한 바와 같이 한살에서 14세

一八九

까지는 소년기이니 양귀가 통치하고 15세에서부터 28세까지 14년간은 청년기이니 인당(印堂)이 통치하고 29세부터 42세까지 14년간은 장년기라 산근(山根)이 통치하고 43세부터 56세까지는 말년기이니 즉 법령(法令)내부까지는 인중(人中)이 통치한다. 필자가 다년간 경험에 의하면 그 운에 무자한 사람이 아들을 낳는 수가 많다. 그리고 이사가 가장 많고 또는 부모의 상도 이 운에 많이 입게 된다. 잠위(蠶位)는 누당(淚堂)과 거의 같으나 크게 틀린다. 아래 눈뚜껑을 와잠(臥蠶)이라 하고 와잠의 아래를 누당(淚堂)이라 하며 (뼈가 없는 곳)누당의 아래를 음덕궁(陰德宮)이라고 한다. 통털어서 용궁(龍宮)이라 하는 것이니 즉 삼양(三陽) 왼쪽 삼음(三陰) 바른쪽이라 한다.

[주] 양쪽눈의 아래 한가닥으로 누에와 같이 두둑한 것을 와잠(臥蠶)이라 하여 자녀궁(子女宮)이라 한다. 색은 황명한 것이 좋고 만일 자색이 나오면 생남의 징조다. 흑암(黑暗)하면 극자(克子)한다. 누당(淚堂)은 음덕궁(陰德宮)이라 칭하는데 신경(腎經)에 속한다. 그러므로 길게 청색이 있는 것도 해롭지 않다. 와잠(臥蠶)많은 누당(淚堂)과 달리 흑색이 아주 나쁘고 청색도 또한 나쁘다. (누당이 백분과 같고 부육(浮肉)이 생기거나 흑기가 생긴즉 그해에 반드시 자녀간에 불행을 본다.)

연수(年壽)는 산근(山根)과 같이 질액궁(疾厄宮)이므로 맑고 윤기가 있으면 질병이 없고 만일 청 흑색하면 반드시 재액이 있다. 홍 적하여도 나쁘다.

[주] 연상(年上)은 44세, 수상(壽上)은 45세의 운을 지배한다. 찌꼬리색으로 누르고 만면에 자황황색이 도는 사람은 신왕재왕(身旺財旺)하고 큰 재물을 요리할 수 있는 사람이다. 양쪽 관골은 젊은 사람의 경우 화색(火色)이 있어야 좋고, 늙은 사람은 황명(黃明)해야 좋다.

[주] 좌관골은 46세 우관골을 47세 양년의 운을 지배한다. 비단 그 두해 뿐만이 아니라 평생의 권위 유무를 보

는 곳이다. 남자는 우뚝 솟아야 하고 여자는 너무 높고 살이 부족하여 노골(露骨)이 되면 반드시 상부한다. 필자가 경험한 바에 의하면 광대뼈가 마치 계란처럼 생겼으면 독신생활하는 수가 많다. 특히 여자가 도화색이 심하면 호색으로 인하여 상부하는 수가 많다. 남자는 관골이 높게 솟은 사람이고 관대작이 많다. 그리고 특기할 것은 여자가 관골에 도화색이 많으면 초년에 화류게로 출발하거나 그렇지 않으면 말년에 음식업을 하는 사람이 많고 내 주장을 하는 사람도 또한 많다.

관골은 홍색이 밝은 것을 필요로 하고 홍색이 뼈보다 살이 많으면 이른바 허위(虛位)라 하여 부위로는 정면(正面)이라 한다. 홍명(紅明)한 사람보다 청암(靑暗)한 사람이 많다. 만일 여기가 검푸르며 생명이 끝장이 난다고 하였다. 소년과 청년은 혈기가 왕성함으로 홍색이 밝은 것이 좋고 장년과 노년은 혈기가 왕성하지 못하므로 황윤(黃潤)한 것이 좋다. 이 정면(正面)이란 부위는 무엇이든지 평생토록 권위를 지배한다. 준두(準頭)는 정주(井厨)와 함께 명운을 필요로 한다. 청흑(靑黑)은 아주 나쁘다.

[주] 준두(準頭)는 48세의 운을 지배하고 정조는 (란대 정위) 왼쪽이 49세 오른쪽이 50세의 운을 지배한다. 홍색은 해롭지 않으나 청흑은 사망한다. 적은 재물이 흩어지고 황색이 밝으면 좋다. 암체(暗滯)하면 파재가 있다. 준두는 토성(土星)임으로 불(紅赤) 목(靑) 수(黑)을 꺼린다. 필자가 다년간 경험한 바에 의하면 코구멍이 크고 좌우 란대(蘭台) 정위(廷尉)가 힘없게 벌어지고 기색이 좋지 못한 사람은 친척 때문에 마음이 상하는 수가 많다. 그리고 정조 언저리에 회색같은 색이 생기거나 실직한다.

이 생기면 관재와 뜻밖의 재액이 생기거나 실직한다.

인중(人中)의 가장자리에서 법령(法令)과 아울러 선고(仙庫) 식록(食祿)이고 (二庫)에 걸쳐서 모두 진몽(塵朦)하면 대흉하고 어디까지나 밝은 윤기가 있어야 한다.

[주] 인중(人中)은 코밑의 도랑이니 51세 인중(人中)의 좌우를 선고(仙庫)라 칭하는데 52, 53세 선고(仙庫)의 좌우를 식창(食倉) 녹창(祿倉)이라 하여 54세 55세 좌우란대(蘭台) 정위(廷尉)에서 시발하여 길게 종사선(縱斜線)을 법령(法令)이라 한다. 왼쪽을 57세 바른쪽을 57세의 운을 지배한다. 이상 14년을 말년이라 하여 인중(人中)이 통치한다. 인중(人中) 선고(仙庫) 창고(倉庫) 등을 평구각(平口角)이라고 하고 또는 해각(海角)이라고도 한다. 그는 수성(水星)이니 몽진(濛塵)하면 크게 나쁘고 밝고 윤기가 있는 것이 가장 좋다. 중년층 사람은 별 이해가 없고 환자가 구각(口角)에 황색이 생긴 즉 노인의 경우 병이 있고 소년은 해롭지 않다. 만일 백색의 점성(點成)한 것도 나쁜 편에 속한다. 황색이 생기면 필히 사망한다.

[주] 이 운에서 송사가 혼히 생긴다. 법령(法令)을 등사(騰蛇)라고 하는데 홍 자색하여야 좋고 흑백의 두색은 재앙(災殃)이 생긴다. 심문(深紋)의 기색이 홍자(紅紫)하면 혈기가 왕성하므로 그 기운이 왕성하고 청흑색하면 병이나 재액이 생긴다. 특히 주의할 것은 문내(紋內)의 깊은 곳을 보는 것이다. 색은 황명하거나 백향(白亮)한 것이 좋다. 문내(紋內)가 다 자색은 좋고 흑백은 해롭지 않다.

귀래(歸來)와 호이(虎耳)는 노복궁(奴僕宮)과 겸하여 하고(下庫)라 한다. 만일 황색이 나타난 것은 나쁘지 않다.

[주] 이 세곳을 하고(下庫)라고 한다. 홍황의 색은 해롭지 않다. 58, 59세의 운을 지배한다.

[주] 수성(水星) 정구(正口)의 입술 빛은 암흑 청색을 꺼린다. 그리고 60세의 운을 지배한다.

[주] 수성(水星)은 노소를 막론하고 밝고 붉은게 좋고 자색은 더욱 좋다. 여인은 백색을 꺼리고 남자는 청적색을 꺼린다.

승장(承漿)의 색이 흑색이면 죽거나 백색이면 살아난다. 황색도 죽거나 청색은 병을 앓는다. 61세의 운을 지배한다.

[주] 승장(承漿)의 색은 50 전후는 흰것이 좋다. 만일 소년에 흑색이 발생하면 익사한다. 지각(地閣)의 양쪽을 지고(地庫)라고 한다. 한결같이 백광하고 윤택하면 집안이 늘어나고 연령은 왼쪽이 62세 바른쪽이 63세의 운을 지배한다.

다시 강조하거니와 백색은 좋고 흑암색은 노소를 불구하고 재액이 있다.

피자아압(陂地鵝鴨)과 금루(金縷)는 오행으로서 해(亥)와 자(子)에 해당하므로 수(水)라 한다. 그러므로 백옥과 같으면 좋다. 64세는 피지(陂地) 65세는 아압(鵝鴨)이다. 66세, 67세는 금루(金縷)가 지배한다.

[주] 자해(子亥)의 두 군데는 희여야 한다. 만일 빛이 백옥과 같고 광택이 있는 것이 좋은 결과를 가져온다. 백분같거나 고골(枯骨)과 같으면 반드시 재액이 있다. 사망하는 수도 있다.

턱을 지각(地閣)이라 한다. 흰것이 좋고 붉은 것이 좋다. 흑색이 나오면 재액이 목전에 있다. 68세 69세 및 70세의 운을 지각(地閣)이 지배한다. (68, 69세는 귀래(歸來)를 본다)

[주] 지각(地閣)은 백색이 좋고 적색은 대단히 좋지 않다. 흑색이 먹같이 검으면 반드시 죽는다. 송당(頌堂)의 색은 길게 윤해야 한다. 늙어서는 그 피부가 건조하면 나쁘고 젊어서는 흑색을 꺼린다. 연령으로는 71세의 운을 지배한다.

[주] 혀 끝이 아래로 닿는 부분을 송당(頌堂)이라 한다. 아래로 핥아서 닿지 않는 그 밑이 자해(子亥)의 위치다. 그 부분의 색은 윤한 것이 좋고 마른 것은 좋지 않다. 노복궁(奴僕宮)은 호이(好耳) 귀래(歸來)의 아래이니 황암색은 해롭지 않다.

[주] 노복궁(奴僕宮)은 지각(地閣)의 좌우이니 72세, 73세의 운을 지배한다. 시골(腮骨)의 변(邊)은 왼쪽이

74세 바른쪽이 75세의 운을 지배한다. 자의궁은 76세 및 77세의 운을 지배한다. 이상 지각(地閣)까지가 70세 인바 57세부터 14년간을 최노년이라 한다.

또 77세까지 쓴 것은 77 유년법에 위한 것이다. 78세부터 79세는 축궁(丑宮)을 보고 80세와 81세는 인궁(寅宮) 82, 83세는 묘궁(卯宮) 84, 85세는 진궁(辰宮) 86 87세는 사궁(巳宮) 88, 89세는 오궁(午宮) 90, 91세는 미궁(未宮) 92, 93세는 신궁(申宮) 94, 95세는 유궁(酉宮) 96, 97세는 술궁(戌宮) 98, 99세는 해궁(亥宮)을 보아서 판단한다. 모두 밝으면 좋고 적암하면 흉하다. 백세부터는 다시 왼쪽 귀로 환원(還元)한다. 남좌(男左) 여우(女右)

보골(輔骨)에 흑암색이 나타나면 차마에 대한 불길 일이 있고 만일 통구(通衢)의 이 두군데가 광명하면 수로(水路)에서 재물을 얻는다. 주지명문(酒池命門) 및 현벽이 어두운즉 주색(酒色)을 조심한다. 조정(吊庭) 교외(郊外) 청로(青路)가 명윤하면 천리완정도 무난하다. 청색흑색이 막히고 또 연수(年壽)가 어두우면 늘 어서 살아 있다고 할 것이 없다. 삼태(三台)는 윤활(潤活)을 요하고 육부(六府)는 절대로 청기를 꺼린다. 색이 안배(按配)가 잘 되었으면 천리밖으로 가라. 만일 좋지 못하면 마음을 안정하고 집에서 나오지 말 것이다. 좋고 겨울은 흑색이 본궁(本宮)에 있는 것을 필요로 한다. 가을은 백색이 신유궁(申酉宮)에 나타나는 것이 좋고 봄철은 청색이 제자리색이며 여름은 적색이 본색이다.

[주] 황색이 사고(四庫)에 있으면 날로 번창하고 적색이 이궁(離宮)에 있어야 한다. 감궁(坎宮)에 닿으면 수록(壽祿)이 충분하다. 청색은 신유궁(申酉宮)에 액이 있고 자신도 실패한다. 흑색이 만일 이궁(離宮)에 나타나면 육친(六親)에 액이 있고 자신도 실패한다. 황색이 만일 무기(戊己)에 있으면 재물이 왕(旺)하여 만사에 성공한다. 황색이 사고(四庫)에 있으면 날로 번창하고 적색이 이궁(離宮)에 있어야 한다. 감궁(坎宮)에 닿으면 수록(壽祿)이 충분하다. 청색은 신유궁(申酉宮)에 액이 있고 자신도 실패한다. 날마다 애타는 것은 이 있다. 흑색이 만일 이궁(離宮)에 나타나면 늘 애태우는 것은 흑색이 있기 때문이다. 근심이 끝이 않고 어려움을 탄식하는 것은 청다만 적색때문이며 늘 애태우는 것은

一九四

색이 정면에 가로질른 까닭이다. 재산을 축적하는 것은 천창(天倉)에 황색이 있기 때문이요 백색이 금갑(金甲)에 생기면 가재가 만족하고 손아래 사람이 이별하고 가산을 패하며 자신은 질병이 있다. 그리고 흉사가 생기는 것은 적색이 깊이 박히기 때문이다. 집이 점점 부하고 자리가 차차 좋아지는 것은 황색이 삼양(三陽)에 생기는 까닭이다. 흑색이 적고 황색이 짙으면 성공한다. 재물이 만일 모여지는 것은 삼양(三陽)에 색이 좋은 때문이다. 색이 만일 그 색이 없어지면 재산이 줄며 물이 철철 흐르는 것과 같다. 명성을 얻고자 하는 사람은 삼대궁(三台宮)에 적색이 생기는게 좋고 이 권을 얻고자 하는 사람은 창고(倉庫)에 황색이 길하다. 변성 변지(邊城邊地)에 백광이 하나쯤 나오는 것이 좋다. 허다한 홍색은 준두(準頭)와 삼양(三陽)에 생기는 게 좋다. 소년의 혈색이 좋으면 악세사리가 바로 늘어나며 부인의 혈색이 왕성하면 남편을 돕고 자식이 잘 된다. 남자의 경우는 얼굴에 청색이 많으면 허탕을 치는 일이 많고 장사하는 사람은 천정(天停)에 청색이 많으면 파리 날리고 어린이의 적색이 양쪽귀에 있으면 기쁨이 있다. 장성급은 눈동자가 검어야 좋고 사지(四肢)가 특히 청하면 크게 흉하다. 만일 적색이 있으면 재물에 궁함이 없다. 수명을 보는데는 구각(口角)을 보면 명예는 눈썹의 황명한가를 보고 재록을 구하려면 준두(準頭)를 보며 경영사를 보려면 사고(四庫)와 양쪽 관골을 먼저 보며 첫째 오행(五行)의 근본을 판단하고 둘째로 오색의 길흉(吉凶)을 보려 할 것이다. 셋째로 신혈(神血)의 밖을 살피며 네째로 조정궁(吊庭宮)을 봐야 한다. 이 이치를 터득하면 하나도 실수가 없을 것이다.

一九五

제8장 각궁 소속 길흉 판단법

제1절 부모병(父母病)

아버지의 병은 일각(日角)을 본다. 암색이 짙다가 갑자기 밝아진즉 사망한다. 암색이 가볍고 갑자기 밝으면 병이 낫는다. 흰기가 백분같이 희면 죽고 흑색이 그으르면(煙謀) 같으면 아버지의 상(傷)이 있으며 자기도 혹 죽는 수가 있다. 그러나 기(氣)에 홍색에 윤기가 생기면 병이 낫고 재가 경하며 자기도 또한 번창한다.
어머니 병은 월각(月角)을 본다. 월각이 청암(靑暗)하면 어머니의 병이 중하고 백적색이 있으면 반드시 형상한다. 홍색이 경하고 자색이 짙으면 어머니가 편안하다. 기색이 밝고 윤하고 색이 막히지 않았으면 어머니는 반드시 병이 없다.

[주] 일각(日角) 월각(月角)은 눈썹위에 뼈이니 가운데는 천정(天庭)에 닿았고 보골(輔骨)과 같이 보아야 한다.

제2절 형제병(兄弟病)

눈썹에 적색이 많고 백색의 형이 밤알과 같으며 황색이 연진(煙塵)같은 사람은 반드시 형제가 사망한다.
준두(準頭)에 한점의 백광이 있으면 반드시 형제의 상이었다. 머리안에 암색이 생기는 것도 역시 형제가 사망한다. 만일 눈썹털이 밝고 윤하고 연수(年壽)부의 횡열(橫列) 권세(權勢) 외생(外甥)지간 형제궁(兄弟宮) 왼쪽 자매궁(姉妹宮) 바른쪽이 홍황색이 있으면 형제의 병이 낳을뿐만 아니라 도리어 길하다.

[주] 남자형제는 왼쪽을 보고 여자자매는 바른쪽을 봐야 한다.

제3절 부처병(夫妻病)

청암(靑暗)하거나 백윤(白潤)하여도 죽지 않고 홍자색이 있으면 낫는다. 적새은 사망하고 백색이 죽은 뼈같으면 즉사한다. 만일 와잠(臥蠶)에 흑색이 생기면 상배한다. 부처는 왼쪽을 보고 첩은 바른쪽을 본다. 간문(奸門)에 백기가 있더라도 와잠(臥蠶)에 흑기만 없으면 상배하지 않는다. 와잠을 중요시해야 적중한다.

[주] 필자가 다년간 경험한 바에 의하면 남자는 이상과 같으나 여자는 그의 남편을 볼 때에 반드시 천정(天停) 관록궁을 중요시해야 한다. 천정(天庭)에 만일 불에 끄실린 것 같으면 반드시 상부한다.

제4절 자녀병(子女病)

아들은 왼쪽을 보고 여자아이는 오른쪽을 본다. 즉 남자는 삼양(三陽) 아래 와잠(臥蠶)을 보고 여자아이는 삼음(三陰) 아래 와잠(臥蠶)을 본다. 와잠이 검으면 죽고 음덕궁(陰德宮)이 밝고 윤하면 무방하다. 그 빛이 매마르면 죽고 흑 황색한 것도 역시 사망한다. 청색이 짙으면 생하고 백색이 삼양 삼음(三陽三陰)에 일어나면 자녀에 상극이 있다. 와잠이 검다하더라도 간문(奸門)이 밝으면 결코 자녀를 형극(刑克)하지 않는다. 그러므로 간문(奸門)에 흑암한 기색마저 생기면 반드시 자녀를 형극(刑克)하는 것은 의심없다.

[주] 자녀의 병을 볼 때에는 간문을 중요시해야 한다. 필자가 경험한 바에 의하면 와잠(臥蠶)에 백색이 뜨고 부기(浮氣)(부석한 것) 부육(浮肉)이 생긴즉 반드시 상자(喪子)한다.

제5절 노복병(奴僕病)

역마(驛馬)의 색이 어둡고 노복궁(奴僕宮)의 색이 막힌 즉 자연히 노복을 잃는다. 만일 죽지 않으면 노복이 반드시 다른 곳으로 도망하게 된다.

[주] 노복은 현대어로 부하 또는 머슴을 말한다.

제6절 자기병(自己病)

자신의 병을 보는 법은 연수(年壽) 질액궁(疾厄宮) 삼양(三陽) 삼음(三陰) 명문(命門) 준두(準頭) 인당(印堂) 등을 본다.

이상 부위에 적색이 있으면 큰병에 걸리고 혹은 불의 재난이 있다. 연수에 적기가 있으면 혈액의 병이 있고 인당은 밝은데 연수가 어두운 것은 복부 이하의 병이 있다. 그러나 그 기색은 질병을 지배함에 불과하다. 색이 윤하면 반드시 낫는다. 모든 병을 막론

제7절 아동병(兒童病)

어린이는 골격이 아직 완성되지 못했으므로 유독 기색만으로써 판단할 수 밖에 없다. 먼저 산근(山根) 연수(年壽)를 보고 다음 명문(命門) 입술을 봐야한다. 모두 청색이 나타나면 5일안에 사망한다. 모두 황색이 나타나면 3일안에 사망한다. 인중(人中)이 검으면 재활을 바라기 어렵다. 인당(印堂)이 빨개도 역시 똑같다. 천창(天倉)이 빨간 것은 좋은 색이 아니다. 지각(地閣)에 황색이 생긴즉 반드시 주검이 온다. 눈빛이 흩어지고 입술에 청흑색이 많으면 즉시 죽는다. 만일 회생할 수 있는가를 알려면 명문(命門) 인중(人中)이 희고 인당이 윤황(潤黃)하여 천창(天倉)에 적색이 없고 입술이 희면 10일안에 부활한다.

[주] 입는 수성(水星)이므로 황색은 토극수(土克水)라 즉사하고 백색은 금섯수(金星水)라 회생한다. 하고 천창(天倉) 지각(地閣)이 암흑(暗黑)하지 않고 구각(口角)에 황색이 나타나시 않으면 죽지 않는다. 만일 이상의 색이 나오면 필사한다. 기색이 다 밝지 못하고 피육(皮肉)이 갑자기 윤기가 없어지고 목에 갑자기 윤기가 없어지면 필사한다. 입술이 푸르고 혀가 간(肝)같이 검으면 십중구사(十中九死)한다. 환자는 입술에 흰색이 나오고 지고(地庫)가 광명하면 자연히 명의를 만나서 병을 구하게 된다. 설령 좋은 색이 나타나더라도 목구멍위에 적색이 나타나거나 혹은 어두우면 즉사를 의미한다. 아침에 나오면 저녁에 죽는다. 그러나 장심(掌心)의 혈색이 밝고 윤하면 살 수가 있다.

제8절 혼인(婚姻) (여자)

처녀의 얼굴에 아름다운 색이 있으면 연내에 혼인을 하게 된다. 명궁(命宮)의 자색이 준두(準頭)를 관하고 백색이 밝으면 귀인을 남편으로 결혼하게 된다. 여자가 출가하려 할 때에 자색이 인당에 나타나면 남편을 왕(旺)케 하고 자식이 생기며 복수인(福壽人)이 되고 자색을 상색이라 하고 색의 밝은 윤을 중색이라 하고 색의 황광(黃光)한 것을 하색이라 한다.

하등색이 생기면 남편의 운도 좋지 못할 뿐 아니라 자식을 낳지 못한다. 얼굴의 백색을 실패의 색이라 하여 시집간즉 반드시 형상(刑傷)이 있다. 그러므로 혼기가 당도하여 출가하려 할 때 그 기색은 일생의 운명을 결정하는 것이다. 만일 그 기색에 암체(暗滯)가 많은 즉 3년후에 남편과 이별하게 된다.

[주] 필자가 경험한 바에 의하면 여자의 남편궁은 천정(天庭) 이마를 중요시할 필요가 있다. 천정에 흑색은 반드시 남편의 불운을 초래한다. 사견으로는 남자는 그의 배우자의 운을 볼 때 간문(奸門)을 보고 여자는 그의 배우자의 운을 볼 때 얼굴을 불의에 사별하고 난 미망인들을 많이 감정한 바 대부분 천정(天停)이 흑색인 것을 발견했다.

제9절 처궁(妻宮) (남자)

간문(奸門)과 어미(魚尾) 처첩궁(妻妾宮)이다. 오른쪽을 처위라 하고 바른쪽을 첩위라 한다. 만일 처궁이

一〇〇

홍황명윤(紅黃明潤)하면 많은 처의 재물을 얻고 검으면 결혼후에 실패한다. 하고 마음만 허비한다. 단 색은 밖에 있는 것을 보아서 그 선악을 알 수 있다. 첩을 얻으려면 바른편을 보라. 어미(魚尾)가 밝고 윤하고 어두운 가운데에도 밝은 화색이 생기고 인당(印堂)에 자색이 있으면 미녀나 현능한 사람을 얻을 수가 있다. 처첩(妻妾)궁은 명중(明中)에 어두움이 생기면 처강첩약(妻强妾弱)하고 어두운 곳에 밝음이 생기면 첩강처약(妾强妻弱)한다.

[주] 첩의 세력이 처를 능가한다는 뜻. 간문(奸門)이 항상 어두우면서 자(庶子)밖에 없다. (본처는 무자)색이 만일 새로 일어나면 미첩을 득하며 안으로는 집안의 재산을 정리하게 된다. 처첩을 얻으려면 명궁(命宮)의 색이 홍자(紅紫)해야 할 것이다. 어두운 색은 이첩패가 한다.

제10절 구자(求子) (남자)

이것은 남자를 보는 법이다. 아들을 낳을 날까 또는 여자를 낳을 날까를 볼 때는 반드시 간문(奸門)을 봐야 한다. 백암흑색이 있다. 이걸로서 처첩의 길흉을 정한다. 처가 임신했을 때에는 왼쪽을 보고 첩이 임신하였을 때에는 바른 쪽을 봐야 한다. 와잠(臥蠶)에 홍자(紅紫)가 있으면 남자를 낳고 관골(顴骨)이 붉어도 또한 생남한다. 준두(準頭)가 홍하고 인당(印堂)의 홍색도 역시 남자를 낳는다. 와잠(臥蠶)이 황하면 여자를 낳고 삼양삼음(三陽三陰)이 푸른 것도 생녀한다. 얼굴에 홍색이 없어도 또한 여아를 낳는다.

전법에 의하여 그 색으로서 낳는 날을 정할 수 있다.

[주] 삼양(三陽)이 붉으면 생남하고 청색이면 여자 아이를 낳는 뜻이다.

제11절 임신(姙娠) (여자)

여인의 임산기는 제1 명문(命門)의 홍자(紅紫)를 요한다. 제2는 양쪽 눈의 광채를 요하고 제3에 이문(耳門)의 백광을 요하고 제사는 성음의 청향을 요한다. 그 네가지가 구비하면 순산할 수 있다. 반드시 모자같이 건전하고 자식은 능히 생장한다. 또 제1에 명궁(命宮) 천정(天庭)에 어두운 색이 일어나는 것은 꺼리고 제2에 얼굴에 청광이 많고 또 귀에 암몽(暗朦)의 색이 있는 것을 꺼린다. 제3에 입술이 푸르면 구각(口角)이 어두운 것을 꺼리며 제4에 눈의 신(神)이 나타나는 것을 꺼린다. 단 그 안에 한가지라도 범하면 반드시 산액이 있다.

그리고 대개는 여자를 낳는다. 무릇 임산의 당일에 바른쪽 손가운데에 명백하게 혈색이 홍윤(紅潤)한 것을 보이는 것이 좋다. 단 반드시 장심(掌心)을 주로 관찰하여야 한다. 만일 혈색이 홍하(紅河)와 같으면 즉시 안산하고 남아를 낳는다. 만일 청백하면 여자를 낳는다. 황광의 색이 짙으면 어머니는 안전하지만 어린이는 안전치 못하다. 흑암 청황의 색은 모자같이 위험하다. 이것이 즉 임신중 보는 비결이다.

[주] 필자가 경험한 바에 의하면 눈이 둥글고 크며 눈에 신(神)이 없는 사람은 산고가 있을 때마다 큰 난산을 하여 입원소동을 일으킨다. 간문(奸門)과 어미(魚尾)를 보는 법은 남자와 같다.

제12절 구관(求官)

제13절 시험(試驗)

어떠한 시험을 막론하고 기일전에 양쪽 귀 명문(命門)연수(年壽)를 보라 다같이 황자의 색이 대길하다.

첫째 윗눈썹은 삼양(三陽)과 같이 명왕(明旺)을 요한다. 만일 한 곳이라도 어두우면 공명을 이루기 어렵다.

봄의 시험은 양쪽 눈을 보고 다시 명문(命門)을 본다. 그 세 곳이 만일 붉고 자(紫)한즉 가장 자기가 잘 아는 문제가 출제되고 모광(眸光)이 눈을 비치고 백청(白晴)이 신(神)을 뚫으면 시험에 합격한다.

대소관(大小官)을 막론하고 구관을 하려면 준두(準頭) 인당(印堂) 관록(官祿) 역마(驛馬) 천창(天倉)의 홍황명윤(紅黃明潤)한 것을 요한다. 고급 관리는 만면에 자색을 요하고 하급관리는 사고(四庫)를 보아서 자기(紫氣)가 아닐지라도 홍황명윤하면 취직할 수 있다. 출세를 바라는 사람은 눈썹을 봐서 명백하면 길하고 명문(命門) 쌍이(雙耳) 인당(印堂) 산림(山林)의 황윤명량(黃潤明亮)하면 대길하다. 암적 청혹의 색을 꺼린다. 각각 명백한 것이 좋다. 이내(耳內) 명문(命門) 삼양(三陽) 연수(年壽) 그 부위 등이 다같이 황백한즉 좋고 만일 한 곳이라도 밝지 못한즉 효과가 없다. 중춘(中春)의 간(間)은 눈썹안 삼양(三陽)을 보는 것이 좋다. 다같이 자색이면 크게 이롭고 청황색은 효과가 없다.

[주] 준두(準頭)와 인당(印堂)은 여하한 일을 구하든지 꼭 필요한 부위이다. 인당이 아무리 발고 윤하더라도 준두가 밝지 못하면 명중유체(明中有滯)라 하여 좋지 못하고 인당이 약간 어둡더라도 준두가 밝은즉 체중유명(滯中有明)이라 하여 불원간 운이 회전하는 것이다. 그러므로 옛글에 명중유체(明中有滯)는 수정봉풍(水井逢風)이요 체중유명(滯中有明)은 운개견일(雲開見日)이라 하였다.

제14절 선거(選擧)

만면에 홍황자기가 짙으고 양쪽눈이 채신(彩薪)하고 눈썹의 털이 밝고 윤기가 있으면 당당히 강적을 물리치고 당선의 월계관을 획득한다. 이와 반대로 만면이 청암고초(靑暗枯焦)하고 눈이 흐리고 정기가 없으면 모든 일이 뜻대로 되지 않는다.

[주] 먼저 그 사람의 골격을 보서 정해야 한다. 대귀의 상이 아니면 아무리 기색이 좋다 하더라도 당선될 수 없다. (요귀상) 대귀상이라야 국회의원이 될 수 있고 중귀상이라야 도의원이 될 수 있고 소귀상이라야 면의 원이 될 수 있다. 아무리 기색이 좋다 하더라도 골격이 귀격이 아니면 당선할 수 없다.

제15절 상간(上諫)

간언(諫言)을 하고자 할 때에는 천창(天倉) 변지(邊地) 역마(驛馬) 주서(奏書)를 보라. 청황암은 좋지 않고 조난을 만나기 쉽다. 백명홍자의 색은 가납(嘉納)된다. 전기 4부위가 어두우면 설화(舌話) 또는 필화를 당한다.

제16절 영전 급 승진(榮轉 及 昇進)

제17절 좌천 및 파직(左遷及破職)

인당(印堂) 좌우 관골(顴骨) 사고(四庫) 위에 적기가 여운(如雲)하면 모략 구설로 인하여 좌천을 당한다. 또 천정(天庭) 신광(神光) 금궤(金匱) 상하가 청흑기가 활과 같은 형이면 불의에 면직을 당한다.

[주] 코에 청황색 명궁(命宮)에 홍색 눈썹에 자색이면 반드시 영전한다. 홍황색이 천중(天中)에 가득하고 란(蘭) 건(廷) 인당(印堂)이 밝고 윤기가 있으면 90일 안에 영전한다. 자기(紫氣)가 만면하면 반드시 승진한다.

제18절 구재(求財)

구재를 하려면 인당(印堂)이 황명(黃明)한 것을 보라. 색은 안에 있어야 하고 밖에 있어서는 안된다. 홍백색은 수로에 마땅하고 홍황색은 육로에 좋다. 빈손으로 객지에 나가서 구재할 사람은 피외색이 좋고 피내색은 좋지 않다.

귀인(고관)을 찾아 구재하려면 홍색은 좋지 않고 단 황백색이 좋다. 같이 인당(印堂)에도 있는 것이 좋다. 귀인을 가깝게 할 사람은 용궁(龍宮)과 누당(淚堂)을 보는게 좋다. 만일 청색이 있으면 구재할 수 없다. 재를 구하려는 사람은 지고(地庫)의 색이 밝고 윤한 것을 요한다. 사람에게 부탁하여 재를 구할 사람은 눈썹털이 밝고 윤한 것이 좋고 사업을 변동하여 재물을 구하려면 천이궁(遷移宮)의 왕성을 필요로 한다. 그러므로 옛 글에 삼광(三光)이 명왕(明旺)하면 재자천래(財自天來)니라 하였다. 삼광(三光)이라 하는 것은 양천창(兩天倉) 삼양(三陽) 삼음(三陰) 인당(印堂) 준두(準頭) 등이다.

제19절 출행(出行)

여행은 다만 역마(驛馬)와 변지(邊地)를 보라. 사계(四季)다. 그곳을 보라 황명하면 여행에 이익하고 청암백색은 출행에 좋지 않다. 만일 적색이 없으면 역마(驛馬)가 동하지 않았다고 한다. 적색이 있으면 역마가 동했음으로 여행하는게 좋다. 여행하면 재수가 있다. 만일 여행하지 않으면 질병 구설이 있다. 집에서는 아무 것도 안된다. 만일 백기가 있으면 역마(驛馬)가 동하고자 함으로 여행하고 싶다. 만일 동색이 그 궁에 있고 별궁에 있으면 별궁의 기색을 자세히 보고 결정하는 게 좋다.

제20절 방위(方位)

청색이 짙으면 동쪽으로 가는게 좋고 도리어 큰 이익을 본다. 만일 서북에 가면 반드시 재해가 있다. 홍색이 한번 짙으면 반드시 적색이 된다. 동북으로 가는게 좋고 가면 흉이 변하여 길이 된다. 만일 남쪽으로 가면 재액이 반드시 온다. 적암색이 짙으면 북쪽으로 가고 혹은 먼 길을 가면 그 재액을 면할 수 있다. 황색은 어떤

제21절 소송(訴訟)

시비가 대개 적색으로 인하여 발생하고 소송사는 다만 청색이 일어나기 때문이다. 이마가 어두운 사람은 옥살이 가는 수가 많고 만일 하정(下停)이 밝으면 구원이 있다. 소송사를 볼 때는 연수(年壽) 정조(井竈)의 적색 및 변지(邊地)의 청색은 소송에 좋지 않다. 만일 그 안에 한건이라도 있으면 반드시 형을 받을 것이다. 액각(額角)이 푸르면 하옥을 당하고 하고(下庫)에 흰색이 있으면 소송을 하여서 도리어 기쁨을 얻는다. 청암흑적은 도무지 이롭지 않다. 다만 황백이 좋고 그를 회색이라 한다. 눈의 광체가 있으면 반드시 승소하고 눈의 신(神)이 흩어지면 반드시 패소한다. 그를 총론하면 적색이 한번 나오면 일이 페여서 소송이 끌어가며 사일이든지 다 좋다. 그러나 남쪽으로 가면 좋고 북쪽으로 가면 별 이익이 없다. 그러므로 동령(冬令)에는 황색이 입에 생기는 것을 꺼린다. 이에 토(土)는 수(水)를 극하므로 좋지 못하다. 백색은 북쪽에서 왕(旺)하고 동북에는 쇠한다. 또 동남으로 좋지 않다. 다만 서북이 좋다. 일을 구(求)하는게 좋다. 인당(印堂) 역마(驛馬) 이문(耳門)이 한번 밝으면 영전의 기쁜 소식이 있다. 만일 준두(準頭)가 어둡고 명문(命門)에 자색이 나타나면 은전이 온다. 소관(小官)은 암색을 꺼리지 않는다. 다만 창고(倉庫)가 열리고 명문(命門)에 홍색이 밝고 윤택하면 반드시 영전이 있다. 사고(四庫)가 한번 푸르면 휴관이 즉시 온다. 명궁(命宮)이 한번 붉으면 흉사가 속출한다. 정초(井竈)가 밝으면 재록이 풍만하고 관록이 길다. 이상은 오행(五行)의 상생상극(相生相克)의 이치이다.

고(四庫)가 한번 밝으면 소송사가 화해되든지 없어지든지 한다. 변지(邊地)가 푸르면 시비로 인하여 패를 보고 삼정(三停)이 밝고 윤하면 귀인이 구출하여 출옥한다.

제22절 가택(家宅)

산근(山根)에 황색이 나타나면 집안은 길하다. 인당(印堂)에 자홍의 두색이 있으면 집안과 식구가 편안하다. 정조(井竈)에 적암의 색은 집안이 편하지 못하고 용궁사고(龍宮四庫)의 적색은 반드시 불이 나 도적의 난이 있다. 단 각궁(各宮)을 다같이 보는 것이 좋다. 육친(六親)은 전법에 쫓아서 보는게 좋다. 만일 산림(山林)와 잠(臥蠶)의 위에 청적색이 있으면 집안에 이가 없다. 인당(印堂) 정조(井竈)가 만일 밝으면 한집안이 전부 평안하다.

제23절 수옥(修屋)

가옥을 새로 고칠라고 하면 산근(山根) 천이(遷移)를 볼 필요가 있다. 그 두곳이 황광자색을 나타내면 고쳐도 대길하고 만일 문(紋)이 있거나 혹은 적암색이 나타나면 구설 시비가 있어 좋지 못하다. 혹 방은 얻을 수 있다 하여도 도저히 자손에까지 가지 못하게 된다.

제24절 건축(建築)

좌우 산림(山林) 정조(井竈)를 보는게 좋다. 그곳이 황적의 두색이 일어나면 짐을 지어도 좋다. 밝고 윤하면 길하고 청암은 흉하다. 백색이 하고 집(下庫)에 있을 때에 집을 지으면 식구가 손상한다.(요주의)

제25절 분거(分居)

분거(分居)의 색은 이에 홍패의 징조다. 얼굴이 명윤(明潤)하고 미간(眉間)에 자색이 있으면 형제 동거하는게 좋다. 이것이 즉 형제 화목의 색이다. 그러므로 체색은 좋지 않다. 삼양 창고(倉庫)의 어두운 것은 대개 간계(奸計)를 생하여 또한 궁하다. 형제의 별가는 다면 눈썹에 암체를 생하기 때문이다. 만면의 신광(新光)은 함께 전장(田庄)이 넓어지고 눈썹이 명윤(明潤)하면 분거하여 반드시 부한다. 눈썹에 암색이 일어나면 분거하여 후에 반드시 빈하다. 적색은 구설이 있고 황색은 파재가 있다. 백색은 큰 이익이 있다.

제26절 단체(團體)

여하한 단체를 막론하고 가입해서 길할지 흉할지 알고자 하면 명문(命門) 준두(準頭)를 볼 필요가 있다. 그 부위가 희고 수(水)와 같으면 귀인의 힘을 입으면 후에 대길하고 양쪽 귀에 색이 밝은 윤이 난즉 기쁜일이 있어 가입이 흥하고 귀색이 때묻은 것같이 어둡고 준두(準頭)가 청암의 색을 띠고 변지(邊地)가 푸르면 반드시 입단 후에 관재가 생긴다. 눈썹을 중요시할 필요가 있다. 정당에 가입할 시는 교우부를 참조하라.

제27절 조선(造船)

하고(下庫)의 언저리에서 주거의 위를 본다. 만일 중문(重紋)이 나타나면 일생에 재물에 이익이 있다. 승장(承漿)의 위에 만일 적색이 있으면 반드시 물에 재난이 있다. 백황하고 밝은즉 수리(水利)가 있고 정조(井竈)와 주거(舟車)가 다같이 밝으면 조선(造船)인마 항해에도 대길하다.

제28절 항해(航海)

항해는 서민과 관리를 막론하고 승장(承漿)을 보아야 한다. 만일 흑색이 있으면 놀랄 일이 있고 백색은 물에 사는 짐승이나 산호초(珊瑚藻)에 놀랄 일이 있고 황색이 생긴즉 항해를 중지하는게 좋다. 붉은 힘줄과 같은 색도 역시 항해를 중지해야 하고 푸르고 남색과 같아도 선행(船行)에 좋지 않다. 승장(承漿)의 색은 다만 희면서 밝고 윤택한 것이 편리하다. 만일 푸른 힘줄 같은 색이 나타나면 깊은 물에 가지 말 것이다. 옛글에 『승장(承漿)에 깊은 주름이 잡히면 공투랑리(恐投浪裡)라 하여 물조심하라고 하였다.』 비행기를 탈 때에는 사공(司空)을 중요시해야 한다. 흑은 흉하고 홍자색은 길다.

제29절 이사(移舍)

변동을 하려면 천창(天倉)을 보아서 천이(遷移)의 색으로써 정한다. 적 흑 백의 색은 모두 나쁘다. 밝고 윤한 색은 변동하여 바꿔도 좋고 삼양(三陽)이 흥하며 명문(命門)이 밝고 윤하거나 황색이 작고 홍색이 짙으면 역시 변동에 좋다.

제30절 출정(出征)

출정의 기색은 항피(項皮)의 청색은 좋지 않다. 목의 피부의 적사(赤絲)가 일어나면 좋지 않다. 명궁(命宮)이 어둡고 인수(印綬)가 푸르고 항피(項皮)가 붉으면 이것은 특히 장성급에서는 크게 나쁘다. 만일 인수(印綬) 명문(命門)이 윤택하면 출정하여 큰 승리를 얻고 성공하여 귀향한다.

[주] 필자가 경험한 바에 의하면 양쪽 눈썹이 상충(상충이라는 것은 닭이 싸울 때에 털이 선 것처럼 된 모양)되고 또 삼양(三陽)이 어둡고 눈이 사백(四白)(주: 눈에 검은 창이 적고 흰창이 많아서 눈이 원대하기 대문상하 좌우로 백청(白晴)이 보이는 것)하고 두 눈에 울은 것 같이 눈물자국이 있거나 눈에 붉은 피자국같이 생기는 사람은 대개 전사하는 사람이 많다. 그러나 두 눈이 세장(細長)하고 검은 자욱이 많고 흰 자욱이 적으며 샛별과 같고 눈썹이 청수(淸秀)한 사람은 대개 전승공취하여 금의환양한다.

제31절 교우(交友)

적색은 교우에 좋지 않다. 색이 밝으면 좋으나 너무 밝은 것도 또한 좋지 못하다. 삼국지의 유(劉)장(張關張) 세 사람이 결의(結義)한 것은 눈썹에 색이 좋았기 때문이다. 옛 중국의 손빈(孫賓)이가 방연의 큰 해를 입은 것은 눈썹안에 청백색이 생겼기 때문이다. 눈썹안에 청백의 두 색이 좋지 못한 벗을 만나면은 반드시 교우후에 피해를 당한다.

제32절 구설(口舌)

적색은 구설의 색이다. 적색이 어디에 있는가를 봐서 무슨 일로서 구설이 생겼는가? 또는 생길 것인가를 판단해야 한다. 특히 명궁(命宮) 연수(年壽)는 적을 꺼리고 변지(邊地)도 역시 적색을 꺼린다. 그외는 모두 가볍게 판단해야 한다. (적색은 구설시비 화재의 색이다)

제33절 음신(音信)

1、 눈썹 꼬리 양쪽을 문서궁(文書宮)이라 한다. 소식을 물을 때에는 그곳을 보는 것이다.

부모가 자녀의 소식을 물을 때에는 양쪽 눈썹꼬리가 밝은 것이 좋고.

2, 자녀가 부모의 소식을 물을 때에는 양쪽 눈썹꼬리가 홍색이 좋다.

3, 남편이 처의 소식을 물을 때는 양쪽 눈썹꼬리가 홍색이 좋고.

4, 처가 남편의 소식을 물을 때에는 양쪽 눈썹꼬리가 흰 것이 좋다.

만일 문서궁(文書宮)에 색이 있으면 통신이 있고 색이 없으면 소식이 없다. 황색은 좋고 청암의 색은 재액이 있다. 자색은 반드시 소식을 듣는다.

제34절 특사(特赦)

국가에 죄를 범하고 영오의 생활을 하는 죄인이 의외에도 국가의 경사로 인한 대사령을 받을 수 있다. 그러나 대사령이 있다고 전부의 죄수가 은전을 입는 것도 아니다. 그 중에 다같은 죄를 짓고 다같은 형기를 받았으나 갑은 은전을 입고 을은 은전을 입지 못하는 수가 왕왕히 있다. 그러면 어떻게 생긴 사람이 국가의 은전을 입는가? 찰색을 보자. 이것은 필자 자신이 실지 경험한 바로서 여기에 공개한다. 1952년 3·1절에 대통령의 특사를 받아 수많은 죄인들이 필자의 거주지인 마산 형무소에서 출감되었다. 그래서 찰색법을 연구하기 위하여 식전부터 형무소 정문 밖에 서서 수많은 출감자들의 얼굴을 살펴 보았다. 그들은 모두가 양쪽눈썹이 밝고 윤택한 것을 발견하였다. 그러므로 대사령을 앞두고 국가의 은전을 입을 사람은 양쪽눈썹을 보아야 한다. 양쪽눈썹이 밝고 윤하면 반드시 희소식을 듣게 된다. 여도 자신에게는 하나도 기쁜 일이 없을 것이며 반드시 희소식을 듣게 된다. 설령 소식이 있다 하여도 자신에게는 하나도 기쁜 일이 없을 것이며 청암의 색을 흉색이라 한다. 눈썹꼬리가 청암하여 아무 윤기가 없으면 소식을 못 듣는다. 그러나 반대로 밝고

제35절 구의(求醫)

환자가 명의를 만나려 할 때는 명궁(命宮)이 밝으며 윤하고 이윤(耳輪)이 붉은즉 반드시 명의를 만나 병이 치료된다. 만일 정조(井竈)가 붉고 연수(年壽)가 푸른즉 병은 낫기가 어렵다. 윤하면 반드시 기쁜 소식을 듣는다. 적색 자색은 반드시 특사를 받는다.

제36절 구리(求利)

○이재구재(以財求財)는 인당(印堂)과 준두(準頭)를 보는데 홍황색은 길하고 청암색은 흉하다.
○이관구재(以官求財)는 군문(軍門)과 보각(輔角)을 본다.
○방우구재(訪友求財)는 왼쪽 바른쪽 눈썹을 본다.
○방녀구재(訪女求財)는 어미(魚尾)와 간문(奸門)을 본다.
○육지구재(陸地求財)는 천정(天庭)과 천이궁(遷移宮)을 본다.
○포천구재(浦川求財)는 승장(承漿)과 피지(陂地) 인당(印堂)을 보고 준두(準頭)를 본다.
○이약구재(以藥求財)는 인당(印堂)을 보고
○비금구재(飛禽求財)는 아압(鵝鴨)을 본다.

제37절 기색(忌色)

○ 우마구재(牛馬求財)는 노복궁(奴僕宮)을 보고.
○ 이술구재(以術教財)는 승장(承漿)과 송당(誦堂)을 본다.
○ 이주구재(以酒求財)는 승장(承漿)과 송당(誦堂)을 보고.
○ 산산구재(山産求財)는 산림(山林)과 변지(邊地)를 본다.
○ 해산구재(海産求財)는 승장(承漿)과 지각(地閣)을 보고.
○ 골육구재(骨肉求財)는 양쪽 눈썹을 본다.
○ 총엽(銃獵)은 산림(山林)을 보고.
○ 포어(捕魚)는 승장(承漿) 송당(誦堂) 지각(地角)을 본다.

1、 천창(天倉)이 푸르면 출행에 불리하고
2、 연수(年壽)가 붉으면 구관(求官)에 불리하다. (不利訴訟)
3、 인당(印堂)이 어두우면 건축에 불리하고. (創業不利)
4、 지고(地庫)가 어두우면 용인(用人)에 불리하고.
5、 안면(顔面)에 광분(光粉)이 뜬것 같으면 사교에 불리하다. (交友不利)

제38절 도난(盜難)

변지(邊地)가 흑암(黑暗)하면 실물이나 도난이 있고 승장(承漿)에 황기가 있거나 문(紋)이 있으면 수액(水厄)이 있고 만면에 적색이 짙으면 화액이 있다. 만일 홍황이 밝고 윤하면 액을 면할 수 있고 혹 잊어버린 물건이나 도난을 당하더라도 다시 찾을 수 있다. 눈밑에 푸른 힘줄 같은 것이 생기면 30일 안에 화재가 있다.

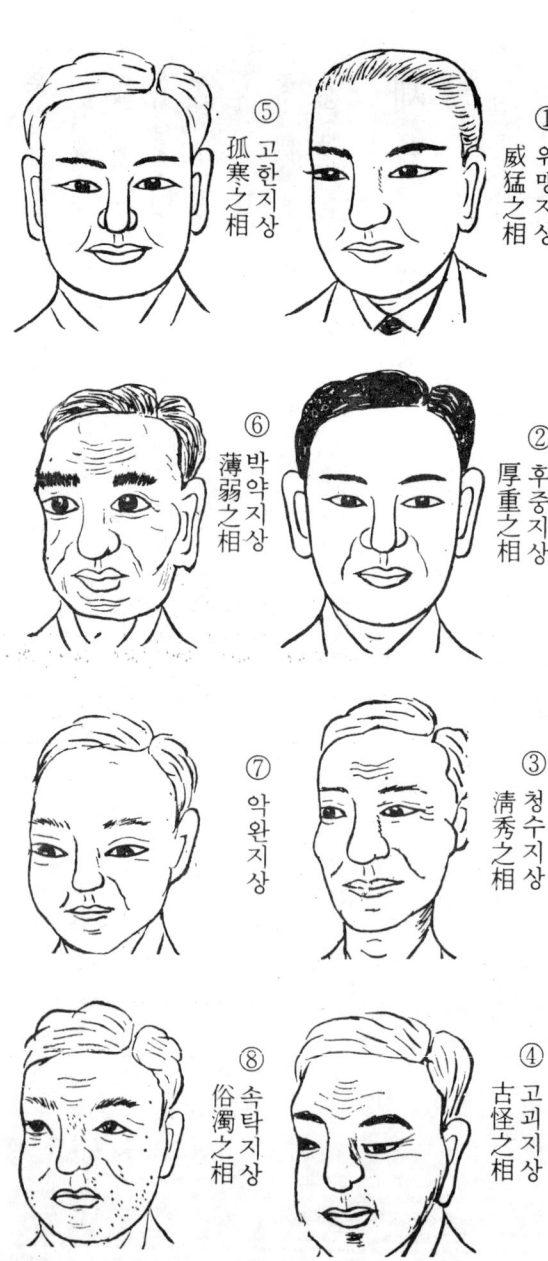

① 위맹지상
威猛之相

⑤ 고한지상
孤寒之相

② 후중지상
厚重之相

⑥ 박약지상
薄弱之相

③ 청수지상
淸秀之相

⑦ 악완지상

④ 고괴지상
古怪之相

⑧ 속탁지상
俗濁之相

제9장 물형론(物形論)

물형 잡는법(物形法)

앞서 사람을 천지의 형상에 비해서 말한 바와같이 여기서는 한걸음 더 나아가서 짐승에 비교해서 운명을 말하기로 한다. 사람이 꼭 짐승과 같을 수는 없으나 그 사람의 얼굴생김과 마음쓰는 것과 행동하는 것을 잘 관찰하여 보면 어느 정도 짐승과 같은 점이 많이 발견되는 것이다. 위대한 정치가나 큰 사업가들은 거개 물형이 제대로 된 사람이 많다. 이와 반면에 빈곤상은 물형이 제대로 된 사람이 없다. 이 물형을 잡으려면 관상가보다도 매일 만나는 친구끼리 더 잘 알 수 있다. 어느 사람은 미련하고 둔하여 곰(熊)같은 느낌을 주는 사람이 있고 또 어느 사람은 입이 두툼하고 코구멍이 드러나서 벌름댄다든가 하여 꼭 돼지(猪)와 같은 형상을 생각하게 되는 것이고 얼굴이 길어서 말(馬)과 같이 생기고 모든 뼈대도 길쯤한 것이 말을 연상하게 되어 친구끼리 조롱하는 수가 많다. 사실 물형이란 옳게 된 사람도 드물지만 또 근사하게 잡으려면 3、4일간 숙시을 하면서 일상생활을 살피며 대소변하는 것도 종합판단해야 되는 것이다. 그러나 이것은 조석상봉하는 이웃친구가 아니면 불가능하다. 그러므로 여기서는 첫번 보아서 인상을 가지고 근사하게 잡는 법을 말하기도 한다.

1、 얼굴이 준수(俊秀)하고 위엄이 당당하고 예의가 바르고 원만하게 생긴 상을 용형(龍形)이라 한다.
2、 얼굴이 청수(淸秀)하고 이목구비가 균형이 잡혀서 풍채가 훌륭한 자를 기린(麒麟)이라 한다.
3、 얼굴이 돈후(敦厚)하고 준두(準頭)가 풍대(豊大)하고 산근(山根)、연상(年上)、수상(壽上)이 죽고 구

二一七

4, 레나루가 많은 자를 사자(獅子)라고 한다.
5, 얼굴이 둥글고 이마가 모지고 눈이 무섭게 생긴 자를 범(虎)이라 하고.
6, 코가 특별히 길고 몸이 비대한 자를 코끼리(象)라 하고.
7, 얼굴이 붉고 앉으면 졸으고 손장난을 잘하는 사람을 원숭이(猿)라 한다.
8, 몸이 비대하고 신체가 건강하고 피부가 검은자를 곰(熊)이라 하고.
9, 눈이 검푸르고 얼굴이 기름하고 턱이 뾰족하고 걸음을 빠르게 걷는자를 사슴(鹿)이라 한다.
10, 눈은 호랑이(虎)와 같으나 얼굴이 약간 긴자를 승양(羊)이라 하고.
11, 얼굴이 언제나 붉으레하고 술을 잘마시는 사람을 서성이(猩猩)이라 하고.
12, 얼굴은 고우나 간사한 자를 여우(狐)라 한다.
13, 머리가 짧고(頭短) 턱이 쪽바른 자를 노루라 하고.
14, 입이 내밀고 뾰죽하여 입술이 뒤둥그러지고 두텁고 턱(頤)이 없는 사람을 돼지(猪)라 하고.
15, 얼굴이 돈후(敦厚)하고 눈이 큰 사람을 소(牛)라 하고.
16, 얼굴이 길고 천창(天倉)이 함(陷)하고 이가 굵으며 코가 긴자를 말(馬)이라 하고.
17, 눈치가 빠르고 뼈있는 고기(骨付肉)를 좋아하고 누른밥을 좋아하는 자를 개(狗)라 한다.
18, 수염이 여덟팔자로 나고 눈이 둥글고 노란 눈동자를 가진 자를 염소(羊)라 하고.
19, 귀가 크고 길고 건강한 사람을 노새(驢)나 당나귀라 한다.
20, 귀가 쫑긋하고 입술이 잘룩하고 눈알이 보라색(연紅色)이 도는 사람을 토끼라 하고.
21, 얼굴이 단정하고 모양이 고운 사람을 봉(鳳)이라 하고.

二二八

21, 얼굴과 몸이 쇠약하고 목이 길고 모양이 뚜렷하며 밝고 손발(手足)이 긴 사람을 학(鶴)이라 하고.
22, 키가 크고 언듯 보면 학(鶴)과 같으나 고상한 태도가 없는 사람을 백노(鷺)라 하고.
23, 얼굴이 작고 몸이 비대하고 모양이 너무 아름다운 자(美男子, 美人)를 공삭(孔雀)이라 하고.
24, 얼굴이 작고 검은 살색이나 아름답고 친구를 만나면 그 사람에게 제일 기쁜 뉴스를 잘 알려주는 사람을 까치(鵲)라 한다.
25, 얼굴과 신체가 작고 맥없이 바쁘게 다니는 사람은 참새(雀)라 하고.
26, 입술에 연지를 칠한 것처럼 붉고 몸이 날래고 모양이 아름다운 사람을 제비(燕)라 하고.
27, 입이 퍼지고 눈을 흘기(側視叙視)는 사람을 기러기(雁)이라 하고.
28, 등이 굽고 눈썹뼈가 약간 솟은 사람을 거북(龜)이라 하고.
29, 얼굴이 발닥 잦혀지고 눈이 툭 비어지고 등(背)이 구부정하게 생긴 사람을 새우(蝦)라 하고.
30, 얼굴이 두텁고 주근깨가 많고 숨(呼吸)을 쟈주(헐떡헐떡) 쉬는 사람을 두섭이라 하고.
31, 눈이 둥그렇게 생기고 흰자위를 사방으로 보이고(目多四白) 눈을 뜨고 자는(開眼寢眼) 자를 고기(魚)형이라 하고.
32, 눈이 툭 비어져서 보기에 살기차고 혀바닥을 낼름낼름 하는 버릇이 있는 뱀(蛇)이라 한다.

[주] 옛글에 보면 용(龍)에 대한 말이 많으나 현대과학으로는 용의 실재를 불인정(不認)할뿐 아니라 일반사회에서도 용이란 것을 보지 못했고 또한 인정하기가 곤란한 것이다. 용이란 일종의 가상물로서 극귀한 것을 비하여 말하는 것이다.

이 물형법은 원래 달마대사가 창안한 것으로서 진희이(陳希夷)선생이 저술한 『신상전편』(神相全編)과

二一九

『상리형진』(相理衡眞)에 수록되어 있다.

제1절 용의 형상(龍形)

푸른용이 여의주를 희롱하는 상(靑龍弄珠之形)

1. 수염이 길고 아름다우며(美鬚)
2. 두골(頭骨)이 좌우위쪽이 나오고(頭角)
3. 얼굴이 길고(面長)
4. 코가 높고.
5. 눈이 둥글고 눈방울이 약간 솟고.
6. 귀가 높이 솟고.
7. 인당(印堂)뼈가 천중(天中)까지 뻗고.(伏屛貫庭)
8. 신체가 장대하고.
9. 사람을 누르는(壓人之氣) 위엄이 있고.
10. 골격이 청수(淸秀)하고 행동이 출중하는.

용형(龍形)은 어느 지명(地名)을 막론하고 다 좋다.

이런 상은 극히 드문 것으로서 극귀(極貴)할 상이다. 얼굴이 아무리 훌륭해도 수염이 없으면 진짜 용형(龍形)이라 할 수 없다.

옛날 중국 한나라 고조황제(漢高祖劉季)는 봉의 눈에 용의 코(鳳眼龍準)라 한다. 그가 30세 전에 고생을 많이 하다가 망년에 천자(天子-皇帝)가 된 것은 초년에는 수염이 자라지 못했기 때문에 고생을 했고 망년은 수염이 훌륭히 자랐기 때문이라고 한다.

제2절 기린의 형상(麒麟形)

기린이 밭두덕에 걷는 상(麒麟步畝知形)

1. 머리가 넓고.
2. 눈썹이 거칠고.
3. 목이 길고.
4. 이마가 높이 솟고.
5. 귀가 크고.
6. 얼굴이 청수(淸秀)하여 언듯 봐서 학형(鶴形)과 같으나 학(鶴)보다 살이 더 쪘다.

[주] 이런상은 대귀(大貴)할 상이다. 산(山), 목(木), 송(松), 임(林), 운(雲)자 든 곳에서 살면 더욱 좋다. 수(水), 화(火), 정(井), 천(川), 야(野)자 든 곳은 좋지 않다.

제3절 사자형상(獅子形)

숲풀에 나오는 사자 상(出林獅子之形)

1. 코끝(準頭)이 풍후(豊厚)하고 산근(山根)이 끊어지고.(山根到陷)
2. 웃수염이 적고 아래수염이 더부룩하게 많이 나고.
3. 눈썹이 새까맣게 많고.
4. 머리가 모지고.
5. 이마가 넓고 凸하며.
6. 광대뼈가 솟고.
7. 신체가 장대한 것을 사자(獅子)라 한다.

[주] 길지(吉地)와 기지(忌地)는 기린(麒麟)과 같다. 직업은 사법관이 좋고 사업을 해도 잘 될 수 있다.

제4절 호랑이의 형상(虎形)

산 숲풀에 나오는 호랑이 상(猛虎出林之形)

1. 이마가 모지고.
2. 입이 크고.
3. 소리가 웅장하고.
4. 입술이 붉고 이는 희며.

5、 귀가 작고
6、 눈이 크고 빛이 사람을 쏘아보고.
7、 걸음걸이에 위엄이 있고.
8、 풍채가 당당한 사람을 호랑이 형이라 한다.

[주] 필자가 경험한 바에 의하면 남자는 문무겸전하고 부귀를 할 수 있으나 여자는 결혼한 후에 3년도 안 되서 상부(喪夫)하여 과부가 되는 수가 많다. 또 남녀간 호랑이눈(虎眼)을 가진 사람은 일찍 아들을 키우지 못하고 대개 아들이 많지 못하다.

길지(吉地)、 산(山)、 임(林)、 송(松)、 동(洞)、 령(嶺)、 흉지(凶地)、 금(金)、 수(水)、 화(火)、 정(井)、 해(海)。

제5절 코끼리의 형상(象形)

밀림에 걸어가는 코끼리 상(密林步象之形)

1、 코가 특별히 길고.
2、 눈이 구슬처럼 둥글고 윤기가 있으며.
3、 이마가 넓고.
4、 얼굴이 길고.
5、 언어가 정중하고.

제6절 원숭이의 형상(猿形)

밤을 까먹는 원숭이 상(拾栗才猿)

1. 얼굴이 붉고.
2. 이마가 넓고.
3. 눈썹이 많으나 거칠고.
4. 수염이 적고 머리털이 드물고.
5. 얼굴에 비해서 귀가 뾰족하고.
6. 여자를 보면 웃는 얼굴을 짓는다.

[주] 이런 상은 성질이 급하고 호색하는게 결점이나 재주가 비상하고 수단이 좋아서 부귀할 상이다.

길지(吉地)、산(山)、율(栗)、송(松)、임(林)、기지(忌地)、해(海)、수(水)、천(川)、강(江)

제7절 곰의 형상(熊形)

6. 위엄이 있는 사람.

[주] 이런 상은 부귀한다. 길지(吉地)는 사자와 범과 같고 흉지(凶地)도 또한 같다.

양지끝에 누워 있는 곰의 상(陽地臥熊之形)

1, 등(背)이 둥글고.
2, 체격이 장대하고.
3, 피부가 몹시 검고.
4, 첫인상에 우둔한 듯한 사람은 곰의 형상이다.

[주] 이런 상은 영리하지는 못하나 재운은 좋아서 부를 할 상이다. 특히 군인방면에 진출하면 수화(水火)를 헤아리지 않고 잘 싸우기 때문에 큰 성공할 수 있다. 길지(吉地)와 흉지(凶地)는 호랑이나 같다.

제8절 사슴의 형상(鹿形)

봄풀밭을 걸어다니는 사슴의 상

1, 걸음이 빠르고.
2, 눈빛이 푸르고.
3, 얼굴이 약간 길고.
4, 경치를 좋아한다.

[주] 이런 상은 일생을 편안하고 아무 일도 없이 살 상이다. 길지(吉地)와 흉지(凶地)는 곰과 같다.

제9절 승양이의 형상(豹形)

숲속에 숨은 승양이의 상(林中隱豹之形)

1, 눈이 무섭게 광채가 있고.
2, 털이 많고.
3, 호랑이와 같으나 얼굴이 약간 길다.

[주] 이런 상은 청수(淸秀)하면 사법관에 출세할 수 있고 혼탁(混濁)하면 도리어 형벌을 당한다. 길지(吉地)와 흉지는 사자와 같다.

제10절 성성이의 형상(猩猩形)

술 취해서 누워 있는 성성이 상(醉臥猩猩之形)

1, 머리털이 밤송이(栗)처럼 꼿꼿이 서고.
2, 얼굴이 언제나 붉으레하고 살이 찌고.
3, 눈썹이 눈에 바짝 붙고 눈이 깊고.
4, 귀가 크고.
5, 코가 높다.

[주] 이런 상은 술만 보면 사족을 못쓰는 버릇때문에 큰일을 낭패하는 수가 많다. 재운 관운은 좋은 편이고 길지(吉地)와 흉지(凶地)는 사자와 같다.

제11절 여우의 형상(狐形)

늙은 여우가 뼈를 희롱하는 상(老狐弄骨之形)

1, 얼굴은 고우나 마음이 좋지 못하고.
2, 감언이설을 잘하여 남을 잘 속이고.
3, 시골(腮骨)이 크고.
4, 성질이 급하고 호색을 좋아한다.

[주] 이런 상은 거짓말을 잘하기 때문에 신용을 잃어서 결국은 패가할 상이다. 길지(吉地) 흉지(凶地) 사자와 같다.

제12절 노루의 형상(獐形)

산과 들에 달리는 노루의 상(山野走樟之形)

1, 머리가 짧고 뾰족하며. 얼굴이 높고.
2, 손발이 작고 걸음이 빠르다.

제13절 돼지의 형상(豚形)

산돼지가 밭에 내려오는 상(山猪下田之形)

1. 귀가 크고 얼굴이 좁고
2. 잘 때 숨을 불고.(宿吹噓風)
3. 음식에 좋고 나쁜 것을 가리지 않고.
4. 머리는 넓으나 목(項)이 짧고.
5. 이마는 평평하나 눈이 깊고 광채가 없고.
6. 뺨(腮)은 두두룩하나 입이 뾰뾰하다.

[주] 이런 상은 재운은 많으나 욕심이 많아서 수전노라는 별명을 듣기 쉽다. 또 죽을 대에 횡사하여 죽은 뒤에 시체를 해부하는 수가 많다.(形如猪相死必分屍) 특히 양조장이나 정미소를 경영하면 부를 쌓을 것이다. 길지(吉地)와 흉지(凶地)는 여러분들의 상상에 맡긴다.

[주] 이런 상은 큰 벼슬은 할 수 없다. 마의(麻衣) 선생의 신이부(神異賦)에 말하기를 「노루머리와 쥐눈이어찌 벼슬을 구하랴」(獐頭鼠目 何必求官) 하였다. 필자의 경험에 의하면 머리가 뾰족한 고관은 아직 보지 못했다. 길지(吉地)와 흉지(凶地)는 사자와 같다.

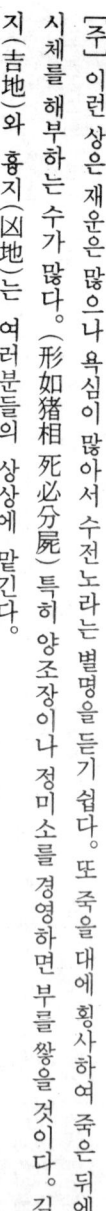

제14절 소의 형상(臥牛形)

풀밭에 누운 소의 형상(臥牛晝寢之形)

1. 체격이 장대하고.
2. 눈이 검고 머리통이 넓고.
3. 광대뼈가 나오고.
4. 입은 두텁고 크나 폭이 좁고.
5. 걸음이 느리다.

이런 상은 평생 의식은 풍족하나 노력이 많고 성격은 충직하나 재치가 부족해서 타인에게 이용당하기 쉽다. 직업은 농업이 제일 좋다. 길지(吉地)는 초(草)、태(太)、두(豆)、옥(屋)、야(野)、흉지(凶地)는 수(水)、화(火)、정(井)、천(川)、해(海).

제15절 말의 형상(馬形)

말이 방울을 흔들며 달리는 상(馳馬打鈴之形)

1. 얼굴이 길고.

제16절 개의 형상(狗形)

개가 도둑지키는 상(猛犬守盜之形)

1、 머리가 크고.
2、 눈동자가 약간 누렇고.
3、 얼굴의 하관이 빠르고.
4、 귀가 높이 솟고
5、 신경질을 잘 부린다.

[주] 이런 상은 눈치가 빠르고 자기에게 잘하는 자에게는 은혜를 잊지 않고 갚아주나 반면에 자기를 미워하는 자에게는 또 상대를 하지 않는다. 직업은 고관의 비서 또는 참모가 좋고 사교술이 능란하므로 타인의 호감을 많이 사게 되어 성공하기가 힘이 안든다. 길지(吉地)는 문자(門子)예(例), 남문통(南門通) 내(內)、외(外)、

2、 사고(四庫) 천창 지고(天倉地庫)가 깊고。
3、 이가 크고 허리가 길고
4、 방구를 잘뀐다。

[주] 말형상도 여러가지가 있다. 얼굴이 清秀하고 고상하게 생겼으면 짐실은 말(重駄之馬)이나 밭가는 말(石田耕馬)이라 하여 평생 노고가 많다。길지(吉地)와 흉지(凶地)는 소와 같다。

동문내(東門內), 외(外), 서문내(西門內), 외(外), 북문가(北門街) 등. 흉지(凶地)는 도살장(屠殺場) 근처를 말함.

제17절 염소의 형상(羊形)

풀밭에서 졸고 있는 염소의 상(羊眼草田之像)

1、 8자의 수염이 나고.
2、 눈이 노랗고(睛黃) 사람을 쏘아보는 것이 특징이다.
3、 턱이 뾰족하고.
4、 머리를 흔드는 버릇이 있고.
5、 다리가 짧다.

[주] 이런 상은 청수(淸秀)하면 귀도하고 부도하나 대개 성질이 부량하다. 길지(吉地)와 흉지(凶地)는 소와 같다.

제18절 당나귀의 형상(驢形)

약한 당나귀의 형상(弱驢重駄之形)

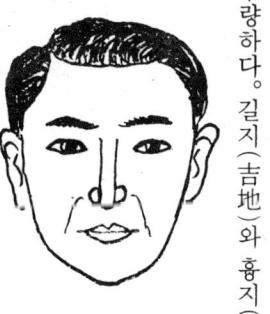

제19절 토끼의 형상(兎形)

토끼가 달을 바라보는 상(玉兎望月之形)

1、 이마가 둥글고
2、 눈썹이 드문드문 적게 나고.
3、 귀가 크고 쫑긋하며.
4、 몸에 살이 통통하게 됐다.
5、 눈이 연홍색이 난다.

[주] 이런 상은 첫인상이 좋아서 사람에게 귀염을 받으나 남자는 호색하기 때문에 여난을 당하기 쉽고 여자는 유혹에 빠지기 쉽다. 직업은 관록이 좋으나 특히 의학을 전공하면 성공이 빠르다. 길지(吉地)는 초(草)、갈(葛)、임(林)、암(岩)、화(花) 등. 흉지(凶地)는 사자와 동일하다.

제20절 봉의 형상(鳳形)

[주] 모든 점이 말과 같으나 귀(耳)가 말귀보다 큰 것이 특징이고 운명과 성질은 말과 같으나 성질이 더 급하고 (마형 참조) 또 걸음이 말보다 빠르다. 먹을 것 없이 바쁜 (食少事煩) 사람이다.

대숲에 깃들이는 봉의 상(竹林棲鳳之形)

1, 머리가 길고.
2, 코가 높고.
3, 눈썹과 눈이 길고.
4, 목이 길고.
5, 몸에 살이 많지 않고 청수(淸秀)하다.

[주] 이런 상은 부귀할 상이다. 필자의 친구중에 이상과 같은 사람이 있는데 상을 보았더니 『당신은 봉(鳳)의 형상이므로 앞으로 밀(小麥)을 취급하면 크게 성공하겠소』하였다. 그 친구는 그말에 자극을 받고 제면업을 시작했다. 과연 5년안에 상당한 재산을 모았다. 원래 봉(鳳)이란 새는 죽실(竹實)을 먹는 것이므로 밀은 꼭 죽실과 모양이 같기 때문이다.

길지(吉地)는 죽(竹)、실(實)、오(梧)、동(桐)、각(閣)、산맥(山麥)。

제21절 해오리(鷺形)

해오리가 물고기를 엿보는 상(白鷺窺魚之形)

[주] 모든 점이 학(鶴)과 같으나 고상(高尙)한 맛이 없고 음식에 좋고 나쁜 것을 가리지 않는 자를 학(鶴)같으나 학(鶴)이 아니고 해오리라 한다.

길지(吉地)는 해(海)、천(川)、강(江)、수(水)、변(邊) 등。흉지(凶地)、금(金) 학(鶴)은 관운이 좋으나 해오리는 관운이 부족하고 평생 바빠 허덕이고 청빈하다.

제22절 학의 형상(鶴形)

소나무 위에서 춤추는 학의 상(松枝舞鶴之形)

1. 머리가 둥글고、
2. 이마가 넓고。
3. 얼굴이 야위(瘦弱)고。
4. 목이 길고 결후(結喉)가 있으며、
5. 귀가 크고 스타일이 좋다。

[주] 필자의 경험에 의하면 남자는 관운은 좋으나 재운이 부족하고 여자는 인테리가 많으며 대개 고독한 사람이 많다.

직업은 대체적으로 관록이 좋고 만일 사업을 한다면 깨끗하고 신선한 것이 좋다。(예) 다방 수예품상 서점 등 성질은 고상하고 음식을 함부로 먹지 않고 질을 취해서 먹고 육식보다 채식을 좋아하고 신성한 생선을 좋아하고 특히 과실과 음악을 좋아한다。

길지(吉地)는 산(山)、임(林)、송(松) 등 화려한 곳。흉지(凶地)、금(金)。

제23절 앵무새의 형상(鸚鵡形)

말 잘하는 앵무새의 상(能言鸚鵡之形)

1. 눈이 작으나 길고.(眼小長)
2. 이마와 목이 짧고.(額, 項短)
3. 코끝이 풍원(準頭豊圓)하고.
4. 글씨를 잘 쓰고(筆頭生花).
5. 걸음이 빠르다.(行步將急)

[주] 이상과 같은 사람은 대개 말(雄辯)을 잘하고 사교술이 좋아서 어떠한 일이나 맨수먹으로 성가하는 상이다. 이마가 짧아서 초년고생은 있으나 40세 이후에는 귀인의 추천을 받아 대성할 상이다. 직업은 변호사 대의원 목사 웅변가. 길지(吉地)는 산(山), 임(林), 원(園), 죽(竹), 송(松) 등. 흉지(凶地)는 없음.

제24절 공작의 형상(孔雀形)

궁중에서 춤추는 공작의 상(孔雀舞宮之形)

1. 얼굴이 작고(面小)

2、살이 많이 찌고(身肥)
3、의복의 사치를 좋아하고.
4、더운 음식을 좋아한다.

[주] 공작은 화려하고 사치를 좋아하기 때문에 이상과 같이 생긴 사람이 있다면 얼굴보다 몸이 좋으므로(面相不如體相之原理) 반드시 성공할 것이다.

길지(吉地)는 화려하고 호화찬란한 궁정(宮庭) 등. 흉지(凶地)는 누추한 곳.

직업은 관리 실업가 등.

제25절 까치의 형상(鵲形)

기쁜 소식을 알리는 까치의 상(喜信報鵲之形)

1、얼굴이 작고.
2、눈동자가 검고.
3、걸음이 빠르다.

[주] 이런 상은 친구에게 기쁜 뉴스를 잘 전해주고 사교술이 능란하다. 인상이 좋으면 까치라 하고 검으면 까마귀라 한다. 직업은 신문, 잡지, 통신기자, 외교원 등.

길지(吉地)는 목(木), 야(野). 흉지(凶地)는 금(金), 화(火), 궁(극).

제26절 참새의 형상(雀形)

주린새가 벌레를 찾는 상(飢雀尋虫之形)

1. 얼굴이 작고.
2. 신체가 허약하고 작으며.
3. 눈동자를 사방으로 내두르고.
4. 깜짝깜짝 놀래는 버릇이 있다.

[주] 이런 사람은 평생 식소사분하여 큰 부자는 되지 못할 상이다. 길지(吉地)는 야(野), 충(虫), 곡(穀), 임(林), 산(山) 등. 흉지(凶地), 금(金), 화(火).

제27절 제비의 형상(燕形)

잠자리를 쫓는 제비의 상(燕子逐蜻之形)

1. 입술이 붉고.
2. 입이 윤택하며.
3. 턱이 붉은 색이 나며.
4. 몸이 가볍고 날새게 다닌다.

제28절 매의 형상(鷹形)

날던 매가 토끼를 찾는 상(飛鷹搏兎之形)

1、머리가 모지고(頭方)
2、이마가 둥글고(額方)
3、입이 낚시처럼 휘어지고(口釣)
4、코끝이 구부정하니 아래로 휘어졌다.
5、눈동자가 붉고 성질이 급하다.

[주] 이상과 같이 생긴 사람의 얼굴이 청수(淸秀)하면 대귀할 수 있으나 수양이 부족한 사람은 이기욕이 많아서 상종하기 어렵다. 직업은 군인 공장주 사법관 양계업 양돈업. 길지(吉地)는 산(山)、송(松)、임(林)、목(木)、조(鳥) 등. 흉지(凶地)는 해(海).

제29절 기러기의 형상(雁形)

[주] 여자는 대개 기생이 많다. 길지(吉地)는 수(水)、해(海)、천(川)、강(江) 등. 직업은 수산업 미술이 길하다.

제30절 거북의 형상(龜形)

거북이 물결을 희롱하는 상(金龜弄波之形)

1. 이마가 모지고 평평하고.
2. 눈썹이 거칠고 눈이 크며.
3. 몸이 크고 코가 솟았으며.
4. 목이 평평하고 발이 짧으며.
5. 등이 굽으정하다.

[주] 길지(吉地)는 수(水), 해(海), 강(江), 사(沙), 파(波) 등.
흉지(凶地), 상(桑), 화(火) 등. 직업 수산업.

모래밭에 내려오는 기러기 상(平沙落雁之形)

1. 눈이 활개(叙視)하고.
2. 입이 넓게 퍼졌다.

길지(吉地)는 해(海), 사(沙), 월(月), 강(江), 남(南), 숙(簫) 등. 흉지(凶地)는 망(網) 총(銃), 직업은 수업, 주업, 어업.

제31절 쥐의 형상(鼠形)

겨울 창고에 든 쥐의 상(鼠人冬庫之形)

1. 눈이 둥글고 검은 눈동자가 크고 환자위가 적고 (眼圓黑多白小)
2. 입이 뾰족하고 (口角尖小)
3. 신체가 작고.
4. 이(齒)가 세밀하고 안으로 오그러졌다.

[주] 이런 상은 평생 의식은 족하나 이기심이 많아서 상종하기 어려운 상이다. 직업은 농업, 창고업, 정미업.

제32절 두꺼비의 형상(蟾形)

장마철에 나온 두꺼비의 상(霖中伏蟾之形)

1. 얼굴이 재껴지고 눈알이 솟고.
2. 이(齒)가 드러나고 수염이 드물고.
3. 얼굴에 주근깨가 많고.
4. 호흡(呼吸)이 빠르다.

[주] 이런 상은 첫번 보기에는 별로 신통치 않으나 재복은 좋은 상이다. 직업은 양산장사가 좋다.

제33절 고기의 형상(魚形)

맑은 강물 위에 노는 고기의 형상(淸江游魚之形)

1. 머리가 뾰족하고 생기고,
2. 눈을 뜨고 잔다.
3. 눈의 흰자위가 사방으로 보인다.(四白眼).

[주] 이런 상은 횡액으로 죽는다.
길지(吉地)는 수(水), 강(江), 해(海), 천(川). 흉지(凶地)는 산(山), 화(火), 낚시(釣), 망(網).

제34절 뱀의 형상(蛇形)

뱀이 개구리를 안은 상(金蛇抱蛙之形)

1. 눈이 동그랗고 작으며 살기가 차고.
2. 입술이 엷으며 혀가 길다.
3. 혀바닥을 낼름낼름하는 버릇이 있다.

[주] 이런 상은 남자는 상처 상자하고 여자는 상부하지 않으면 자식을 상한다. 뱀형은 사람을 해치는 상이므로 과히 상종하기 어렵다.

제10장 태아 지운법(胎兒知運法)

제1절 뱃속 태아 귀천아는 법

명(明)나라 신상 원유장충복(神相 袁柳庄忠復)의 비전에 위하면 도인감선생(道人鑑先生)의 복중태아(腹中胎兒)의 귀천(貴賤)을 예지하는 상법을 말하였는데 그 기록이 아래와 같다.

남태(男胎)는 대개 뱃속에서 그 어머니를 보듬고 있다.

그 어머니 뱃속(母體腹內)에서 혹 올라갔다 내려왔다(或上或下)하는 태아(胎兒)는 요태(夭胎)인데 즉 낙태될 우려가 있다.

그 어머니 배 좌우(母體左右)로 노는 태아는 수태(壽胎)요 귀태(貴胎)로 명이 길고 부귀한다.

그 어머니 뱃속에서 천천히 놀며(母體內徐遊) 자주 놀지 아니하고 간혹 놀며 놀다가 정지하는 태아는 병이 없고 성질이 유순(柔順)하다.

그 어머니 뱃속에서 함부로 왔다 갔다하며 방정맞게 자주노는 태아는 그 어머니가 항상 몸이 고단하며 천대(賤胎)로 그 태아는 성급하다.

남태(男胎)는 모체(母體)가 무병(無病)하고 기운이 항상 청신(恒常淸新)하다.

여태(女胎)는 모체가 자주 고달프고 정신이 불쾌(不快)하다.

모체가 항상 기분이 좋으며 소리가 맑고(聲音淸) 병이 없으면 수복(壽福)할 남아를 낳는다.

모체가 항상 고달프고 음성이 탁하면 반드시 고고(苦孤)한 아이를 낳는다.

그 어머니 입술이 희면(脣白) 다산한다.

모체가 평소에 편안하고 기분이 좋으면 난산(難産)치 아니하고 순산을 하여 産後에 그모체에 아무 일이 없으며 그 아이는 귀태(貴胎)이다.

천태(賤胎)는 난동(亂動)하고 그 어머니가 기운이 항상없고 몸이 쇠약하여 병이 많다.

수태(壽胎)는 그 어머니가 아무런 병이 없고 늘 기분이 좋다.

요태(夭胎)는 모체가 항상 고달프며 병이 많고 인당(印堂)에 붉은 기운이 뜬다.

(印堂은 눈섭과 눈섭 사이를 말함).

남태(男胎)는 반드시 모체복중(母體腹中)에서 놀고 쉬는것이 규칙적이며 그 어머니 눈 밑에 흰 구슬(白暎)이 나타나며 코뿌리(鼻頭)가 명랑하고 인당에 윤기가 난다.

여태(女胎)는 반드시 그 어머니 두 눈위(兩眼上) 주위에 푸른 기운(靑氣)이 나타나며 난산한다.

귀태(貴胎)는 모체가 평소에 병이 있어도 임신하면 병이 자연히 없어진다.

임신 중에 방사(房事)를 많이 하면 태아(胎兒)에게 좋지 못하며 산후 그 태아가 다병창질(多病瘡疾)이 생긴다.

임신 중에 그 어머니가 항상 인자하게 마음을 가지면 태아에게 정신적감화(精神的感化)를 주며 반대로 늘 악한 마음(惡心理)을 먹으면 그 태아에게 좋지 못한 영향을 준다.

二四三

제2절 찰색조난 실담(察色遭難 實談)

1、 당(唐)나라 태종황제(太宗皇帝) 얼굴 변지(邊地)에 붉은 구름(赤雲)이 일어나서 금영(金營)에서 백일루선(百日累線)한 일이 있다.

2、 관운장(關雲長)이 인당(印堂)이 암참한 빛이 생겨서 실망하여 놀랜(有失馬之驚) 일이 있다.

3、 맹산군(猛嘗君)은 코머리(鼻頭)가 한 번 붉어서 밤에 관진(關津)을 건넜으며 (夜渡關津)

4、 유현덕(劉玄德)은 간문(奸門)이 홀연 암참하여 장성(長城)의 액을 당한 일이 있다.

5、 양육랑(楊六郎)이 쌍관(雙顴)이 불같이 붉어서(兩顴如火) 여주(汝州)에서 곤궁을 당하였다.

6、 양문한(楊文漢)은 붉은 기운 삼관(三關)을 투하여 유주에서 삼재를 곤하게 지내었다.

7、 오자서(五子婿)는 인당(印堂)이 검어지고 관골(顴骨)에 푸른 기운이 나타나서 칼을 팔고 범양(范陽)에 달아났다.

8、 한문공(韓文公)은 귀 몽하고 이마가 암하여(額暗) 풍설에 조양으로 귀양(風雪財朝陽) 갔다.

9、 진심검(陳尋檢)은 태양하(太陽下) 눈 밑에 붉은 색이 생기였기 때문에 매령(梅嶺)에서 신양(申陽)을 찾아 헤메였으며

10、 제효인(齊孝仁)은 연수상(年壽上)이 진흙같이 되어(如泥土) 이상 열 가지 예(10例)가 기색(氣色)이 불호(不好)한 까닭에 난(遭亂)을 당하였다. 기색이 좋으면 자연히 운수가 열리고(自開自安) 얼굴에 기색이 좋지 못하면 못된 운수가 올 징조가 나타나 불운을 예지(豫知)할 수

一四四

있으니 기색 관계로 운이 좋고 나쁜 것을 미리 알 수 있다. 기색의 빛은 세 가지가 있으니 첫째 검은 빛이요(暗慘色) 둘째 붉은 빛이요(赤色) 세째 푸른 빛(靑色)이다.

이 세 가지 색이 주로 인당과 토성(土星)과 준두(準頭)와 간문(奸門)과 관골(顴骨)과 연수상(年壽上) 변지(邊地) 이마에 생기(起生)할 때에는 특별히 근신하여 피흉추길(避凶就吉)하는 것이 상책이다. 찰색(察色)은 전문상가도 보기 어려우니 여러분들은 매일 거울에 자기 얼굴을 비추어 보고 감정하여 보라.

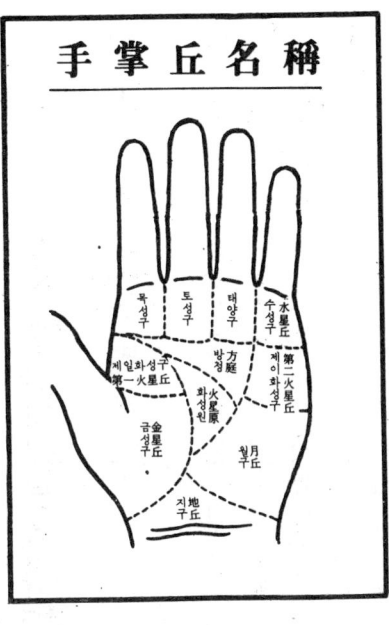

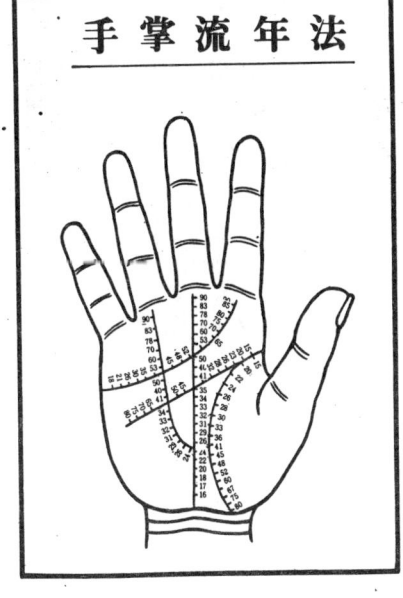

제11장 수상학총론(手相學總論)

제1절 손금보는 법 해설

손금은 육대선(六大線)과 오악(五岳)과 일평원(一平原)이 있으니

1、 생명선(生命線)…생명선은 수명 장단(壽命 長短)을 보는 데요
2、 두뇌선(頭腦線)…두뇌선은 현우선악(賢愚善惡)을 보는 데요
3、 감정선(感情線)…감정선은 심성(心性)을 보는 데요
4、 운명선(運命線)…운명선은 일생 운명의 부귀(富貴) 빈천(貧賤)을 보는 데요
5、 태양선(太陽線)…태양선은 운명 보조선(補助線)이요
6、 결혼선(結婚線)…결혼선은 혼인관계와 자녀관계를 보는 데다

육악(六岳)

① 월악(月岳) ② 목성악(木星岳) ③ 토성악(土星岳)
④ 태양악(太陽岳) ⑤ 금성악(金星岳) ⑥ 수성악(水星岳)

1、 금성악은 엄지손락 두덕이요 (拇指岳)
2、 목성악은 인지손가락 두덕이요 (人指岳)
3、 토성악은 중지손가락 두덕이요 (中指岳)

4. 태양악은 약지손가락 두덕이요 (藥指岳)
5. 수성악은 소지손가락 두덕이요 (小指岳)
6. 월악은 금성 건너편 두덕이다. (金星岳城便岳) (제32수상도 참조)

황성평원(火星平原)

1. 화성평원은 장심부(掌心部)이다. (제32수상도 참조)

제2절 각 선에 대한 해설

생명선과 운명(生命線과 運命)

생명선은 수명장단(壽命長短)과 병액의 운수를 보는 곳인데 즉 생명선이 길고 굵으며 담홍색(淡紅色)으로 되어 기세(氣勢) 있게 수경선(手頸線)까지 도달(到達)되면 80장수한다. 생명선 위에 가로 그어진선(橫線)이나 맺힌선(結線)이나 또는 구자(口字)나 삼각형(三角刑) 모양의 선이 생명선을 가로 막었으면 수상유년추수법(手相流年推數法)에 의하여 몇살 때에 신병으로 큰 욕을 보거나 중상(重傷)을 당하거나 혹은 관재(官災)가 크게 일어날 것이다.
생명선이 중간에 끊어졌거나 끈어지지 아니하여도 선이 희미하거나 또는 두뇌선(頭腦線) 감정선이 동시에 중간에 끊어졌으면 그 부분에 연수(斷線年數)에서 절명하기 쉽다 양손 생명선이 꼭같이 중간에 끊어졌으면 더욱 단수(短壽)를 할 것이 확실하다. (32수상도 참조)

二四七

手相線名稱

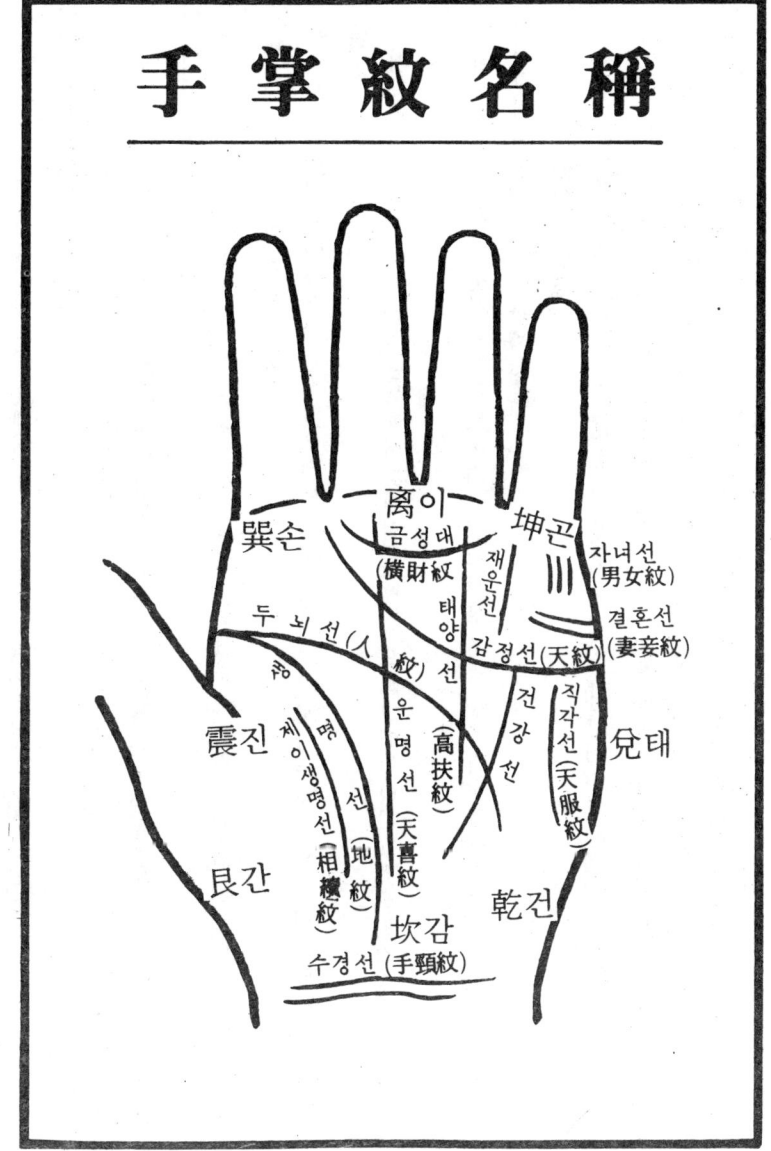

생명선이 약 4분지 1에서 끊어졌으면 20세전후고 약 중간이 끊어졌으면 40전후 이다.

두뇌선과 운명(頭腦線과 運命)

두뇌선(頭腦線)은 현우선악(賢愚善惡)을 보는 곳인데 두뇌선이 굵고 길게 뻗혀나가고 또 선색(線色)이 붉으레하면 두뇌가 총명(聰明)하고 강직(剛直)하여 일생에 신경질(神經質) 같은 뇌병(腦病)에 걸리지 아니하고 건전한 머리를 가질 수 있다.

두뇌선이 새끼 꼬아 놓은 것같이 중간이 끊어졌거나 선이 끊어졌다 또 생기고 희미하면 뇌일혈(腦溢血)이나 뇌빈혈(腦貧血)에 운명할 우려가 있다.

두뇌선 위에 사선(斜線)이 여러개 그어져 있으며 또는 두뇌선이 새끼꼬아 논 것 같으면 뇌병(腦病) 특히 신경질(神經質)에 걸리기 쉽다.

두뇌선의 처음 끝이 생명선 처음 끝과 떨어져서 독단적(獨單的)으로 그어져 나갔으면 이지적(理智的) 성격을 표시한다.

두뇌선의 아무런 고장없이 꿋꿋하고 길게 그어져 나갔으며 또 적은 선이 두뇌선 위에 일절 없으면 명랑(明朗)하고 정직하며 건강장수(健康長壽)한다.

감정선과 운명(感精線과 運命)

감정선은 현우선악(賢愚善惡)을 보는 곳인데 만일 감정선에 간선(間線)이 없이 일직선이나 혹은 활모양으로 되며 일절 세선이 침해(侵害)하지 않고 철필(鐵筆)로 그은 것같이 선이 굵고 빛이 담홍색(淡紅色)으로 되어 길게 뻗어져 나갔으면 심성(心性)이 정직하고 이지가 굳어서 마음이 잘 변하지 아니한다.

감정선이 톱이 모양으로 되었거나 새끼꼬아 논 것 같으면 다정다감(多精多感)하고 재주가 있어 예술가(藝

감정선이 이리저리 비꼬아졌으며 얇게 붙었다 떨어졌다 한 감정선은 그 마음의 변화성(變化性)이 많아 이랬다 저랬다 하며 인내성이 없고 사업을 이리저리 변환한다.

감정선의 끝이 두 갈래로 벌어졌으며 또 선 중간에 구멍이 길게 있는 것은 취미(趣味)를 두 가지를 가진다.

감정선이 자로 그은 것 같이 꿋꿋하고 옆에 달라붙은 선이 일절 없으며 선색(線色)이 분홍색으로 되었으며 길게 뻗혀 나갔으면 초지일관(初志一貫)으로 뜻이 견고(堅固)하다.

운명선의 신비(運命線의 神秘)

운명선은 일생빈부귀천(一生貧富貴賤)을 보는 곳인데 운명선이 제일수경선(第一手頸線)에서 시작하여 화성평원(火星平原)을 직선으로 통과하여 지근(指根)까지 내려오고 또 태양선이 동시에 발전되어 길게 뻗어지고 운명보조선(運命補助線)이 나타나면 인생의 부귀영화를 누린다.

운명선이 중간에 떨어지고 뒤가 없으며 화성평원(火星平原)에 잔금이 무수하게 있으면 중년에 파산(破産)을 하고 가정에 풍파가 크게 일어난다.

운명선이 처음에 있다가 떨어지고 감정선 부근에서 다시 뚜렷이 생기고 또 태양선이 길게 뻗혀 있고 운명 보조선이 역시 감정선 부근에서 생겼으면 초년에 잘살다가 중년에 실패하고 약 50세 전후에서 다시 성공을 한다.

운명선이 상중하게 전연 직선이 보이지 아니하고 있어도 난잡하게 있으면 일생에 직업과 방향을 함부로 전전하여 성공을 못하고 실패수가 많아 일생을 빈곤하게 지낸다.

태양선의 신비(太陽線의 神秘)

태양선은 운명보조(運命補助)인데 운명선이 아무리 좋아도 태양선이 발전이 없으면 그 운명을 마음껏 발휘(發揮)할 수 없으니 즉 태양선은 부부간으로 말하면 아내의 역할을 가졌으니 이 태양선이 꼭 길게 나타나야 한다.

태양선이 역시 뚜렷이 생겨서 길게 뻗어 나갔으면 순풍에 돛단 배 모양으로 풍파없이 마음대로 순조롭게 진행되어 큰 성공을 한다.

태양선이 발전이 아니되고 또 전혀 보이지 아니하고 운명선이 동강동강 났으면 일이 사사 건건 비트러져 일평생 고생을 한다.

태양선이 월악과 중간이 없고 월악(月岳)하부에 뚜렷이 나타나서 길게 뻗어 나갔으며 운명선이 감정선 아래에 대립적(對立的)으로 직선이 나타나서 선이 굵고 빛이 담홍색(淡紅色)을 띠였으면 50전후에 큰 성공 세전후에 큰 성공을 한다.

태양선이 월악(月岳) (제32수상도참조) 중간에서 나타나고 운명선이 장심중간에서 뚜렷하게 나타나면 40세전후에 큰 성공을 한다.

결혼선과 운명(結婚線과 運命)

결혼선은 혼인관계와 자녀(子女)를 보는 곳인데 첫째 결혼선이 뚜렷하게 하나밖에 없으며 옆에 조금한 선이 전연 없으면 결혼을 한번하여 일부종신(一婦從身)을 한다. (제32수상도참조)

결혼선이 두 개가 대립적으로 뚜렷이 생겼으면 상처나 생이별을 할 것이며 두 번 정식으로 결혼을 한다.

결혼선이 여러 개가 꼭 같으면 결혼을 삼사차(3、4、차)할 수 인데 만약 그렇지 아니하며 여자를 첩으로 여러 사람 얻을 운수요 생이별수가 많이 있다.

결혼선의 끝이 팔자(八字)로 벌어졌으면 여자는 남자와 생이별할 운수가 있다.

결혼선 위아래에 세선(細線)이 많이 달라붙고 또 감정선 처음에 같은 뚜렷한 선이 엉겨 붙었으면 자녀를 많이 낳을 것이며 만약 결혼선에 달라붙은 선이 육안(肉眼)으로 보이지 않을 때는 돋보기(擴大鏡)로 보면 완연하니 만약 선이 전연 없고 또 감정선 처음에 하나도 달라붙은 선이 없으면 자녀를 보기가 어렵다.

결혼선이 길게 뻗어져 감정선까지 닿은 여자는 결혼 당시에는 경제적으로 풍부한 생활을 하였지마는 30대에 와서 그 남편의 재산이 파산이 되어 빈곤한 생활을 할 뿐 아니라 과부가 될 팔자(八字)가 있다.

결혼선이 선명하고 또 열손톱(十手爪)에 백색 신월형(新月形)이 손톱전부에 완연이 있으면 불알(陰卵)이 나 자지에 검은 사마귀가 있으면 남편덕이 있고 효자를 생산한다.

결혼선이 감정선 출발점에 근접하면 20대 조혼을 하고 결혼선이 감정선과 거리가 멀어 소지부 뿌리(淫門)에 가까우면 만혼(晩婚), 한다. (제 32수상도 참조)

수상학상 팔대수형(手相學上 八大手形)

① 이지적 손(理智的 手)　② 유령적 손(幽靈的 手)
③ 실제적 손(實際的 手)　④ 감상적 손(感傷的 手)
⑤ 우치적 손(愚痴的 手)　⑥ 철학적 손(哲學的 手)
⑦ 야만적 손(野蠻的 手)　⑧ 다방면적 손(多方面的 手)

이지적 손 해설(理智的手相解說)

이지적 손은 보통으로 크며 손바닥(掌心)이 두터우며 과히 빠지지 아니하고 또 손전체가 살이 찌며 탄력성(彈力性)이 있고 손가락은 열 손가락 뿌리(十指根)가 굵고 손가락 마디(指節)가 비교적 나왔으며 손가락 끝이 둥글고 손톱은 역시 원형으로 되었으며 빛이 담홍색(淡紅色)으로 되고 대개 두뇌선(頭腦線)과 감정선(感

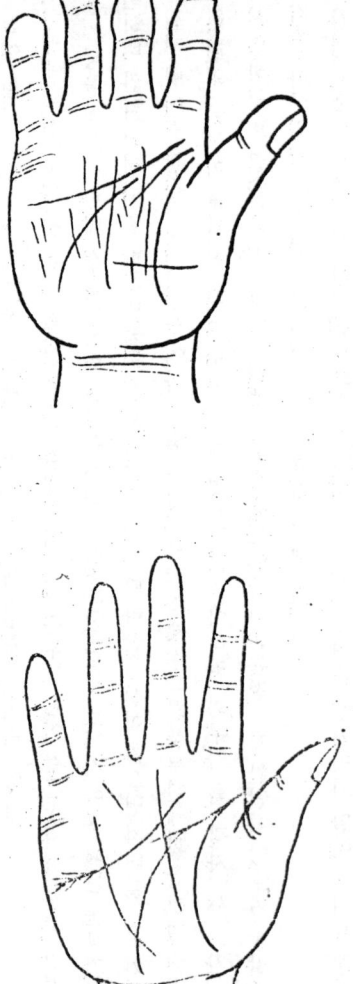

저능적수低能的手
우치적수愚痴的手
34도

이지적수理智的手
35도

감상적수感傷的手
유령적수幽靈的手

36도

실제적수實際的手

37도

情線)이 합하여 막쥐였으며 운명선이 화성평원(火星平原)을 통과하여 길게 직선(長直線)으로 뻗쳐 내려와 선 손가락 뿌리(處事指根)까지 내려오면 영웅적 심리를 가진 사람이 의지가 굳고 진취성이 있어 무슨 일이든지 강력적으로 처사(處事)를 해 나가고저 하며 남에게 굽히기를 싫어하며 자기 뱃심이 강하여 자기 주장을 고집한다. 이러한 사람은 두 손바닥의 생명선의 수경선(手頸線)까지 아무런 지장이 없이 굵고 기세있게 뻗혀 나갔

一五五

으면 군인이나 정치가로 크게 출세를 한다. 그런데 토성악(土聖岳)에 X十자나 또 ※별문형(星紋形)이 있으면 중간에 중상(重傷) 당할 염려가 있으니 특히 주의하기 바란다. (제35수상도참조)

유령적 손 해설(幽靈的手相解說)

감상적 손은 손 전체가 부드럽고 또 살빛이 희며 가냘프게 생겼으며 특히 손가락이 길고(指長) 마디가 없고

철학적수哲學的手
38도

야만적수野蠻的手
39도

一五六

다방면적수多方面的手
40도

손가락 끝이 뾰족(指頭尖)하며 손톱은 장원형(長圓形)으로 되었으며 손톱빛이 담홍색으로 되고 화성평원(火星平原) 즉 장심부(掌心部)가 비교적 넓으며 손가락 뿌리(手根)가 가늘며 일절 흉터가 손에 없고 손전체가 비교적 적고 엷으며 엄지손가락(親指)이 크고 굵은 정독 다른 손가락 크기와 비슷하며 두손으로 펴 힘을 써서 딱 벌리면 양 손가락이 뒤로 뒤집어 지며 손뼈가 여자손같이 연하고 부드러우며 두뇌선이 직선으로 바르지 아니하고 활(弓)모양으로 굽으며 선 가운데에 길다란 구멍(長圓穴)이 있으며 감정선이 톱니(鋸齒)모양으로 되어서 길게 뻐치어 나갔으며 화성평원(火星平原)에 난잡한 금(亂雜線)이 없고 오악(五岳) 가운데에 토성악(土星岳)과 태양악(太陽岳)이 다른악(岳)보다 낮으며 또 코(鼻)가 특별히 길며 어여쁘면 사색적(思索的) 인물이니 연구가 학자 철학자 종교가로 출세한다. (제 36 수상도참조)

실제적 손 해설(實際的手相解說)

실제적 손은 특별히 손이 크며 두텁고 넓으며 손 껍지(手皮)가 두터우며 탄력성(彈力性)이 강하여 손가락이 크고 굵으며 손마디(指節)가 강하며 손가락 끝이 비교적 평평하고 넓어서 마치 뱀머리 모양으로 되었으며 손전체가 뻣뻣하고 세어서 힘을 쓰면 손가락이 전부 뒤로 나자빠지지 않을뿐 아니라 오히려 안으로 굽어 보이며 손바닥(掌心)이 빠지지 아니하고 두터우며 아무런 잔금이 없고 특히 엄지손가락이 크며 생명선이 꿋꿋하게 수경선(手頸線)에 달하고 두뇌선과 감정선이 역시 길게 뻐치어 나갔으며 운명선과 태양선이 발전되고 손을 오그리면 오악(五岳) (제 1 수상도참조) 이 전부 평균적으로 솟았으며 운명선이 직선으로 거침없이 내려 오고 동시에 태양선이 크게 발전이 되면 일생대부(一生大富)가 될 수 있고 만약 운명선이 처음이 없고 중간에서 생긴 사람은 중분운수(中分運數)가 좋으며 처음에만 있는 사람은 초년 운수가 좋으니라. 처음도 중간도 확실한 운명선이 없고 감정선 중간으로 붙어서 운명선과 태양선이 생긴 사람은 말년 운수가 크게 좋다. 실제적 손으로 된 사람은 의지가 군고 인내력(忍耐力)과 근면성(勤勉性)이 있어 실업가로서 큰 성공을 한다. (제 37 수상도참조)

감상적 손 해설(感傷的手相解說)

감상적 손은 손이 비교적 길고 얇으며 빛이 희고 특히 손가락이 길고 손가락 끝이(指頭) 어여쁘게 쪽빠져서 송곳같이 되었으며 손가락 전체가 일절 마디(指節)가 없고 부드러워 마치 일부러 깎아서 만들어 놓은 것 같으며 손바닥이 꺼지고(掌心陷) 또 손 전체에 흉터가 없으며 두뇌선 감정선이 새끼꼬아 논 것 같거나 또는 톱이(鋸齒) 같이 되었으며 손톱이 계란 모양으로 되었으며 열 손톱에 백색 반월형 모양이 있으며 엄지손톱(親指爪)에 직세선(直細線)이 무수이 있으며 손의 감각성(感覺性)이 빠르며 센치멘탈한 성격을 가졌으며 한적한 곳을 좋아하며 침울(沈鬱)하며 신경질을 잘 내며 명랑하게 웃음을 웃지 아니하며 고독한 것을 좋아하는데 운명선과 태양선이 최후까지 직선으로 발전되었으면 예술가, 문학, 음악, 미술, 공예방면에 경제적으로 부자 유없이 큰 성공을 한다. 만일 감상적 손 타잎으로써 운명선이 이리저리 흩어졌든지 하면 그 운명의 기복(起伏)이 심하며 만약 운명선이 처음이 좋으면 초년에 성공하고 중간이 좋으면 중년에 성공하고 끝이 좋으면 말년에 성공한다. (유령적손과 대동소이함)

저능적 손 해설(低能的手解說)

저능적 손은 무지(無智)와 빈천(貧賤)한 손인데 첫째 손 전체가 우악(愚惡)하게 생겼으며 빛이 검고 특히 손가락(指節)이 강하여 마치 대마디(竹節) 모양으로 되었으며 손이 크고 두터우며 뻣뻣하여 유순한 기운이 없으며 손바닥이 밝혔으며 손가락이 바르지 아니하고 구부러졌으며 모양이 흉하고 손 전체에 흉터가 많으며 두뇌선이 전전치 못하며 혹은 중단되었다가 이어져 아니하여도 이리저리 질서없이 나갔으며 감정선이 또한 명쾌하지 못하고 간접선(間接線)이 많으며 운명선이 동강동강났으면 머리가 대단히 우둔하고 자기의 운명을 개척할 수 없어 일생에 남의 밑일(下役)이나 하여 근근이 살아가며 일생에 고생을 한다. 만약 저능적손이라도 운명선이 좋으면 의식은 걱정없으며 또 결혼선이 좋으면 자녀의 덕을 볼수 있다. 그런데 전연 운명선이 없든지 있어도 이리저리 난잡하며 운명선이 구부러졌거나 또는 동강이 많이 나고 화성평원에 무수한 잔금이 많이 있으면 일생에 고생을 한다. 만일 운명선의 끝이 확실히 좋으면 말년은 잘 살 수 있다. (제34수상도참조)

철학적 손 해설(哲學的手解說)

철학적 손은 제1, 제2, 지관절(指關節)이 두개다 굵고 손가락은 둥근 편이며 손톱이 길고 손등에 줄이 서고 거세다.

성격은 사색적인 사람이 많고 이성과 의지가 다같이 발달하고 추리분석(推理分析)과 귀납(歸納)의 머리가 있으며 지식욕이 왕성(旺盛)하여서 특수한 문제를 전공하는 사람이 많으므로 실사회에서 화려하게 활동하는 것보다도 서제(書齊)에 숨어서 사색(思索)하기를 좋아하는 만큼 물질욕이 적고 청빈(淸貧)을 감수(甘受)하며 철학 종교등을 애호(愛好)하고 일시의 감정으로 움직이지 않으며 침울하고 비밀적(秘密的)인 성질이므로 심원(深遠)한 사상과 신비를 사랑한다.

철학적 손은 구미(歐美)에는 적고 주로 동양에서 많이 보는 형인데 특히 인도에 많은 유명한 인도의 시인 타고—르 역시 철학적 손을 가졌으며 우리 한국에서는 보기 어려운 형이다.

적업(適業)은 학자나 철학자 또는 과학자나 교육가, 종교가로써 성공하는 사람이 많다.

다방면적 손 해설(多方面的手相解說)

형상은 두 가지 이상의 상이하는 손가락이 혼합되어 있고 대개 모지(拇指)가 부드러워서 뒤로 넘어가며 식지(食指)가 뾰족한 원추상(圓錐狀)이고 중지(中指)가 방형(方形) 환지(環指)가 막자처럼 생긴 것이 보통제일 많으나 식지(食指)와 소지(小指)가 원추상 성격은 다방면적인 재능을 가진 사람 또는 다방면적인 재능을 가졌으나 목적이 변하기 쉬우며 교제술(交際術)이 있고 환경(環境)을 따라서 변통(變通)되는 순응성(順應

性)도 풍부하고 재간도 있으나 그 적용에 있어서 가끔 오류(誤謬)를 범하며 회화술이 능통해서 호감을 사고 과학, 기술, 예술, 정치, 좌담등 못하는 것이 없을 뿐만 아니라 취미도 다방면이고 유수처럼 마음이 일정하지 아니하고 변화를 좋아하므로 해서 주소와 직업을 자주바꾸는데 이점이 다방면적인 손의 치명적인 흠이 되어서 성공율이 약화하고 재운도 좋지 못하다.

적업(適業)은 월급생활(月給生活)을 하는 사람으로 회사원이나 외교원 또는 상업이 적당하다.

야만적 손 해설(野蠻的手相解說)

형상은 모지(拇指)가 빈약하고 손가락이 짧고 손끝의 형상(形狀)은 부정(不整)하여서 방형도 아니고 손톱이 짧으며 손 전체의 외관이 못 생겼고 손바닥이 목판(木板)처럼 굳고 3대선 외에는 거의 줄이 없다. 성격은 완고(頑固)하고 원시적인 사람 지력이 둔하고 성질이 단순하므로 감정의 움직임도 지둔(遲鈍)하고 상상력도 결핍(缺乏)되며 취미(趣味)가 속악(俗惡)하고 미신(迷信)이 깊고 정욕을 억제하는 하등의 지배력이 없고 흉폭하고 노하기 쉬우나 진정한 용기는 없고 어느 정도 교활해도 그것은 본능에서 오는 것임에 지나지 않으며 대망(大望)이나 포부(抱負)가 전연 없어서 다만 목전의 필요나 향락을 추구할 따름이고 장래 생각은 도무지 아니하므로 평생 독립할 수 없고 남 아래에서 노동이나 하게 되며 이 경우에 지능선이 빈약하면 더욱 그러하며 야만적 손의 아주 악형(惡型)인 것은 돈만 아는 수전노(守錢奴)이므로 자기의 이익을 위해서는 남을 짓밟는 것 쯤은 예사로 알며 야만적 손은 주로 한대지방(寒帶地方)의 원시인종인 에스키모나 시베리아 북부에 사는 민들에게 많이 보는 형인데 우리 한국에서는 가끔 육체 노동을 업으로 하는 수준이 낮은 사람들 중에서 이런 손을 발견할 수 있다.

적업(適業)은 육체적 노동을 하는 사람으로 근육노동이 적당하다.

관상보는법

값 10,000원

권위 신의

| 판 권 |
| 본 사 |

동양서적

1991년 2월 15일 발행
2005년 7월 1일 재판

편 저 백 운 학

발행인 안 영 동

발행처 출판사 동양서적
         경기도 파주시 광탄면 용미리 251-2
         전화 (031)957-4766~7 팩스 957-4768

등록일 1976년 9월 6일
번 호 제 6-11호

ISBN 89-7262-005-X 13180